江苏省高校青蓝工程“数学教育教学团队”“数学课程思政教学团队”研究成果

江苏省基础教育前瞻性教学改革实验培育项目“初中‘数学活动’育人的教学实践”研究成果

江苏省教育科学“十三五”规划课题“新时代农村数学教师专业核心素养培养研究”研究成果

江苏省教育科学“十四五”规划课题“教育本位的人机协同教学研究”研究成果

义务教育数学

大概念教学论

潘小明　著

中国矿业大学出版社
·徐州·

内容提要

在义务教育阶段，倡导促进学生核心素养建构的数学大概念教学，意味着实现从知识与技能本位的数学教学向素养本位数学教学的转换。为了帮助学生经由数学学习构建核心素养，应着力于数学教学中大概念的深入研究与更有效的教学运用。围绕大概念优化、组织数学课堂教学，是以核心素养培养为导向的数学课程与教学深化改革的重要趋向。本研究立足于数学教育教学的现实，回溯了数学教育教学的历史，从新时代数学教育教学中关于学生核心素养培养的要求出发，审视了当前的课程与教学，分析了深度学习的期待和指向深度理解的大概念，阐述了义务教育数学大概念的教学，剖析了基于大概念视角的数学大单元教学设计与数学问题解决学习，尝试性地进行了数学大概念教学理论的系统构建。

本书可作为师范院校本科生、研究生的相关教材，也可供数学教师培训、进修、教学设计或教学研究做参考。

图书在版编目(CIP)数据

义务教育数学大概念教学论 / 潘小明著. — 徐州 ：中国矿业大学出版社，2024.4

ISBN 978 - 7 - 5646 - 6141 - 0

Ⅰ. ①义… Ⅱ. ①潘… Ⅲ. ①数学课—教学研究—中小学 Ⅳ. ①G633.602

中国国家版本馆 CIP 数据核字(2024)第 037547 号

书　　名　义务教育数学大概念教学论
著　　者　潘小明
责任编辑　史凤萍
出版发行　中国矿业大学出版社有限责任公司
（江苏省徐州市解放南路　邮编 221008）
营销热线　(0516)83885370　83884103
出版服务　(0516)83994895　83884920
网　　址　http://www.cumtp.com　**E-mail**:cumtpvip@cumtp.com
印　　刷　徐州中矿大印发科技有限公司
开　　本　710 mm×1000 mm　1/16　**印张**　13.75　**字数**　247 千字
版次印次　2024 年 4 月第 1 版　2024 年 4 月第 1 次印刷
定　　价　50.00 元

序　言

在核心素养时代，大概念教学是破解知识与技能本位传统教学之殇的关键选择。在这种背景下，数学大概念的教学研究越来越受到世界各国数学教育研究者的重视。许多国家已经把数学大概念写进了数学课程标准，数学大概念教学正经历从原有的教学研究、幕后操作走上数学教学实践前台的发展轨迹。在数学课程与教学活动中，如果抓不住关键的数学思想，不能将数学大概念与具体的数学课程和教学内容知识有效联系起来，留给学生的就有可能只是一些零碎的、无用的知识，它们将很难起到帮助学生“获得良好的数学教育”“发展核心素养”等方面的作用。

之所以要强调大概念在数学课程与教学中的运用，是因为大概念是将许多数学知识联系为一个整体的核心。例如，由于函数是“从一些其他的量经过一系列代数运算而得到的，或者经过任何其他想象到的运算而得到的”，能具体、生动地反映现实或理念世界中量的变化动态，表示变化着的量与量之间的相依关系，所以函数会具有不同于一般数学概念的特征，即它作为一种数学关系或者数学模型，具有很强的包容性、概括性，能将许多数学知识联结为一个整体。就初中的数学教学而言，函数可以很好地联结代数式、方程、不等式等数学知识。教师在教学中要避免从形式上掌握函数的概念或者形式化地讲解一次函数、二次函数、反比例函数等具体的函数（包括它们的图像和性质），而应从“函数”这一大概念、大主题的视角分析分散于不同年级、不同单元、不同课时的教学内容，引导学生用联系和发展的眼光考察特定的数学对象，探究并理解相关的变化规律以及蕴含于其中的对应关系，弄清函数概念背后的“思想”“方法”“模型”，用

“函数思想”“函数模型”等观念统摄与“数与代数”领域中相关的数学知识，帮助学生将所学的数学知识系统化、结构化。

在数学教学中，大概念处于上位、中心、深层的位置，是“少而重要”“强而有力”“可普遍迁移”的数学知识或数学观念。合理利用大概念可以促进学生数学思维的发展。以苏教版初一上学期的数学教学为例，代数式不仅构成了“函数”“方程”等大概念的基础，而且其本身构成了初一数学学习中一个关键性的数学概念。这是因为，代数式内容的学习不仅关涉学生符号意识的建立以及数学思维上由算式到代数的过渡，而且关涉学生数学表达、数学思考和后续数学学习基础的夯实。为了揭示“代数式”这一大概念的内涵以及与其相关的概念及性质，数学教学中要借助现实情境引导学生了解代数式，引导学生借助观察、类比、归纳、抽象等方法探寻代数式的意义，结合具体问题中简单数量关系的分析，学会用代数式进行表示，通过列代数式以及对代数式进行变形、转化、求值等活动帮助学生构建基于“代数式”大概念的数学思维，建立整式、分式、根式、合并同类项、因式分解等概念与代数式的关系，并因此更深入地理解数与量之间、量与量之间、式与式之间的关系。

对学生而言，经由数学课堂教学会获得一定的知识或信息，将它们组织成概念性的框架有利于在更大范围内实现特定主题知识学习的迁移，基于大概念进行数学教学的组织可以让学生更好地聚焦所学习的数学知识，发挥大概念在数学认知中的核心统帅作用。仍以初中代数式为例，由于代数式不仅是一种把未知当成已知的符号化数学活动，而且是利用这种符号化活动进行未知数求解的数学方法，所以在小学阶段学过的结合律、交换律和分配律等与数的运算律有关的规则都可以迁移到代数式的学习中，并因此建构基于“代数式”这一新对象、新情境的数学运算律，对后续学习产生“知识拓展”“结论运用”“代数推理”等多方面的积极影响。

对数学教师而言，大概念不仅有利于教师把握并突出数学课程与教学在内容维度的“重点”，而且有利于教师关注数学教学内容内部的“连贯性”和培养学习对象思维的“严谨性”。比如，尽管广大初中数学教师能认识到函数的内容贯穿于整个中小学的数学教学，在初中引导学生学好函数这一大概念，可以更连贯、更严谨地理解中小学的数学内容，但是，函数教学价值的存在性并不能自动转化函数教学实践的有效性。由于函数这一大概念的学习离不开对变量这一基本概念的理解，并且变量这一概念又是一个具有辩证性的概念，所以为了有效实现函数教学预设的目标，就应当自觉地关注学生数学思维的辩证性水平。

重视大概念在数学教学中的运用是国内外数学课程与教学改革的一个重要趋势。美国早在2000年颁布的《学校数学原则和标准》(NCTM，2000)中就强调，教师“要能够理解数学学科大概念，并能将数学表示为一个连贯而相互联系的整体”。我国颁布的《义务教育数学课程标准》(2022年版)也指出，“为实现核心素养导向的教学目标，不仅要整体把握教学内容之间的关联，还要把握教学内容主线与相应核心素养发展之间的关联”“在教学中要重视对教学内容的整体分析，帮助学生建立能体现数学学科本质、对未来学习有支撑意义的结构化的数学知识体系”“强化对数学本质的理解，关注数学概念的现实背景，引导学生从数学概念、原理及法则之间的联系出发，建立起有意义的知识结构”“探索大单元教学，积极开展跨学科的主题式学习和项目式学习等综合性教学活动”。根据课标，大概念是将核心素养目标具化为课堂教学目标的重要抓手，数学教师不仅要学会提取出特定内容中的核心概念，而且要学会建立不同核心概念之间的联系，形成大观念，并基于大观念提出引导性的数学问题，设计具有思维挑战性的数学认知任务，引导学生在任务探究中学会更有效地建构数学知识、更深入地理解数学知识、更具创造性地运用数学知识。

数学大概念教学是义务教育数学课堂教学中核心素养培养目标落地的有效途径。数学大概念教学研究与教学设计的兴起，象征着指导数学课程与教学设计思维方式的变化，即突破原来向下拆解然后进行机械组合的还原性教学论，自觉转向向上进行结构化和生成的整体性教学论。从国际上看,数学教育中引入大概念,开展数学大概念教学研究与应用,不仅深化了数学课程与教学建设,加强了课程与教学内容结构化,推进了具有一致性、整合优化的数学课程与教学实践,而且为改变碎片化的数学知识与技能学习提供了新的视角,为突破片面的知识本位化数学教学方式提供了有价值的概念工具,为革新数学课堂教学实践提供了可操作的概念工具。在这样的宏观与微观背景下,义务教育阶段的数学教师对数学大概念及其教学内涵是否有着充分理解,将关系到以核心素养为导向的数学课程与教学改革的有效落实。由此,也有必要对义务教育数学大概念教学进行一些既有理论深度又有实践高度的讨论。

本研究并非单纯属的资料收集,也不是一种以理论演绎、文字编辑见长的书斋式研究,而是为了努力弥合数学大概念教学理论与数学大概念教学运用间差距的质化研究。为了实现预设的质化研究目的,近三年来,笔者不仅运用文献资料分析的方法,解析了义务教育数学大概念的内涵,而且定期深入小学与初中的校园与有关师生就数学的教与学进行交流、互动,既有对数学教师备课、说课、上课等活动的深度参与和对个别数学教师数学大概念教学运用的成果分析,又有笔者对近年来大概念教学理论的自主学习以及结合中小学数学教学实践的自主反思。最终呈现的书稿,也力求体现笔者基于义务教育数学大概念教学研究及其运用的应然性分析、现实性审视和实践性反思。

就具体的研究内容而言,本研究立足于数学教育教学的现实,回溯了数学教育教学的历史,从新时代数学教育教学中关于学生核心素养培养的要求出发,尝试性地构建了促进学生核心素养培养的数学大概念教学理论。具体而言,本书第一章从“知识教学”“素养与核心素养”“课程与教学改革中的大概念关注”“用大概念重塑数学教学样态”等四个角度对当前的课程与教学进行了审视。第二章从“深度学习与浅层学习”“关注专家思维”“关注深度理解”“经由深度学习促进高通路迁移”等四个角度对核心素养时代的深度学习期待进行了分析。第三章从"理解的关键是建立大概念""大概念内涵的理解""大概念的生成""以大概念为核心的整合性教学"等四个角度对指向深度理解的大概念进行了讨论。第四章阐述了数学中的大概念、数学大概念的教学价值、数学大概念教学的内涵、数学大概念教学的必要性，指出了数学大概念教学的相关要素。第五章剖析了国内外数学课程标准中的大概念理念，强调数学课程标准中的大概念理念需要教师深度理解，讨论了以大概念重构数学课堂教学的意义、要点和途径。第六章举例说明了大概念视角下的数学大单元教学设计，分析了大概念视角下数学大单元教学内容的建构、大概念视角下数学大单元教学评价的设计、大概念视角下数学大单元教学设计的要点。第七章从"问题本位的学习""数学问题解决的学习""大概念与数学问题解决教学""数学课堂中的大问题教学"几个维度对大概念与数学问题解决学习的关系进行了阐释，指出大概念是数学问题解决的基础，大概念教学可以提高学生对于问题解决方案进行优化的能力；强调以大概念为载体设计数学问题，在数学问题解决中深化学生大概念的建构与理解，促进大概念与大问题的相互转化，建构更有价值的数学课堂中的大问题教学模式。

本书是江苏省高校青蓝工程"数学教育教学团队""数学课程思政教学团队"、江苏省基础教育前瞻性教学改革实验培育项目"初中'数学活动'育人的教学实践"、江苏省教育科学"十三五"规划课题"新时代农村数学教师专业核心素养培养研究"、江苏省教育科学"十四五"规划课题"教育本位的人机协同教学研究"等项目的阶段性成果之一，是笔者继《义务教育数学课程与教学论》《义务教育数学核心素养教学论》《义务教育数学活动教学设计论》《义务教育数学教师专业学习论》这四本小书之后，就义务教育数学大概念教学这一专题进行的初步探索。由于笔者水平有限，不当之处还请方家批评、指正。

本书的出版，凝聚了很多人的心血。借此机会，请让我表达对江苏省数学教育教学团队全体成员、泰州学院各级领导、校外广大数学教育专家和家人师友们的谢意，正是你们的关心、指导、支持和帮助，才让这本小书得以顺利问世。作为研究者,我也真诚地希望本书能给义务教育阶段一线的数学教师、准备开展数学大概念教学研究与实践的各类人员提供一定的帮助或借鉴。数学教师教育及其研究是一个创新的共同体,让我们不忘以核心素养为导向的数学教育教学的初心,深化数学大概念教学研究,勇于担当,求实创新,携手前行!

潘小明

2023 年 10 月

目　录

第一章 审视课程与教学

在强化教育公平的高质量教育发展的时代,提升课程与教学质量成为义务教育阶段教育变革的重要指向。理性审视义务教育课程与教学的理论与实践,不仅回应了社会对义务教育阶段的课程与教学质量的关注,而且也是对义务教育课程与教学热点问题的再聚焦以及对教育教学改革前沿领域的进一步跟踪。课程与教学的独特性还表明,课程与教学是"思行合一""研用合一"的过程,为了深入推进课程与教学的高质量发展,我们不仅要在行动上落实具体的课程与教学方案,而且需要结合课程与教学的实践对课程与教学的关键问题进行研究、审视。这是因为,课程与教学的关键问题直接影响着课程与教学理论、实践的发展,并因此强烈转变着课程与教学主体的思想观念、行为方式及其与之相关的多种关系。由此,有理由认为,对课程与教学进行必要的回顾、分析、审视,将有助于课程与教学主体自觉地提升课程与教学活动的反思性,努力增强课程与教学质量推进的整体性。事实上,通过对课程与教学在本质内涵、实践价值、变革行为、现实困境、潜在风险、治理逻辑等多维度上的审视,我们不仅可以澄明并回归课程与教学的本质、价值,坚守课程与教学本真性的虔诚之心,而且可以更科学地判断课程与教学的质量状况,明晰课程与教学的基本秩序、基本生态、实践关切及现实中可能性的问题或困境,探明课程与教学高质量发展指标体系建构的实践逻辑,重构课程、课堂等相关教学生态的治理逻辑,科学优化课程与教学的理念与行为,精准定位课程与教学的目标与要求,及时更新课程与教学的内容与方法,强化课程与教学高质量发展的固有特性,并因此实现主动且有效破解制约课程与教学高质量发展障碍的目的,持续深化课程与教学变革的协同创新和多维主体的共同发力。

第一节 关于知识教学

正确认识知识教学的意义与价值,是课程与教学高质量发展的前提。从知识角度审视课程与教学，不仅是理解学科知识内涵存在于课程与教学实践中的一种应然视角，而且是倡导课程与教学高质量发展的时代背景下对课程与教学中知识及其教学本质解构的一种现实视角。通过对知识教学的审视，课程与教学的主体能更好地挖掘蕴含于知识意义中的育人价值，更加主动地防范、克服知识教学中可能存在的符号化、短视化、离身化和表层化等现象，更自觉地走向有内涵、有价值、有意义的课程与教学，使知识成为学生核心素养生成和教学高质量发展的必要“养料”。

一、课程与教学中的知识

近代以来，知识显现了其特有的价值，人们不仅视知识为“力量”“财富”，而且视知识为个体改变命运或者人类征服自然乃至不同主体满足各自欲望的一种手段。人才的培养离不开知识的学习。由于教学中的知识主要是以间接经验为主的过去知识，所以需要强调人类对于已有认知成果的学习与内化。某种意义上，判断学习者是否具备了相应的专业能力就是要评价其是否掌握了足够的知识。因此，几乎所有的教学都强调以恰当的教学方式引导学生基于已有的知识进行探究。有效的知识教学，既注重学生的知识学习，又注重学生知识学习中元知识的获得，促进学生对所学知识多重意义的联结，并因此使学生获得知识学习的增值，形成知识学习的良好情感、态度与价值观。

对大多数教师或学生而言，他们没有理由不重视知识的教与学。传统的以基础知识、基本技能为要点的双基教学更是中国学科教学的一种宝贵经验。不过，由于一些教师囿于狭隘的知识教学论，所以他们更加倾向于认为课堂教学活动是以知识生成或知识获得为教学出发点和归宿的活动。部分教师十分强调知识包括应试在内的实用价值，固执地认为课堂教学就是教师通过适当的方法把特定的知识教授给特定学生群体的活动，重视符号化、陈述性知识的灌输。作为一种极端化的效果，许多教师会忽视知识学习背后的“意义生成”“活动体验”“深度理解”，较为片面地把显性化的符号、结果性的知识作为课堂教学的主体性内容，最终导致课堂知识教学的异化。

那么，究竟什么是知识？或者说知识的本质是什么？对于这一问题，理解不同，观点就会相异；视角不同，分析就会偏差；不同的人有不同的观点，相互争论、争鸣，可谓见仁见智。

客观主义的知识观以一种“实体—属性”的形式来描述世界，认为知识是对外在实际世界的一种准确表征或映射，秉承强调知识具有客观、普遍和价值中立的特性。尽管客观主义者对知识的理解有不同的具体内涵，但都在教学上非常直接地导致传统教学的三个中心，即以“教材、教师、课堂”为中心开展知识教学与评价。

主观主义的知识观认为知识是主体建构，是主观而非客观的，是一种主观的智识或个体的经验，强调知识的创造性、经验性、动态性、生成性和不确定性。在教学上，持主观主义知识观的教师重视学生的知识建构，重视学生的“做中学”“活动体验”，强调由传统的“教师教”转向“学生学”。

如果从文化的角度协调教学中的主观主义的知识观与客观主义的知识观，知识教学是主客观的辩证统一，教学中的知识传递同时也是教师和学生依据具有文化特质的学科知识进行文化交往和文化构建的文化实践。①

教学中知识观的背后是关于知识的哲学，反思教学中的知识观需要反思教学中知识观背后的关于知识的哲学。

在许多哲学家看来，柏拉图在《泰阿泰德篇》中关于知识的见解就是一种经典、传统的观点。具体而言，柏拉图认为知识是经过人们证实了的真的信念，或者说信念、真和证实这三个条件是构成知识的三个要素。

并非所有的哲学家都同意柏拉图关于知识的见解，有一些哲学家甚至直接对这种看起来既经典又传统的认识提出了质疑。质疑者反思这样一个基本问题，即证实了的真的信念是知识吗？这一问题本质涉及“信念究竟应具备多少条件才能转化成为知识”的讨论。在类似的争论中，也有研究者提出，对知识给出一个完全充分而且又能得到普遍认同的定义是一件根本不可能的事情。② 在社会实在论的视角下，知识的教学不仅重要，而且注重优选客观知识并以此作为课程与教学的主要内容与逻辑起点。教师进行课程与教学设计既要关注知识生产的客观逻辑，又要关注知识生产的社会情境，将两者平衡作为教学活动过程展开的重要依据，并以学生在知识学习中有没有开拓思维与形成相应的知识结构为标准对知识教学的效果进行评判。

从信息的哲学范畴来看，知识与信息是两个不同的概念，两者并不存在严格意义上的相互联系，有时甚至有着明显的割裂。更多情况下，知识是人为蕴意的编码。

---

① 程良宏. 从知识教学到文化实践：深度教学走向深入的视域演进[J]. 课程·教材·教法，2019，39(7)：40-46.

② 胡军. 什么是知识[J]. 求是学刊，1999，26(3)：5-12.

就整个信息而言，知识只是其中的一个子集，信息只是知识的一种表现形式。为了避免教学活动仅仅停留于信息传递而非知识获得与理解，教师需要根据教学内容和教学对象采取有针对性的教学方式，可以采用举例等实证的方式进行知识的讲解，可以通过事件的分析引导学生生成知识，可以开展实践性活动引导学生在做中体验知识。尽管不同的方式对知识教学都有其一定的合理之处，但是囿于特定的条件，不同的教学方式也有可能显现其相应的局限性，需要对它们进行必要的融合，教师要善于通过知识的分析与转换，深化理解、应用与创新。

在现实的课程与教学实践中，偏执于某种知识观很容易给知识教学观、知识教学实践观带来负面影响。有一些教师甚至有可能会因这种偏执而把知识外显的符号作为知识教学的主体内容。这样的教学会不知不觉地异化知识教学，误导学生经由知识学习获得更有意义的发展。因此，应当倡导在汲取不同知识观有益营养的基础上，落实教学层面不同知识观的深度整合。基于整体与融合的视角，知识观的深度整合将有助于教与学的双方更准确地把握知识教学的本质及与此相关课程教学改革的方向。

从教育的角度来看，知识虽然与信息、经验密切相关，但知识不是信息，也不是经验，而是有待探究、发育、完善的精神种子，是教师引导学生观察、理解、认识和思考世界的一面镜子，是实践反思、学以致用、提升自我的思维状态。知识教学的旨归不是让学生获得信息，也不是仅仅让学生获得某种体验，而是让学生经由知识的学习获得知识意义的深度体验，建构学习者运用知识更好地学习、更好地生存的意义，通过知识教学丰富学生的思想情感，引导学生形成正确的人生观、世界观和价值观。在一个技术发展日新月异和人们价值观更加多元的时代，教育不是不要知识的教与学，而是要回归知识教学的本性，重视知识教学的意义回归，奠定知识教学的实践基础，突出知识教学的意义整合，选择更加合理的知识教学方式，改善知识教学中师生关于知识意义体验的过程。

从认知心理的角度来看，知识是一种建构。比如，在认知心理学家皮亚杰看来，知识既不是客体的副本，也不是由主体决定的先验意识，而是主体与环境或思维与客体相互交换而导致的知觉建构。简单地说，主体通过与其所在的环境相互作用而获得相应的信息及其组织。知识教学需要强调学生主动地建构，要注重社会文化互动与学生个体意义生成，不应忽视知识传递应有的个性化要求。由于学生的学习并不总是建构性的，所以应当防止误用建构主义而混淆了教学活动与一般性学习活动的区别，避免因潜在的过度建构而实质性地否定知识教学的价值，避免人为地阻碍学生主体经由知识主动学习、深度学习而获得持续性发展。

从课堂教学的角度来看，知识的教学是以知识生成、知识获得为核心和关键的教学活动，这里的知识不仅是陈述性的内容知识，而且是程序性的能力知识和以元认知监控为主要内容的状态知识，即内容、能力和状态是教学中知识的三个关键要素，它们共同构成了教学中知识的完整结构。内容知识关涉命题的理解、关系的反思和结论的应用。能力知识关涉活动程序的展开，强调通过程序构建“具身认知”“实践反思”“默会推理”“范例学习”等方式相应的判断力、推理力、鉴别力、思辨力和相关的专业技能。状态知识是与情意态度相关的知识，是蕴藏于陈述性内容和程序性能力这两类知识之中的知识，既关涉学生知识存在状态的领悟和知识探究热情的激发，又关涉学生知识建构过程的监控和知识认知信念的获得。

二、课程与教学中的惰性知识

知识很重要，但是，对学习主体而言，如果知识的构建方式、存储方式不恰当或者所构建的知识在头脑中始终处于一种不被激活、不被提取、不被应用的状态，那么，所学的知识不仅缺少应有的活力，而且会事实上成为惰性知识(inert knowledge)。

惰性知识可能遇到的最大问题是，一旦变换、更新了情境，知识的拥有者就无法调用其所学的知识。本质上，惰性知识偏向识记，学习者尽管记得知识，但是不知道所学知识之间的联系，不知道如何进行所学知识的迁移应用。由此，一个学习主体即使堆积了大量的惰性知识，也不能说他已拥有了解决问题的素养。英国哲学家怀特海曾强调，惰性知识对学生的心灵发展非但无用，反而有害。某种意义上，素养之所以被称为素养，就是指素养的拥有者能在一种具有真实性的情境中有效地调用、提取包括知识在内的素养，能学以致用、有效地解决问题。作为素养重要构成成分的知识不是惰性知识。

在学校教育教学中，惰性知识与不当的教育教学形态密切相关。在现实的教育教学活动中，许多学校的教师不仅不能有效地理解所教的知识，而且难以克服传统教学中知识传递的固有缺陷，满足于学生对于外在、表层知识符号表征的认知，无视所教知识与学习者生活、实践或经验的“相遇”“相知”“相融”“相通”，日积月累，便隔离了所教知识与学生个体经验、生活情境与实践探究之间的联系。由此，学生的知识形成也缺少网络化、程序化、条件化的机制，学科思维、学科活动与学科知识就会在教学活动中彼此相互分裂。作为一个较为普遍的现象，知识教学强授受、训练，弱建构、反思与应用，缺少了应有的情境逻辑，教师将不能有效地帮助学生重建所学知识的实践意义。考察课程与教学方法可以发现，许多课堂教学存在着明显的专制化、单向性或者启发式教学不到位等方面的问题。考察课程与教学目的可以发现，许多课堂教学之所以强调知识教学主要是为了满足应试的需要，对于学生的知识学习缺少正确的出发点和个性化的认知，缺少对个人知识、隐性知识的深度关注。

各种不同的因素叠加在一起之后就会形成一些非常负面的教学效果。学生虽然学习了许多知识，却存在着所学知识零散性、碎片性、孤立性和浅表化的问题，应有的知识谱系未能有效建构，师生在知识教学中未能形成相关知识的结构与运用的深度体认。许多学生真切地感受到不能将所学知识灵活地运用于复杂的现实生活情境中，不能有效地进行所学知识的迁移，学生的学科活动经验不能与所学的学科知识进行有效对接，学科思维未能有效内嵌于知识学习，特别是缺少批判性思维的有效训练。久而久之，原本具有十分重要意义的知识教学在教学实践中就形成了特有的惰性知识现象。

惰性知识负面影响着学生问题解决能力的发展，阻碍着学生深度学习能力的建构和创新实践能力的发挥，不利于学生学习心理与认知结构的健康养成。惰性知识现象不是个别性问题，而是较为普适性的问题，解决不好这个问题，会长期困扰学校的教育教学和学生身心的全面发展。

知识教学中如果不关注学生的探究行为，就会阻碍学生关于知识品格的体察与学习能力的形成，既容易遮蔽学生关于个体知识的生成，也容易导致知识教学在结果上停留于表层的符号知识、显性知识，呈现知识“形而上”明显不足的特点。

为了实现从“教授知识符号”到“建构知识意义”的超越，教师应当注意知识教学方式的突破，以新的知识教学思路破解知识教学中惰性化的沉疴和痼疾，重建充满活性的知识教学方法。

笛卡尔曾经说过：寻求真理而没有方法，还不如根本别想去探究任何事物的真理。探究是知识教学中非常重要的方式，这是因为，知识的教与学本身是一种有目标导向、有意识引导的专业实践活动，应当具有鲜明的学习目的性、实践导向性与专业探究性。

在现实的教学中，往往由于各种各样的原因，与知识教学相关的许多应然性要求并没有得到很好的体现。调研发现，许多中小学师生对于知识的教与学不仅缺少深入的理解，缺少正确合理的知识学习信念、学习路径，而且经由知识教学未能实现思维的有效训练；学生不仅在思维开放性、广阔性方面显得乏力，而且在思维深刻性、批判性等方面显得不足，知识教学未能达到促进学生“转知成识”“转识成智”的目的。

由于学校对于现代信息社会公民究竟需要怎样的知识缺少应有的觉醒，对于信息技术背景下教学方式的转型缺少有效的应对，许多学生在学习中不能聚焦不同知识之间的关联，不能有效融入相应的问题情境，旧有的思维定式或路径依赖也得不到突破。这种情况下，学生虽然获得了大量的知识，但是这些知识“多而不精”“多而不活”，学生所获得的知识缺少应有的活力，知识学习过程中产生的惰性会进一步加强学生在后续知识学习中的过程惰性与结果惰性。

第二节　关于素养与核心素养

当前，素养、核心素养正成为义务教育课程与教学的重要目标而被广泛、深入地推进与应用。对于素养、核心素养的肤浅性认知乃至非常不当的理解，不仅会造成实践形态的核心素养培养目标的导向偏差，而且很容易造成先进性教育教学理念在教学改革实践过程中的走偏及与此相关的效用褊狭。基于此，有必要对素养与核心素养进行审视，以期厘清相关主体对于教育教学中核心素养培养的认知性误区和不当的实践性纳入，更准确地明确核心素养本真的教学内涵，更合理地进行教育教学的目标定位，更有效地发挥基于核心素养的教育教学理论对于课堂教学变革的价值引领和实践指导。

一、素养与核心素养

“素养”与“核心素养”是国内外教育教学改革与研究中两个较热的主题词。例如，芬兰在基础教育改革中提出要去学科化，强调综合培养学生的核心素养，提倡从现象学视角研究基础教育的课程与教学改革。巴西于2018年实施了新一轮课程改革，所颁布的《国家通用课程标准》提出了面向21世纪人才培养的“十大核心素养”框架。德国在教学改革中强调通过师生的有效互动培养学生的“品格”“教养”，用教育教学理论指导学科核心素养结构的建构，要求按照科学、完整的逻辑顺序设计不同学科对应的核心素养内容要素及其相关的体系，突出“可塑性”“普通”对于核心素养的意义。

在我国的课程与教学中，曾长期存在着被动式知识传递的问题，“素养”与

“核心素养”这两个主题词则是对此进行转向的信号，即课程与教学要由被动式知识传递向主动式知识建构转变。主动式知识建构被视为新时代学生成人与教师育人的基石，是教育教学中关于教育教学的目的、过程、方式与评价的新思考，具有明显的综合性、基础性、发展性、结构性、实践性、活动性、主体性和时代性等方面的特征。某种意义上，“素养”与“核心素养”也标志着课程与教学的发展逐步进入了一个新的发展阶段。

素养与知识既有关系，也有明显的不同。素养指向一个人平日的修养，是知识、技能、态度、价值观等不同要素的超越和统整，体现了一个人在真实的情境中有效完成某种任务或者做出某种行为的能力或素质。在教育领域，素养关涉学生的“知识底蕴”“精神长相”“人文品格”“行为习惯”“价值观念”“思维方式”，需要在长期、日常的教育教学活动中慢慢养成。立足学生终身发展和社会发展的需要，培养学生良好的素养，是当前学校教育教学核心的任务和重要的功能。

核心素养是指主体能成功地应对某些或某一类工作或者实际行动必须具备的专业性、综合性的素质结构，这种素质结构不仅涉及实践的情境、实施的任务，而且涉及行动者的思维与实践结果的评价，强调通过改善素质结构提高主体高质量做事或者进行行动落实的能力与水平。核心素养作为一个概念并非是一个单一性的教学指向，而是一个多元化的育人表述。事实上，核心素养关涉学生的“关键能力”“必备品格”“价值观念”，是育人的本质与关键。

2022 年版义务教育课程标准在明确了核心素养内涵的同时，从教学落实的角度给出了以核心素养为导向的课程与教学建议，强调以核心素养培养为主线，制定反映学科育人本质的教学目标，构建各学科的大任务、大概念、大问题，强调以核心素养作为知识教学是否有效重建的评判依据①，以培养学生的问题解决能力为重要的教学目标，优化教学内容结构和单元组织形态，努力实现课程与教学中减负、增效、提质的协同发展。可以认为，深入理解义务教育阶段学生核心素养及其培养的内涵、机制，是深度把握 2022 年版各学科课改方案及课程标准所体现的教改特质的最现实、最重要的基础。

素养与核心素养作为义务教育阶段课程与教学领域中的两个专业概念，其提出既表明了素养在义务教育阶段的教育价值，又强调了核心素养是义务教育阶段以立德树人为导向的课程与教学体系中的一种关键性成分，强化了

① 张恩德，龙宝新. 论核心素养的课堂教学落实[J]. 教育学术月刊，2020(10)：71-77.

学科义务教育阶段各个学科课程与教学与时俱进的变革。这种变革自觉地以习近平新时代中国特色社会主义思想为指导，全面贯彻党的教育方针，遵循教育教学规律，落实立德树人根本任务，发展素质教育。[①] 纵观我国 40 余年以来的教育改革，义务教育阶段的课程与教学改革先后经历了"双基教育""三维目标教育""核心素养教育"三个不同的关键阶段，体现了义务教育课程与教学改革在落脚点和关注点方面的变化，体现了学科教育的与时俱进和转型升级，体现了在信息化、网络化、数字化、智能化等新技术飞速发展和具有诸多不确定性的复杂多变的社会中，教学应时应势的深化改革与实践创新。事实上，我国义务教育阶段的课程与教学变革从最初的重视学科双基知识教育，逐步转变为追求"知识与技能""过程与方法""情感态度与价值观"三者的协调统一，突出学科本质教育，再变化为经由学科教育实现育人价值，这些变化的核心是不忘教育的初心，要求义务教育阶段的课程与教学回归到立德树人的根本，力求在"学科知识构建""个体经验生长""社会文化改造"三个维度寻求课程与教学目的的动态平衡，进一步强化以人为本的教育教学理念，让人的可持续发展成为教育教学的真正目的。

二、核心素养对于课程与教学的要求

"素养"与"核心素养"集中体现了特定时代义务教育各学科课程与教学的育人价值，不仅是各学科课程与教学关于人才培养质量与规格的一种理论性构想，而且是在实践层面转变不当育人方式与方法、提升育人质量与水平的主要抓手，有利于从整体上推动课程、教学与评价方式的变革，更有效、更有力地创新人才培养的体系。为此，既需要更加自觉地挖掘核心素养与各个学科课程及教学目标之间内在、必然、潜在或隐匿的关联性，又需要自觉地确立核心素养导向的课程与教学观念，自觉地关注并落实各个学科课程与教学在目标、方式、方法、评价等方面新的常识性、实践性和一致性等要求。一方面，注意从"立德树人""为党育人""为国育才"的高度确立课程与教学的方向，从"学科本质""思维培养""要素整合"的视角精选、优化教学内容，从引导学生深度学习的角度组织、策划、设计和展开各学科的教学活动，从减负与高质量发展的角度建立健全学业质量体系。[②] 另一方面，要积极探寻传统知识教学中关于如何克服学习者

---

① 潘小明.数学课堂核心素养目标的检视与完善[J].现代教育，2022(11)：56-60.

② 余文森.论核心素养导向的三大教学观[J].当代教育与文化，2019，11(2)：62-66.

惰性的机制，变革旧有的、不当的教与学关系，突出学科学习中的目标导向、问题导向、实践导向。

发展学生的核心素养不是说要轻视知识教学。一方面，无论是学生对于知识情境的问题发现和知识探究的思维再现，还是学生对于知识结果的价值辩护和实践运用，都是学生必备品格、关键能力和正确价值观的形成过程，积极的、充满活力的知识教学对于学生核心素养发展具有十分重要的意义。另一方面，知识不应是静态的、纯粹的、陈述性的惰性化知识，而应是经由学生主动参与、积极探究、实践反思、意义建构的创造性知识。为了实现知识教学对于学生核心素养的积极意义，要通过有效的机制防范、克服不当的行为，比如，以发展学生核心素养为外在标识导致知识教学被实质性边缘化、惰性化的现象。

在目标导向上，要避免学生学科知识学习的退化、问题解决学习的异化和学科思维训练的弱化。退化了的学科知识学习不重视学科知识的本质，在重视表层知识学习的背后是知识学习的惰性，知识学习没有能形成较好的学科知识序列。异化了的问题解决学习不重视问题解决的通性通法，只是片面地重视一些解题的技能、技巧。弱化了的学科思维训练不重视学生的结构化思考和高阶性思维，思维的品质在学习中得不到有效的改善。

在问题导向上，要突出问题解决对于学习活动的驱动和维持，组织好蕴含了问题解决任务与要求的教学活动。为此，应研究经由知识教学转化为素养建构的原理，研究如何厘清以问题为导向的教学逻辑，以期在突出问题的同时将教学中问题的设计进行有效的去伪存真，避免那些低质、无效、虚假的问题对学生核心素养发展的负面影响。

在实践导向上，要突出学生核心素养发展的行为指向，注意依托于能动性的学科活动，促进学生直接性经验、间接性经验内部或之间的相互作用，实现学生在经验、概念和行动这些具有整体结构之上的要素良性互动或要素之间的相融相生。为此，既要研究如何根据育人的基本规律进一步优化教学活动的设计，又要研究如何进一步提升教学实践的品质，更要研究如何根据核心素养的教育教学规律重建新时代义务教育探究性、项目式和跨学科的教学活动以及适配的实践型育人方式。①

① 余文森．以核心素养为导向：建立与义务教育新课标相适应的新型教学[J]．中国教育学刊，2022(5)：17-22.

走进新时代，教育对人的培养要从抽象化人的培养走向具体情境中人的培养，课程与教学要从面面俱到转向突出关键要素，教育教学评价要从即时性效应转向持久性的价值。与传统教学中重视知识教学相比，新时代的教育教学要突出学生核心素养的培养，通过改进旧有的教学，让更多的学生能在不确定性情境中学会建构知识、运用知识，学会自主分析与解决问题，强调基于深度的学习与思考，更有效地掌握与问题分析、解决动态性和复杂性需求相匹配的核心知识与关键技能。诚如格兰特·威金斯(Grant Wiggins)所言："学校教育的目标是使学生在真实世界能得心应手地生活。"新时代培养学生的核心素养，应在"真实性"上下功夫，即应当培养学生解决真实问题的素养。某种意义上，这也是核心素养的核心。对此，迈克尔·富兰(Michael Fullan)曾强调学校教育的目标是要使学生获得成为一个具有创造力的、与人关联的、参与合作的终身问题解决者的能力和倾向。

新时代的义务教育不仅要重视学生的核心素养培养，而且要为学生的核心素养发展提供有效的载体。对义务教育阶段的教师而言，在教学实践中要把握好特定学科与课程中的基本问题、教学情境和关键活动。一方面，要注意以问题为引擎引导学生思考、探究，帮助学生及时更新、优化、改组认知结构。在一个环境日益复杂多变、竞争更加激烈的社会里，未来的学生要获得成功，需要不断提升有效思维的技能。为此，学校教育不仅要设计有利于学生思维培养的课程，而且要在学科课程教学中培养学生的思维。在美国发展心理学家林恩·埃里克森(H. L. Erickson)看来，这两项工作都具有挑战性，因为"设计培养思维的课程是一项艰苦的工作；教学生思考更是一项艰巨的工作"①。学生的思维与知识相关，但是，这并不是说只有等学生成功掌握了大量丰富的基础性知识后，才能进行有效思维技能的培养和运用。相反，要将知识学习融合于学生的高层次思维过程训练。另一方面，要注意以教学情境为学生学习体验的重要对象和互动的场域，要通过为学生提供有利于主动思维的情境，引导学生在创造性地解决问题的过程中发展自己的创造性思维、批判性思维，改善自己思维的品质。由此，教师要通过设计具有挑战性的问题与有待完成的预设任务，帮助学生理解知识探究和自主学习的价值，提升课堂教育教学中培养学生智力的能力与水平，并因此实现更有深度的学习

① ERICKSON H L. Concept-based curriculum and instruction: teaching beyond the facts[M]. Thousand Oaks, California: Corwin, 2002.

与更有效的互动交流对于学生核心素养培养的意义建构。此外,还需要注意以思维活动、实践活动、交流活动为平台,帮助学生学会自主评判和动态调整自己的学习目标,从学生及其学习目标实现的立场有效落实核心素养,突出学科活动、实践参与对于学生价值引领、知识整合、思维发展和学习进阶的促进、引导功能。

三、核心素养是新时代教育改革的重要导向

义务教育阶段学生的核心素养教育是基于义务教育课程与教学改革和发展的实际所进行的再创造教育,学生核心素养的发展在教育本质属性上要树牢课程与教学的新视角,更有效地融入课程与学生,更有目的地落实课程与教学,更科学地促进师生与教育教学评价的双向互动。

在基础教育阶段,高中的数学课程与教学改革曾率先倡导了学生数学核心素养的培养,具体内容包括数学抽象、数学运算、直观想象、逻辑推理、数据分析、数学建模。作为高中数学课程与教学重要基础的义务教育,自然需要与时俱进。《义务教育数学课程标准(2022 年版)》不仅倡导了义务教育阶段学生核心素养培养的理念,而且进行了义务教育阶段数学课程中关于学生核心素养培养体系的构建。图 1-1、表 1-1 是对这种体系的直观性表述。从图 1-1、表 1-1 中可以看出,核心素养不只是制定课程标准目标的“导向”,也是制定学业质量标准的“依据”,在义务教育阶段,小学和初中的数学课程内容要求与学生的认知发展都具有明显的阶段特征。小学阶段的核心素养主要包括数感、量感、符号意识、几何直观、空间观念、运算能力、推理能力、数据意识、模型意识、应用意识、创新意识。在小学低年级段,学生的数学核心素养培养偏向于具体,更加侧重于意识方面;在小学高年级段,学生的数学核心素养培养偏向于抽象,更加侧重于能力方面。初中阶段的核心素养主要包括抽象能力、几何直观、空间观念、运算能力、推理能力、数据观念、模型观念、应用意识、创新意识。

总体而言,义务教育是通过“三会”把数学课程与教学要培养的核心素养与高中阶段要培养的核心素养进行了衔接,强调通过义务教育阶段的数学课程与教学,学生要“会用数学眼光观察现实世界,会用数学思维思考现实世界,会用数学语言表达现实世界”。从图 1-1、表 1-1 中也可以看出,我国基础教育阶段数学教育中学生核心素养所具有的一致性、阶段性以及整体性特征。所谓一致性,是指在小学、初中与高中等不同的阶段,学生的核心素养培养尽管有不同的

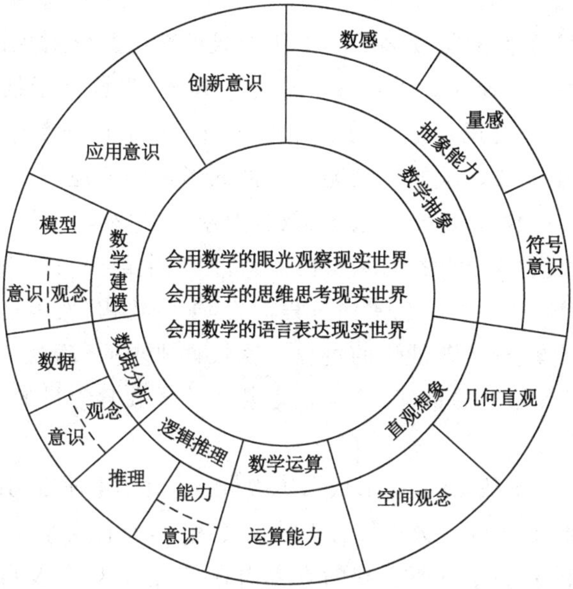

图 1-1　核心素养在数学学习各学段的具体表现对应图

表 1-1　核心素养及其不同阶段的主要表现

数学核心素养	各阶段的主要表现			跨学科表现
	小学	初中	高中	
会用数学眼光观察现实世界	数感	抽象能力	数学抽象	创新意识
	量感			
	符号意识			
	几何直观	几何直观	直观想象	
	空间观念	空间观念		
会用数学思维思考现实世界	运算能力	运算能力	数学运算	应用意识
	推理意识	推理能力	逻辑推理	
会用数学语言表达现实世界	数据意识	数据观念	数据分析	
	模型意识	模型观念	数学建模	

侧重点，但是就基本的内涵而言，应当具有内在的一致性，即都需要指向数学的眼光、思维和语言。所谓阶段性，是指对不同阶段的学生而言，数学课程与教学中的核心素养目标有阶段性的不同，教育教学应帮助学生实现核心素养目标的

进阶。小学阶段的学生更多地侧重于对数学活动中经验的感悟，基于形象与直观学习数学，核心素养指向数学活动中所形成的对于数学对象的感知和意识。初中阶段的学生更多地侧重于对数学概念的理解，强调基于抽象概念学习数学，核心素养不仅指向逻辑论证与演算推理中所形成的对数学对象的认知建构，而且指向学生发展数学的关键能力及由此形成的相应观念。所谓整体性，是指核心素养的基本内涵、建构过程、教育要求三者整体的统一。就基本内涵而言，“三会”构成了核心素养的基本内涵，每个学生都应当经由数学教育形成这些具有整体意义的素养。就建构过程而言，学生建构、发展这些具有整体意义的素养是一个渗透性、渐进化的过程。就教育要求而言，为了实现义务教育阶段学生核心素养培养的目标，数学教育既要符合数学学科的逻辑，又要符合学科育人的逻辑。

植物的形成由于栽培，人的形成由于教育。[①] 对学生而言，其素养的形成不仅来自个体的基因、天性或天赋等方面的遗传因素，而且与个体所处的文化、制度等环境密切相关，与个体所受到的教育内容、教育方式以及自我教育等教育因素密切相关。就义务教育阶段而言，学生的素养形成显然需要高品质的义务教育，这种高品质的义务教育不仅仅指依靠外部的他育，而且包含了来自主体自身的自我教育，教师要善于将学生能动、独立的自我教育和主动学习置于教育教学活动的中心。某种意义上，自我教育对学生的素养形成起着更为关键、更为积极的作用。学生如果缺失了自我教育的清醒意识和实践能力，以他育为主要形式的外部教育就不能深入学生的内心，素养培养也就缺失了根本。

第三节　关于课程与教学改革中的大概念关注

21世纪以来，我国义务教育课程与教学改革在顺应政治经济的发展进程中不断地被推进，在不同阶段呈现了各自不同的特点。在此过程中，大概念成为课程与教学深度变革目标有效落实的一个“锚点”，不仅纵深推进了义务教育课程与教学的改革，而且促进了义务教育课程与教学的结构化，简化、整合了义务教育课程与教学的内容，对义务教育阶段学生核心素养培养目标的落实具有非常重要的理论价值和实践功用。

① 张焕庭. 西方资产阶级教育论著选[M]. 北京：人民教育出版社，1979：95.

一、课程与教学变革及其对大概念的期待

我国义务教育于 2001 年提出了“三维目标”，并在 2011 年进行了必要的修订，推动了义务教育阶段课程与教学的改革。不过，基于“三维目标”的义务教育各学科课程标准的主线仍是内容标准的模式，本质上仍是“知识本位”的教育，在教育教学实践中仍然存在许多的局限性。比如，基于“三维目标”的课程标准在学业质量评价上依然是以学生对学科知识点的掌握程度为标准的，理论上可以兼顾的“三维目标”，在教育实践中事实上存在着一定程度的相互割裂。所有这些都需要围绕核心素养开展新一轮的课程与教学改革，通过改革回归立德树人的根本任务和教育本质。

2014 年 12 月，我国的普通高中课程标准在修订中率先将学科核心素养的理念融入其中，通过研制核心素养体系，引导、促进我国的高中教育与时俱进地实现学习方式、育人模式的转型，贯彻落实好立德树人的根本任务，实质性推动、深化课程与教学改革。我国义务教育也直面“知识本位”教育及现有“三维目标”教育的不足，于 2022 年 4 月颁布了以核心素养为关键和核心的各学科课程标准。新颁布的课程标准，不仅更新了义务教育阶段课程与教学的目标，调整了义务教育阶段课程与教学的内容结构，而且创新了义务教育阶段课程与教学的实施过程，变革了义务教育阶段课程与教学评价的内容与形式。

随着工业化的时代转向信息化的时代，国际上大多数国家积极研制各自的核心素养或者关键能力框架，谋划教育教学改革，以期更好地回答“培养什么人”“怎样培养人”这两个非常基本的教育教学问题。就我国而言，以 2022 年版义务教育课程标准的颁布为标志的这一轮课程与教学改革，是以核心素养为基点和目标导向的课程与教学改革，不仅在继承“国家意志”基础上进一步凸显了新时代学生个体发展的“个性化特色”，而且顺应了新时代强化立德树人、深化素质教育的内在需求。[①]事实上，这一轮课程与教学改革聚焦国内外课程标准的修订，立足我国国情和教育现实，强调以核心素养为纲建构上下更加贯通的目标体系，建立健全基于核心素养的学业质量标准观，引导教师对义务教育阶段的课程与教学目标进行体系构建、优化，用基于核心素养的课程标准破解课程与教学评价中若干瓶颈性的现实问题，引导、促进学生改进学习方式，指导、引

---

① 徐洁. 迈向“核心素养”：新中国成立 70 年基础教育课程改革的逻辑旨归[J]. 教育科学研究，2020(1)：12-17.

领教师进行教育教学内容的改革与教育教学模式的变化。

由于“大概念”是将素养落实到具体教学中的锚点[①]，能较好地展现学科知识的本质、观点和思维的结构，有利于改变课程与教学中“站位不高”“只见树不见森林”等现象，所以“大概念”有着多方面的教育教学价值，并因此在以核心素养为导向的课程与教学改革中得到广泛关注。基于大概念的课程与教学研究不再停留于对国外相关理论的译介和观点、案例的分析，逐渐走进了中国课程与教学的实践探索。《普通高中课程方案(2017 年版)》在“前言”中明确指出，各学科课程标准都“进一步精选了学科内容，重视以学科大概念为核心，使课程内容结构化，以主题为引领，使课程内容情境化，促进学科核心素养的落实”。2022 年版义务教育课程标准，提出了义务教育阶段各学科教育对学生核心素养的培养目标，用“核心素养”取代了高中课程标准中的“学科核心素养”，并强调了课程与教学中要重视大概念教学的要求。

总体上，以核心素养为导向的课程与教学改革之所以重视大概念及其教学运用，是希望通过“大概念”将核心素养的育人目标具体化，是想依托大概念形成与核心素养培养要求具有一致性的课程与教学目标，通过“学科大概念”促进各个学科核心素养在课堂教学中的有效落实。

大概念重视学生的概念培养和思维发展过程，重视对零碎知识点的整合，重视学科本质的梳理。通过“学科大概念”引领实践中的课程与教学，并不是指课程与教学的一种具体模式或方法，而是指以大概念的思维引领课堂教学改革。理想的大概念及其教学运用，可以为推动课程建设提供一个新的视角，为教学改革提供一个新的概念框架，并因此促进课程与教学中育人方式的转型。[②]

基于核心素养的课程与教学改革是促进学科教育中核心素养培养目标落地、真正实施学科育人的重要途径。改革的深入需要各个学科转变旧有的教学思维方式，走出片面、惰性的“知识点”积累，走向具有情境性、统领性的“大概念”生成，以学科大概念为重要支点推进以核心素养为导向的课程与教学的实施。

以学科大概念为重要支点的教学，不仅关注具体知识的构建和具体问题的

---

① 刘徽.“大概念”视角下的单元整体教学构型:兼论素养导向的课堂变革[J].教育研究,2020,41(6):64-77.

② 李学书.指向核心素养培育的大概念:课程意蕴及其价值[J].教育研究与实验,2020(4):68-75.

解决，而且关注新时代育人的长期目标、学生的深度学习以及如何为学生的终身发展奠基。大概念及其教学应用不仅改变了旧有课堂教学中提问的方式与知识解释的框架，而且为核心素养教学落实的诸多困局提供了一些破解的契机。正确理解大概念与基于核心素养所进行的课程教学改革这两者之间的内在关系，不仅具有重要的理论意义，而且具有重要的实践价值。

国际与国内的相关实践与经验表明，不同层次的课程与教学改革之所以要植入大概念理念，是想在诸如“教学内容结构化”“教学内容情境化”“教学任务项目化”“突出学科本质”“培养学生专家思维”“促进高通路迁移”等方面有所突破。

教学内容结构化是《义务教育数学课程标准(2022 年版)》所强调的教学要求，是指基于学生的立场和学科的逻辑，对一些学习内容进行重组或者交叉链接，将学生学到的零散性知识通过合理化的规则组合成既相互联系又有层次和规律的网状结构，要求通过不同学段、不同学科课程内容之间的衔接以及在新旧知识之间、新知识各构成部分之间、新知识与现实生活之间寻找关联，并因此使学生所学的知识能够更具条理化、纲领化、整体性。

教学内容情境化是指从事课程教学的教师要善于创设有效的教学情境，将有待教学的内容嵌入其中，引导学生观察、思考、评议、探究，通过情感和认知的参与，在深度学习体验中发掘教学情境所设置或蕴含的课程知识内容。

教学任务项目化指针对某一个教学课题进行教学活动的项目化设计及教学任务的重构，以教学任务的落实为指向进行项目化设计，将预设的知识点融入具有项目特性的教学任务中，并据此细化教学活动方案，以学生为教学活动的主体进行教学任务方案的实施。

突出学科本质是指教学要突出所教学科那些具有独立存在的根本属性，也就是说，教学要突出所教学科的性质、理论体系、核心思想、研究方法等一些本质问题。

培养学生专家思维是指培养学生具有某一领域专长人员的思维方式，使学生能在脑海中创建专业知识的地图，将各类知识作为路标，在具体情境中有效提取、整合相关知识解决问题，能实现不同学习内容的有效联结和结构化。

促进高通路迁移是指促进学生养成创造性思维，有意识地进行知识间的关联，并因此将从某任务中所习得、抽象出的规则、概念、思想、方法或者程序等抽象知识，应用到与原任务高度不相似的新任务、新情境和现实性的场景中。

二、基于大概念提升课程与教学的整体性

基于大概念的课程与教学是有整体化思路的课程与教学，强调把孤立性的知识点融入具有整体性认知背景的活动中进行理解，重视所学知识有意义的联结，并据此帮助学生形成结构化的知识和整体性、体系化的思维。

以大概念为导向的课程与教学不仅有助于课程与教学知识的结构化，而且有助于课程与教学设计整体性的有效落实。为了深入推进核心素养育人的课程与教学改革，我国的义务教育有必要引入、落实大概念教学的理念，以大概念为引领强化课程内容的情境性，以大概念为核心改善课程内容的结构化，以大概念为中心具化以学生核心素养培养为导向的课程与教学设计。

就国际上已有的一些实践与相关的经验而言，课程建设是学校教育中非常重要的方面。究其原因，是因为课程通常会被赋予多重意义，许多国家也因此将课程建设视为谋求未来竞争力、提升经济社会进步适应力的重要手段。① 不过，审视一些学校的课程建设可以发现，由于这些学校的课程主要是一种“全面覆盖式”的课程，课程的实施就导致了师生教学的负担严重。事实上，这些学校最终发现，尽管自己的教师与学生都显得十分用功，但是，经过认真地教与努力地学，却把握不了课程的核心内容，教学效果欠佳，事倍功半现象十分普遍。所有这些已在事实上表明，如何选择、串联知识体系，如何组织与优化课程内容正成为学校课程与教学改革的重要议题。②

作为突破课程与教学中已有困境的一种理念，美国、澳大利亚、加拿大等国家在中小学课程标准中主张用大概念取代学科知识或者串联课程中的知识体系。之所以这样主张，是因为他们认为在网络化、信息化、知识爆炸、数字化、智能化的时代，人类知识的总量处于不断激增状态，这与学校课程内容容量有限是一对矛盾。解决矛盾需要新的思路，“立足大概念”则被认为可以更好地实现“素养驱动”。③ 围绕学科大概念进行综合课程开发与大单元教学设计已成为课程与教学设计的一个趋势，许多国家都努力基于大概念促进课程与教学的连贯性、一致性，强调通过大概念更好地着眼于学生有深度的学习活动，通过大概念

① 玛诺普，张梦琦，刘宝存. 21 世纪课程的重新概念化与定位：全球性的范式转变[J]. 比较教育研究，2019，41(11)：3-12.

② 吕立杰. 大概念课程设计的内涵与实施[J]. 教育研究，2020，41(10)：53-61.

③ 李倩，谭霞，吴欣歆，等. 教育评价变革背景下语文学科核心素养测评框架研究[J]. 课程·教材·教法，2021，41(2)：95-102.

把学生的学习活动变得更有效、更有生成性意义。

就国内相关实践的探索而言，在认识到核心素养对于学生培养具有重要作用的同时，需要进一步强化学科教学中大概念与学生核心素养培养的关联性，努力用大概念引导学生进行深度学习，引导学生围绕大概念进行知识整合，推进学生对于知识的深层建构以及在此基础之上的核心素养养成。对教师而言，基于大概念提升课程与教学的整体性需要强化“教研先行”的理念，通过有深度的教学研究，合理重组教材内容，既通过大概念提升课程内容的结构化、教学内容的序列化，又通过大概念提升所教学科内容的系统化、整体化，使教育教学的“素养为纲”与“大概念为导向”相互协调，并因此使课程与教学实现从粗放的形态转向精致的形态。为此，学科教学中要自觉协调、平衡好学生的直觉学习、符号系统学习和像学科专家一样思考这三者之间的关系，让大概念成为有效撬动以核心素养为导向的课程与教学改革深水区的一个支点。①

就国内相关实践的经验而言，有研究者借鉴美国《K-12 科学教育框架：实践、跨学科概念和核心概念》“更少、更高、更清晰”的教育标准，讨论了在中小学生物课程标准修订过程中如何对相关的概念体系进行精简以及对重要的概念进行提炼。② 有一些中小学在借鉴国外大概念教学做法的基础上，开展了具有一定本土化意义的大概念教学研究与实践，这不仅表现在通过大概念为整合性、综合性的课程与教学提供新的范式，而且表现在通过大概念为学生的跨学科学习提供教学实践新的尝试，通过学科大概念的有效运用解决核心素养在课堂教学中有效落地的实际困境。

第四节　关于用大概念重塑数学教学样态

以核心素养为目标导向的数学课程与教学意味着传统的数学课程与教学要进行教学样态的重塑。这不仅是指要改变诸如“注入式教学”“照本宣科式教学”“照考宣科式教学”“重视教师讲授、轻视学生参与”“缺少师生互动”等已经饱受诟病的课堂教学样态，而且是指要在学生数学能力培养、教学方式优化上进行迭代升级。

---

① 柳夕浪.素养为纲：学校课程从粗放到精致的转型[J].中小学管理，2016(10)：4-7.

② 程晓堂，赵思奇.英语学科核心素养的实质内涵[J].课程・教材・教法，2016，36(5)：79-86.

一、用大概念推动学生数学能力培养的迭代升级

在众多的数学知识中，大概念是居于数学课程与教学核心位置的抽象概念，作为一种核心的知识是有别于具体性、一般性、小概念知识的高观点知识、上位性知识，不仅具有中心性功能和普遍适用性，而且具有很强的联结性、生成性和迁移性价值。

如果一般性的知识是学生数学能力的基础，那么大概念则是支撑学生数学能力的重要基石。优秀的数学教师运用大概念帮助学生整合、重构数学知识，帮助学生疏通数学学习的关键节点，跨越数学思维的障碍，助推学生数学思维进阶，为学生深度学习、结构化学习和高通路迁移提供基点。由此，优秀的数学教师在教学中，不仅将大概念作为学生数学能力培养的基础，而且将大概念作为学生数学能力培养的抓手。这是因为，大概念的有效提炼不仅有助于学生在数学思维训练中完成数学概念的提取与内化，促进学生对于其他小概念知识的深度理解，建构数学概念群、数学问题链，而且有助于学生经由建立数学知识体系、形成专家知识结构，深化数学知识的结构化学习与理解，掌握解决数学问题的基本原理、思想与思维方法。

用大概念推动学生数学能力培养的迭代升级，不仅促进学生的事实性数学知识、事用性数学知识向事理性数学知识、事体性数学知识的转化，而且促进学生零散性数学知识向系统性数学知识、结构性数学知识的转化，是不断提升数学知识的联结性和高通路迁移性的过程，是更加重视学生数学化、运算、推理、空间想象、统计推断、问题解决、深度思维、交流应用等核心数学能力培养的过程。①

以上分析也表明，用大概念推动学生数学能力培养的迭代升级应当强调以数学学科中的关键概念、核心知识为基础，以数学学科中的思想方法、观念和意识等本质内容为核心，以高阶数学思维发展为目标，以探究、表达、交流和深度学习为途径。坚持不懈地、一以贯之地用大概念推动学生数学能力培养的迭代升级，将有助于学生有效迁移数学能力，这种迁移可表现为四个具体的层次。其一，数学知识与技能向数学过程与方法迁移；其二，一般性数学过程与方法向核心性数学过程与方法迁移；其三，核心性数学知识向关键性数学能力迁移；其四，关键性数学能力向核心素养迁移。

① 潘小明. 义务教育数学核心素养教学论[M]. 南京：南京出版社，2019：57-77.

二、用大概念推动数学教学方式优化的迭代升级

就教学方式的迭代升级而言，不仅要改变单一讲授式教学方式，改变教学结构的“碎片化”，改变教学难度的“随意化”，改变教学手段的“无效化”，而且要注重启发式、探究式、建构式、参与式、互动式等数学教学方式，积极探索大单元教学，积极开展跨学科的主题式学习和项目式学习等综合性教学活动。[①] 通过转变教学方式帮助学生建立有意义的核心数学知识和关键的数学能力之间的联结，促进学生数学知识的结构化，提高学生分析问题、解决问题的能力。

《义务教育数学课程标准(2022 版)》强调，为实现核心素养导向的教学目标，不仅要整体把握教学内容之间的关联，还要准确把握教学内容主线与相应核心素养发展之间的关联。那么，如何才能建立这两种关联呢？突出大概念的教学运用是一种非常重要的教学机制。事实上，由于大概念指向数学学科的基本结构，是处于核心位置、能有效组织多种知识、促进知识跨情境迁移的核心概念，具有中心性、抽象性、网络状、概括性、聚合性、可迁移性等特征，所以利用大概念可以对大多数数学教师习惯了的课时教学进行必要的优化与改进，并因此产生课时教学的新样态。

对于数学概念的理解与应用，并非简单地遵循“线性化逻辑上升”的教学理念，相反，应当围绕特定“大概念”，遵循螺旋式上升和反复“迭代”的教学逻辑关系。一方面，要体现系统性、整体化的教学思路，强调以系统论、认识论等理论为指导，提炼大概念并在大概念统领下优化教学单元、展开更具整合价值的整体性教学设计。另一方面，要通过大概念突出对所教课时内容的整体性分析和结构化理解，通过大概念帮助学生建立所学内容的学科本质。

为了落实以大概念为关键的教学迭代，应当高度重视已有教学结构的改变，特别是要进行适应性的变革。具体而言，要强调通过大概念将原来“分—总”型的教学结构转化为“总—分—总”型的教学结构。这种结构变革注重学生的整体学习，强调教师要帮助学生建构对数学知识的深入理解，通过不同情境帮助学生深化对所学数学知识的理解与迁移运用。事实上，通过大概念引领教学可以更好地突出教学的主题。教师通过大概念整合分散或表面上不相关的教学内容，引导学生学会用整体的、联系的眼光分析所学的知识；基于大问题、

---

① 中华人民共和国教育部. 义务教育数学课程标准(2022 版)[M]. 北京：北京师范大学出版社，2022：1-10.

大概念优化教学的主线、脉络，显化所教数学知识之间内在的逻辑关系，促进重点知识与关键能力、必备品格等核心素养建构之间的有效对接。

利用大概念可以超越传统的课时教学，使“总—分—总”型的教学结构在不同的教学内容之间架构，产生整体性单元教学效应。事实上，为了有效落实学生核心素养的培养目标，《义务教育数学课程标准(2022 版)》非常希望广大数学教师能改变过于注重以课时为单位的教学设计，推进单元整体教学设计。从单元教学构建来分析，以大概念为导向的大单元数学教学着眼于整体和结构的视角，不仅使数学教学内容进一步显化项目化、结构化和进阶性，而且可以形成具有核心性、统摄性的任务群和问题链，使数学学习更具有挑战性、进阶性，提升、改善学生数学思维的品质。以大概念为导向的大单元教学重视教学目标、教学过程、教学评价的结构化，教育教学实践的核心不仅是建构指向大概念的数学活动系统，而且是设计驱动性的数学探究任务，关注并落实学生数学学习活动过程中高阶性目标的有效达成。

在核心素养培养进入学科课程标准的时代，打破旧有的教学惯习和重构新型的课堂生态在一定时间内会相互缠绕而行。如果不能将大概念教学理念的挑战转化为落实核心素养培养的策略、方案与机遇，师生的辛苦、努力非但不能构成学科育人的华彩序章，而且还会成为课堂教学改革、学生核心素养建构的不可承受之重。就数学教学而言，只有更合理、更充分地运用好大概念，才能提升数学教学整体性、结构性和系统性的水平，才能从实践层面推进数学大单元整体教学设计的有效落实。从教学效果来分析，以大概念为导向的大单元教学可以更好地克服课时教学中诸如零散性、低思维水平等方面的不足或弊端，更理性地引导教师扎根于数学教学的“非舒适区”，静心思考、研究、梳理出大概念在教学中有效运用的头绪，以专业的、有深度的课程与教学研究提升课程与教学的品质，指导、促进广大学生进行更有整体性、结构化、致用性的知识生成与发展，更“富有效率”“强而有力”地解决真实情境中的复杂问题，提升思维发展的多向性、关联性、深刻性和高阶性。

第二章　核心素养时代的深度学习期待

世界经济论坛创始人兼执行主席施瓦布(Schwab)在讨论第四次工业革命时曾经指出,除了人工智能、互联网以及人类所在的整个社会体系高速发展之外,从基因组测序到纳米技术的研发、应用,从可再生能源到量子计算,各个领域在技术突破上可谓风起云涌,新技术的迭代及其相互之间的融合,不断催生出更新更强大的新技术,第四次工业革命是大趋势、大机遇、大挑战,对现代社会的人才素养显然提出了更新的要求。在这种背景下,我国的基础教育重视并研究学生的核心素养培养,既必要又重要。2022 年版义务教育课程标准的出台更是进一步表明,我国的教育教学已进入了核心素养的时代,强调培养学生的正确价值观、必备品格和关键能力,强调培养学生高阶的认知、专家的思维。之所以要如此强调,是因为如果我们培养的学生不具备创新思考的能力,不能迁移、运用所学的知识,就难以实质性解决所面对的复杂问题,就不能有效完成那些不确定的、有挑战性的任务,当然不能成为担当中华民族复兴大任的时代新人。由此,在核心素养时代,教育教学中就需要由浅层学习转向深度学习。深度学习不仅是落实"培养什么人,怎样培养人"的课程与教学表达和学校教育教学的实践促进,而且是有效落实核心素养育人目标的内在要求和根本机制。

第一节　深度学习与浅层学习

在网络技术、信息技术、数字技术飞速发展和智能化水平不断提升的今天,如何对标学生核心素养的培养,开发更有价值的深度学习,培养学生的高阶思维能力,是新时代以学定教的关键问题。

一、深度学习

为了发展学生的核心素养,必须推进深度学习(deep learning)。深度学习是一种基于情境、基于理解、重视问题解决的学习,是实践探究、意义建构、学以致用、善于反思的高阶学习，是发展核心素养、促进深入理解的学习，是基于深入理解、追求高通路迁移应用的有意义学习，是符合学习科学基本原理的学习[①]，是学习者认知、情意、思维高度摄入的学习，是学习者主动、积极的高水平认知加工，是以高阶思维为主要认知活动的持续性学习，是对机械学习、死记硬背式学习、无意义学习、"知其然而不知其所以然"学习的革命。

从学习过程来看，深度学习更加突出学习者的自主建构，强调灵活应用一些探究的方法和元认知的策略，是对特定的主题或领域进行的一种持续性探究，是学习者将获得的知识从一种情境主动、能动地应用于另一种新情境的过程，强调学习者思维积极、主动地投入和对知识的内在追求，强调学习者认知与情感的有效参与，强调学习者对于学习活动的深度体验，强调经由探究生成、建构知识并进行所建构知识强而有力的运用。

从学习方式来看，问题探究式、项目化、跨学科、任务驱动式的学习是深度学习的重要方式，强调运用所学的知识解决具体的问题，并在所学知识的高通路迁移中发展核心素养。深度学习不仅要关注学生大脑内部的"信息加工"过程，而且要重视与学习有关的社会文化、情感内化、精神提升以及价值引领的过程。需要从全人培养、全学习过程优化视角对浅表性的学习进行反思与改进，并据此建构出具有内容整体性、思维系统性、理解深刻性的学习形态。

从学习结果来看，深度学习超越了表层的知识，概念转变是深度学习的关键与核心，学生通过深度学习在认知结果上形成相应的概念转换。学生通过亲历实践、思考、探究、体验、抽象、概括、推理、应用、合作、对话、交流等有深度的学习活动，可以建构、发展自己的核心素养。

从教育教学的角度来看，让学生核心素养培养目标得到落实是深度学习重要的目的指向和核心的价值所在。倡导并践行深度学习，以促进学习者形成高阶思维、增进深度理解为旨归，以提升实践应用能力、创造性解决问题能力为关键，设计一系列情境激发学生学习的内部动机，通过目标引导启发学习者的实践与反思，通过所学知识在实践活动中的高通路迁移引领学习者进一步深化、优化知识学习，强化思维技能训练，不断提升学习者的实践创新能力，促进学习者更好地进行核心素养的自我发展，促进学习者更好地奠定适应社会变革的基础。

---

① 郑葳，刘月霞.深度学习：基于核心素养的教学改进[J].教育研究，2018，39(11)：56-60.

二、浅层学习

与深度学习相对的是浅层学习(也称浅表学习)。浅层学习,或是机械式的学习,或是碎片化的学习,或是被动化且不深入的学习,或是“多而浅”的学习,或是信息复制型的学习。浅层学习者较为关注所学内容的显性部分和外部现象,不重视不同知识之间的联结,缺少对学习的目的、策略的深入思考,学习的内容多为孤立、不连续的个体,缺少结构的支撑。

就学习方式而言,浅层学习通常是在外力驱动下,采用静坐听讲、简单记述、重复训练和强化记忆等方式习得浅表性的新知识,重知识学习的表层、外显而轻其本质、内隐,重问题解决的技巧而轻其程式与通法,弱化学科思维的渗透,虽注重记忆知识,强调知识获得的速度,但不重视对所学知识的深入理解,不重视对学习内容的深度挖掘,难以在所学知识之间建立深度的联结,学习本身既不持续也不系统。

就学习动机和情意而言,浅层学习主要是基于外在动机进行学习,并以完成短期的学习任务为目标,学习者对学习本身没有兴趣或者缺少持久的内在兴趣,常因迫于外部的压力而不得不学习,学习的坚持主要靠忍耐和毅力。

就学习效果而言,浅层学习多表现为浅尝辄止,学习者习得了大量的专家结论却难以在实践中加以有效应用,缺少在认知、情意、思维等维度高度的统整和有效的参与,形成的认知结果多为无关联性或者偏向孤立性的知识,缺少概念化水平,缺少学习本身的质量。有些浅层学习者会偏向机械性记忆或者对知识的简单性理解,他们虽然获得了一定数量的知识,但是不同知识与概念之间常常未能建立强而有力、非人为性、实质性的内在联系,他们通常不能达成对所学知识深层次的意义理解。

就教育教学而言,导致浅层学习的教育教学常以“宽知识、厚基础”为由,追求相关知识内容的覆盖面,重视模仿与训练,重视课堂的讲授,重视翻阅大量的参考资料或者课外辅助读物,重视学生对所学知识的记忆,重视教学活动形式,淡化实质,甚至趋于表面性、表层化和表演化,忽视知识学习的建构性、意义性和缄默性。对大多数浅层学习者而言,虽然学习了许多事实性或概念性的知识,却不知道所学知识内部或所学知识之间的联系,不知道如何运用所学的知识解决问题。

三、由浅层学习走向深度学习

与浅层学习的学生相比，能进行深度学习的学生，无论是在学习目标、学习动机、学习策略方面，还是在学习的有效投入、理解水平、反思行为和迁移能力等方面，都有着本质的差异。但是，深度学习与浅层学习并非是完全不相关的学习。在倡导学生核心素养的时代，我们既要看到深度学习与浅层学习的相关性，又要在教育教学中善于运用深度学习的方法、策略指导学生修正浅层学习，帮助学生找到学习中存在的问题，强化深入、持久地理解学习内容的意识，对分散性、碎片化的知识进行整合，启发学生寻求实践性意义与所学知识、活动经验的链接，把握所学知识的学科本质，领悟所学知识背后的思想方法与思维方式，多措并举，引导学生突破浅层学习，及时、自觉地走向深度学习。

从时间维度看，浅层学习与深度学习存在着一定的延续性。一方面，学习者的学习不可能天生就是深度学习。一定阶段、一定时间、一定前提下，浅层学习体现了一定的工具性和合理性，并有可能构成学习者深度学习的基础和前提。另一方面，真正有价值的学习不能止于浅层学习，应通过有效的方法将浅层学习进行改进、转向，及时深化、升华为深度学习。在核心素养时代，发展学生的核心素养是学校教育教学中深度学习的目标指向，倡导、笃行、完善深度学习的方式是落实核心素养教育的现实路径。正视学校教育教学中存在的问题，应当自觉防范、克服浅层学习，通过有效的方法和举措，进一步强化学习者的中心意识、主体意识，进一步突出学习者的主动性、能动性和发展性，科学合理地创设与利用有价值的问题情境，更有效地诱发、维持学习者的内在动机，激发、强化学习者的内在兴趣，以大概念、大问题为导向，增强学习本身应有的挑战性、体验性和高通路迁移性，切实提升学习者的深度学习能力。

教育教学技术一方面改变了知识传播的方式方法，另一方面也改变了人们认知的内容和思维。在当前的教育教学变革中，应当深入思考如何进行教育教学技术的变革，如何进行教师教的方式变革与学生学的方式变革协同推进。借鉴加拿大学者迈克尔·富兰(Micheal Fullan)倡导的“新教学论”，广大教育工作者应当自觉思考如何在技术富有社会中避免浅层学习，如何通过多媒体信息、互联网络和专业软件等技术手段让课程与教学活动更有深度、更有真实效果地发生，如何在目标指向上突出学生的核心素养培养，引导学生经由深度学习提高关键的能力，形成必备的品格，改变不当的态度和价值观。事实上，迈克尔·富兰不仅从理论层面系统建构了深度学习的有关理论，而且进行了深度学习的实践探索。在他看来，真正有价值的学习是体现学以致用、与创新实践紧密相关的学习，教育教学需要变革，但变革既不是简单地在传统的课堂上添加一些昂贵的技术工具，也不是简单地尝试一些所谓时髦的、新的学习方式。对诚心实意的教育教学变革者而言，需要看到相关技术或者学习方式在教育教学中发挥的真正作用，特别是要分析相关技术或者学习方式在教育教学中究竟能真正地改变什么。① 深度学习不仅是学校教育教学中学生核心素养目标落地生根的有效方式，而且也是核心素养时代深化教育教学改革、优化教学方式的期待。学习、借鉴迈克尔·富兰的深度学习理论，有利于处理好教育教学中知识结构与知识运用两者之间的一体化关系，有利于从实践层面落实核心素养导向的教学方式变革。②

面向未来，我们需要更加积极的教育教学变革：因应学生核心素养培养目标落实的挑战，及时深入学习深度学习的基本原理，坚持学以致用；直面所教学科的本质知识，聚焦核心的学习主题；组织蕴含探究性、跨学科、项目化的问题解决教学活动，突出学科思维培养，突出知识学习与能力培养的一体化；确定学科的知识序列和核心概念，构建学科大概念，明确深度学习中的大问题；引导学生更加主动、积极地深度学习，学习像专家一样思考，学习知识的建构与完善，学会迁移、运用所学知识灵活地解决问题，学会实践反思，促进所学知识的高通路迁移。

第二节　关注专家思维

"少而深"通常被认为是深度学习的一个重要特点，但是深度学习所倡导的"少而深"并非指学习内容、知识结论的偏少，而是指在学习中将获得的知识结论予以结构化，强调围绕专家思维进行学习内容的组织，既重视不同学习内容的相互关联，又重视同一学习内容的纵深发展。在学习中，如果缺少专家思维，学习者的学习不仅不够精细、深化，不能围绕所学习的内容进行深入有效的逐步剖析，而且缺少结构性的关联、系统性的思维方式。显然，专家思维是与深度

① FULLAN M, LANG WORTHY M. A rich seam: how new pedagogies find deep learning[EB/OL]. London: Pearson, 2014. [2022-01-12]. http://www.michaelfullan.ca/wp-content/uploads/2014/01/3897.Rich-Seam_web.pdf.

② 张良，杨艳辉. 核心素养的发展需要怎样的学习方式：迈克尔·富兰的深度学习理论与启示[J]. 比较教育研究，2019，41(10)：29-36.

学习密切相关、相互促进的。如果说形成专家思维是学习者深度学习的结果，那么深度学习就是学习者专家思维培育、历练的过程。

一、有层次的学习活动

1956年，美国心理学家、教育家本杰明·布鲁姆(Benjamin Bloom)在其所著《教育目标分类学》一书中讨论认知维度层次时，虽然没有直接地提出“深度学习”“浅层学习”这两种不同的概念，却蕴含了学习活动有深浅之分的两种不同学习层次。

1976年，瑞典哥德堡大学教育心理学家费伦斯·马顿(Ference Marton)和罗杰·萨尔乔(Roger Säljö)提出了浅层学习与深度学习这两个具体的概念。如何评判学习的层次呢？尽管有不同的方法与技术，不过，就根本而言，学习者是否处于深度学习状态的一个关键是有没有学会像专家一样思考，能不能运用专家思维有效地解决问题。

专家是具有专长的专业人员，他们热爱自己的专业，能专注于解决具有挑战性的问题。在自己擅长的领域，专家不仅拥有海量的专业知识，而且能直面具体的问题情境，在理解、分析与求解问题过程中进行创造性的思考和积极的探究、尝试，体现了不同的思维。

在义务教育阶段，教授学生“专家结论”的教学思维正在发生一些转变，这是指重视知识教学的同时，要努力培养学生的“专家思维”。专家思维是义务教育阶段各学科育人中核心素养培育的基本内涵，不仅体现了专家与一般人员在相关领域所拥有的知识或者在知识结构方面的不同，而且体现了他们与一般人员在思维方式上的差异。

二、专家的知识与知识结构

就知识而言，专家有着特定的专业背景，他们所构建与发展的知识超越了静态的知识和技能，更多的是自然而然地发展起来的自然知识，他们能“把自己领域内的要素变换成为他们自己的自然范畴”①。专家扩展自己的自然知识可以类比为创建一个个概念地图，知识扩展中融入了自己全局性、立体化的思考和对于实践的反思，他们的学习是“眼高”“手高”并存，这一点明显区别于一般人员以线性方式习得非自然知识。事实上，许多一般人员的学习好像是由起点

① 凯恩.创设联结：教学与人脑[M].吕林海，译.上海：华东师范大学出版社，2004：91.

到终点单向的线条描绘，他们的学习虽然具有一定的逻辑性，但是由于没有跳出单项性、片面性，所以学习中缺少结构化的思考，知识的活动性与联结性不强，多数学习者显得眼低手低，部分学习者由于没有注重理论与实践的联系而呈现眼高手低的特征。

专家习得的自然知识本质上是一种自然生长的经验，是结合不断更新的学习内容和工作实践深深嵌入专业活动中的“经验”，并因此形成了专业实践能力。基于这种能力，专家“会行动，也就是在某一既定的背景下，会整合、调动和迁移一整套资源来面对所遇到的不同问题或完成一项任务”①。专家在专业实践中积累的知识虽然镶嵌于复杂的网络中，但始终会与他们专业的经验紧密地“缠绕扭抱”在一起，可以非常方便地被提取。专家能结合经验将一些碎片化的知识及时转化为连贯性的方法或思想，他们不仅在工作中积累、获取一般性的知识，而且善于在工作中实现知识的创新，以大概念这一类上位知识完善概念体系，注重问题解决过程中的总结和方法的归类，形成聚类性思想和归纳性思维。

就知识结构而言，专家在思维上的创新性得益于他们头脑中的知识结构。②专家通常具有立体化、跨学科、深层次、关联性、实践性的专业知识结构，他们能更有针对性地进行相关问题的表征，建构一类或几类问题解决的图式。较之于一般人员，专家的知识结构不仅体现了丰富度、融通性，而且体现了实践性、缄默性，他们的实践性知识结构既紧密又稳固，他们的缄默性知识结构虽不可言传却可意会。

三、认识专家思维

就思维方式而言，专家的思维方式是专家所拥有的专业知识及专业实践方式在其专业活动中的内化，专业的思维方式不仅帮助专家理解所面对的问题或任务，而且促进了专家更有深度的学习和主动地获取问题求解的相关信息。从狭义的角度讲，专家思维就是指专家们的思维方式。③

---

① 罗日叶.整合教学法:教学中的能力和学业获得的整合[M].汪凌,译.上海:华东师范大学出版社,2010:50-51.

② 布兰思福特,布朗,科金,等.人是如何学习的:大脑、心理、经验及学校[M].程可拉,孙亚玲,王旭卿,译.扩展版.上海:华东师范大学出版社,2013:27-33,45.

③ 刘徽,徐玲玲,蔡小瑛,徐春建.概念地图:以大概念促进深度学习[J].教育发展研究,2021,41(24):53-63.

专家之所以不同于一般人员，本质上是因为他们有着不同于一般人员的理性认识方式。专家会通过开放思维、深化思维将自己所拥有的知识有效转化为可执行的实践方案，他们会选择不同于一般人员的解决问题的策略和工作程序。他们不仅有着连贯且逐渐深入的探究模式，基于理智的判断从待探究的问题或任务中获取相关信息，理解并表征问题、选择并研制探究策略、推敲并实施细化了的解题程序，而且在思维中及时摒弃不恰当的定式或偏好，用一些前瞻性的理念指导自己的实践，并在实践中不断积累、丰富自己的实践经验。

专家思维不仅体现在学习者会按着一定的结构、方法和程序把自己思维中的关键要素结合起来，而且体现在学习者会通过结合形成具有一定稳定性、层次性的理性认识方式和思维运行样式。在思维层次上，专家思维主要是高阶思维，这种思维在教学目标分类中表现为如分析、综合、评价和创造等高认知水平的能力①，是有着较高深度、高度、宽度的思维。这是因为，专家思维是发生在较高认知水平、情意水平层次上的心智活动或者较高层次上的认知与探究能力，体现了学习者在适应环境、寻找问题解决与认知平衡等方面的关键能力。

专家思维作为高阶思维，在宏观层面上表现为个体学习者善于从全局、整体、长远和总体趋势上做出分析、判断和决策。基于批判性思维考察、分析、比较、推断和运用不同的思想、观念、方法，具有专家思维的学习者更勇于实践、勇于创新，通过实践与创新凸显自己的实践品格，解决具体的问题，创造出更新、更好、更有价值的知识。

专家思维作为高阶思维，在中观层面上表现为个体学习者科学、理智的认识水平，体现了学习者对自己思维过程进行主动的监督、管理和调节，体现了学习者像学科专家一样主动地反思自己的专业实践，体现了学习者对知识活化、概念转变和专业精通的主动经历。

专家思维作为高阶思维，在微观层面上表现为个体学习者主动识别已有知识经验和外部信息间的联系，体现了学习者对于新旧知识之间关系的建立和学习过程中不同维度信息的综合，及时将有关背景知识积极地迁移到新情境中，并因此解决所面对复杂环境中尚未有确定性答案的问题。

专家思维作为高阶思维，表现出思维的意识、方式、方法、策略和能力等不同维度，与固定、呆滞、低阶的低阶思维有着明显的区别。低阶思维偏好简单、重复、机械记忆，所获得的知识多为表面性、无关联性、浅层次性和无批判性的

---

① 钟志贤.如何发展学习者高阶思维能力？[J].远程教育杂志，2005，23(4)：78.

知识。专家思维作为高阶思维并非是单向化、一次性、简单化的思维，而是多种认知成分协同创新、整合致用的复杂性思维，具有个性化、实践性、生成性、创新性、前瞻性和动态性等特点。

四、专家思维与大概念的相关性

大概念是指那些能够将分散的知识、技能、观念等联结成为整体，并且赋予它们意义的概念、观念。① 大概念是指反映专家思维方式的概念、观念或论题。② 大概念之所以大，并非是知识容量上的大，而是构建知识思维上的大，是凸显了专家思维的大。大概念反映了专家思维的方式，专家思维是与大概念密切相关的思维，以大概念为导向的教学强调帮助学生经由深度学习尝试建构专家思维。专家思维尽管有着抽象和高位等方面的特点，但它并不是脱离了具体情境、具体问题凭空产生的，相反，正是因为专家思维是从许多具体中抽象出来的，所以才能更有效地应用于具体。大概念反映了专家思维方式，专家思维也构成了大概念的直接来源，蕴含了专家思维的大概念本身也是一种思维，这种思维体现了具体与抽象间的协同。③

专家思维是以大概念来组织的，在知识的组织上，专家与新手最大的不同在于，专家通过大概念来引导自己思考专业领域内的问题。④ 专家思维的典型特征在于大量大概念的运用。⑤ 支撑专家思维的是专家知识，专家知识更多的是通过大概念进行组织的，反映了专家对于特定学科或领域的理解深度。专家运用大概念思维寻找不同知识之间的内在联系，对所探究的知识进行更高层次的抽象与概括，用大观点思考那些既有挑战性又有一定不确定性的有待解决的问题，关注结构性问题，关注所探究知识的本质与意义，关注对话和协作，关注集体思维，关注问题求解的思想方法，善于将特殊性问题的分析与一般性问题

---

① 中华人民共和国教育部. 义务教育历史课程标准(2022 年版)[M]. 北京:北京师范大学出版社,2022:57.

② 布兰思福特,布朗,科金,等. 人是如何学习的:大脑、心理、经验及学校[M]. 程可拉,孙亚玲,王旭卿,译. 扩展版. 上海:华东师范大学出版社,2013:27.

③ 刘徽."大概念"视角下的单元整体教学构型:兼论素养导向的课堂变革[J]. 教育研究,2020,41(6):64-77.

④ 李凯,范敏,佟柠. 素养本位的大概念教学:价值追求与行动路径[J]. 基础教育,2022,19(3):35-43.

⑤ 布兰思福特,布朗,科金,等. 人是如何学习的:大脑、心理、经验及学校[M]. 程可拉,孙亚玲,王旭卿,译. 扩展版. 上海:华东师范大学出版社,2013:27-33.

的解决与分析进行有效关联，既重视技能技巧，更重视通性通法。

以大概念为导向的课程与教学有一个关键的教学理念，那就是教师要强调并突出专家思维。在现实的课程与教学中，无论是教师还是学生，常常先入为主，想当然地认为专家思维对大多数人来说是高不可攀的。然而，这并不是一个真命题。这是因为，较之于专家结论，专家思维或许更容易掌握。毕竟，专家和教师、学生所面对的现实世界并无太大差异，相比于那些断点式的专家结论，专家思维为教师或学生所提供的不仅是知识，而且是一个基于现实世界实现相关概念深度理解的路径。

以学生核心素养培养为导向的课程与教学中，大概念可以整合旧有的课程与教学内容，围绕大概念所进行的教学设计也将改变以往试图覆盖全面知识点的、传统的教学设计[①]，有效的大概念教学能够帮助学习者获得具有整合、创新和批判等特征的专家思维。基于大概念进行头脑风暴而发散、生成的知识、技能不是通过简单迁移就能实现的。在义务教育阶段，引导学生对大概念进行学习，可以帮助学生尝试建构类似专家的思维，引导学生思考自己学习的内容和探究的领域。

第三节　关注深度理解

深度理解是学习者高阶思维的表征，是学习者深度学习的前提。关注深度理解对于课堂教学中落实学生核心素养培养的目标和促进学生深度学习过程的发生有着十分重要的意义。

一、深度学习与深度理解

学习的本质是理解，理解是深度学习的表征形式，学习的深度就是理解的程度[②]。深度学习之所以要重视深度理解，是因为深度理解是深度学习非常重要的基本前提，是因为“理解”本身就是深度学习中“深度”的第一要义。[③] 深度学习重视所学概念之间的关系，重视知识之间的结构和关联，重视所学知识的应用和现实问题的解决，重视在深入理解基础上对所学的知识进行批判，重视

---

① 吕立杰. 大概念课程设计的内涵与实施[J]. 教育研究，2020，41(10)：53-61.

② 陈明选，周亮. 数智化时代的深度学习：从浅层记忆走向深度理解[J]. 华东师范大学学报(教育科学版)，2023，41(8)：53-62.

③ 孙智昌. 学习科学视阈的深度学习[J]. 课程·教材·教法，2018，38(1)：20-26.

学习者知识体系的建构和学习层次的提升，所以深度学习不仅是一般意义上的理解性学习，而且是深度理解意义上的批判性学习。

深度理解指向了学习者关于特定学习内容或研究对象的理解程度，是一个特殊的认知心理过程。之所以说是特殊的认知心理过程，是因为学习者在此过程中不仅要对学习的对象或与之相关的事物进行认真的观察、分析，而且要利用个人已有的知识、经验对所学习的内容进行意义的建构，将具有关联的事物进行有一定深度的沟通、联系，通过学习主动、积极地吸收、消化、整合，形成对于学习内容的新认识。从知识社会建构性的角度来分析，学习者的深度理解是学习者经由深度学习赋予其所学知识具体意义、丰富内涵的社会化过程。深度理解不是学习者被动记忆他人创造、产生的知识的过程，不是学习者对于孤立、碎片化知识或事实记忆的过程，而是主动建构相关学习结构、形成丰富性概念网络的过程，是学习者通过主动地参与学习活动和与他人互动而建构、创造、形成个人关于相关事物或内容独特性理解的过程。

《义务教育数学课程标准(2011年版)》在结果目标中使用“了解”“理解”“掌握”“运用”等行为动词对课程目标进行了描述，并在附录中对“理解”这一行为动词进行了界定，即所谓的理解应是能“描述对象的特征和由来，阐述此对象与相关对象之间的区别和联系”。“理解”作为教育教学中刻画目标的动词，绝非字面意思上或口头宣称的知道、了解，而是基于深层次思考、意义解释、推理引申、概念比较、实践运用的认知。有人认为将一道题目做对了，或者将某一件事情做正确了，自己就是理解了，这其实是不完全正确的，至少，这种做对或做正确并非就是相关活动中理解的直接证据。这是因为，理解不仅意味着以正确方式做对某个数学题目，或者完成了某项具体的任务，而且意味着相关的主体有能力解释为什么某种特定的思想、方法、技巧、概念、法则在某种特定的情境下就是合适或者不合适的。比如，某小学生知道了通分和约分的概念并且能进行具体的操作，但是，这位小学生不能够正确地写出$\frac{1}{5}>x>\frac{1}{6}$的答案，认为无论是相关的分数化成最简分数，或者是通分成$\frac{6}{30}>x>\frac{5}{30}$，都不存在分数的“空隙”。那么，该情况就可以表明这样的小学生其实并没有真正地理解约分、通分的本质，未能理解$\frac{1}{5}=\frac{6}{30}=\frac{12}{60}=\frac{18}{90}=\cdots\cdots$的真正意义。深度学习关联着深度理解，理解本身必然有着一定的“深度”。从深度理解的角度分析，所谓的深度学习本质上就是在相关概念知识深度理解、深度知晓基础上的认知建构，是对新知识的批判性学习，是对不同知识的深度联系、深度迁移，是学习者认知结构的重构，是学习者将所学知识迁移到新情境中解决实际问题的过程。①

深度理解是深度学习的前提和基础，是一种深度的认识和持续的研究方法，是学习者深度思维存在的基本方式和关键特征，是学习者所建构知识结构的关联，是学习者对于当前待究问题、项目及内蕴于其中知识本质的把握。深度理解促进了学习者对于学习活动的自我认识，对于学习者知识与经验的生成、集聚、拓展具有重要意义。深度理解离不开学习者语言、思维、交流等能力的深度参与。就义务教育阶段的学科教学而言，以知识之间的相互关联为基础、以学科核心思维激发与引导为依据的问题探究教学，利用有价值的问题链将学习者的思维卷入到具有智力挑战性的学习活动中，在问题求解与结论反思过程中建构新知识，不仅有利于学生巩固、丰富对所探究知识的多重理解，在新旧知识之间建立起既有深度又体现丰富性的联系，更好地完善不同概念之间的网络结构，而且有利于学生在知识的迁移运用中深化思维，促进深度理解的形成。②

二、深度理解是对浅表性的超越

从认知角度分析，理解一个对象是指学习者能在心理上组织起具有适当性、有效性的认知结构，所建构的认知结构能成为学习者个人内部知识网络中的一部分，这事实上也是英国数学心理学家斯根普(Skemp)于1971年提出的一个观点，即学习者理解所学习的内容意味着将所学的内容同化成适当的图式③。据此，也可以说明理解本身具有一定的主观性，只有当学习者习得的新知识进入到学习者已有认知结构或能促进已有认知结构的转变，才意味着学习的真正发生，才意味着学习者能够真正地理解自己所学的知识。

深度理解超越了浅表性的形式化理解、工具性理解，是深入到不同知识之间的关系性理解、结构化理解、创造性理解、迁移性理解和文化性理解。事实上，深度理解既指应用已有的知识与经验分析、揭示相关事物之间的联系并因此认识新事物的过程，又指正确地理解沟通对象并通过言语、文字或其他相关

① 沈雅云.基于深度学习的网络课程学习活动设计研究[D].南昌:南昌大学,2018.

② 唐恒钧,张维忠,陈碧芬.基于深度理解的问题链教学[J].教育发展研究,2020,40(4):53-57.

③ SKEMP R R. The psychology of learning mathematics[M]. Baltimore: Penguin Books, 1971: 46.

形式传送信息的过程，更指超越了表面的、显性的语义理解和知识运用，强调对所授受的信息进行必要的反思、评价，将点状、分散的不同知识融会贯通、连线成网，在比较、求优、关联、内化中建立或完善认知结构，强调学习者对自己理解的过程及形成的结果进行监控。学习者通过深度理解达成良好的沟通，实现有效的表达，所以深度理解是深度学习的前提和基础。无论是从深度学习的基本方式和根本目的进行分析，还是从深度学习的基本过程和最终结果进行考察，深度理解都是深度学习的重要元素，并在其中居于核心的地位。①

理解本身有着一定的层次，有的理解可能只是部分地理解，还谈不上是深度理解，有的理解虽然从表面上看全部理解了学习的内容，但是并没有深入到所学知识的内部、结构或文化中。借鉴斯根普 1976 年提出的“关系性理解和工具性理解”的理论②，深度理解从浅入深也可分为工具性、关系性和文化性三种层次的理解。

工具性理解是指一种语义性理解，其统摄性是“工具”，即人们虽然能识别相关对象或事物，对外懂得相关对象或事物有何用途，知道运用的操作步骤，但是人们不了解蕴含于相关对象或事物内部或之间的关系、原理，不了解、不关心相关对象或事物内部的结构、关联，不注意揭示所学知识或结论所蕴含的充分必要条件，满足于基于一知半解的机械学习。以数学学习为例，停留工具性理解的学生知道数学符号$\cong$、$\geqslant$、$\sin A$、$\log_a b$ 所指代的数学内涵是什么，知道$a^2+b^2=c^2$、$x=\dfrac{-b\pm\sqrt{b^2-4ac}}{2a}$等数学公式确定的数学程序，知道四则混合运算等规则确定的步骤以及如何进行具体的操作；但是，这些学生不知道相关符号、公式、规则的来龙去脉，只知算法不知算理，只能按照数学语言符号所外显语词的本意和具体的计算程序进行操作，具有“只知其然，不知其所以然”的思维特征。工具性理解是最低层次的理解。有研究者指出，工具性理解包括了识记性、描述性、确认性、功能性和平台式五种不同类型的理解。识记性理解的特点是认识并能记忆，比如能记住正弦的定义与符号。描述性理解的特点是通过描述意义方便识记，比如，有理数运算中对“负负得正”做一些合理性的解释，并据此加深对运算的理解与记忆。确认性理解的特点是通过举例说明正确性并据此获

① 李松林，杨爽．国外深度学习研究评析[J]．比较教育研究，2020，42(9)：83-89．

② SKEMP R R. Relational understanding and instrumental understanding [J]. Mathematics teaching，1976，77(3)：20-26.

得确认，比如，在分数的除法运算中，举一些具体的例子得到除以一个分数等于乘以这个分数的倒数，并据此确认相应的运算法则。功能性理解的特点是通过说明事物的作用以便在具体的实践中运用，比如，先说明直角坐标系的作用，然后建立数与点的对应，实现数形结合的运用。平台式理解的特点是先接受下来，然后投入具体的使用，比如在初中学习数轴时，先让学生接受数轴上的点与实数系中的数有一一对应的关系，虽然不讲明其中的道理，但在实践中可以使用这一结论。①

关系性理解是指对知识意义或者替代物本身结构上的认识，关系性理解的统摄性在于建立"关系"和使用"关系"，它强调事物不是一种孤立的存在，为了理解所学习的对象，学习者至少要从两个及以上事物之间把握学习对象所具有的联系。关系性理解有证明性、论说性、反思性、结构性等不同类型的理解。证明性理解指运用逻辑演绎的方法展示相关结论的生成过程，证明相关命题或公式的正确性，说明结论为什么成立，这一点在定理证明的学习中表现得尤为明显。论说性理解指基于别人的讲解、分析获得相关知识形成过程的理解。比如，在函数概念学习中，通过实例操作、过程展示、对象明确，形成函数的概念，从整体上把握函数概念的特征。反思性理解是指通过反思建构所学知识的大概念，将最初本原性的理解提升到思想方法层面并进行灵活性的运用，比如，在对数知识的学习中，其本原性的理解是指数运算的逆运算，但联系 RMI 原理(关系—映射—反演)可以发现，这里的运算与乘法运算映射为加法运算可以形成同构关系。结构性理解强调所学知识、认识的视角以及思路和核心思想观念的结构化，强调分类、分层地比较以及联系所学习的知识及其相关知识，找出不同知识的异同点和它们可能的上下位层次关系。在数学学习中强调用公理化的方法揭示所学知识内部的结构，比如，从有理数公理化体系说明有理数运算法则中"负负得正"的合理性，揭示有理数运算法则内在结构的特质。基于关系性理解，学习者不仅可以获得具体的概念、定律、定理、公式、法则，而且可以获得相关概念、命题、规则本身的有效性及其内部的逻辑依据。在斯根普看来，"关系性理解"既知道事物是什么，也知道事物为何是这样。在义务教育阶段，加强过程性教学，注意概念的多重表征，鼓励学生在学习活动中追根问底、寻踪探源，是促进学生关系性理解的有效策略。

---

① 任伟芳，偶伟国，龚辉，等．"工具性理解""关系性理解"和"创新性理解"[J]．数学教育学报，2014，23(4)：69-73．

文化性理解是对关系性理解的进一步提升，是从深层次、发展性、整体性角度对所学知识进行的宏观性把握，是对特定的学科进行高屋建瓴式的审视、体察和认同，是对特定学科本质观及所建构知识的意义在深层次上的认同，超越了显性知识的分析和所学知识的纯粹认知性的领会、掌握。美国权威课程专家、倡导逆向教学设计的威金斯和麦克泰格(McTighe)于1998年将"移情"与文化性理解进行了对接，认为学习中的移情是学习者能深入地体会他人情感和观点的能力，有利于学习者从多个角度思考问题。美国芝加哥大学的数学教育专家扎尔曼·尤西斯金(Zalman Usiskin)于2012年对数学中的理解进行了分析，他认为工具性理解偏重算法技能，关系性理解偏重性质证明，文化性理解偏重历史文化。不管从哪个角度分析，文化性理解通常表明学习者的学习层次和水平，即他们能理解蕴藏于知识内核中的发展脉络、思想方法、理性精神、人文情怀、价值观念。文化性理解的关键是感悟、诠释那些隐藏于显性知识背后的默会知识所蕴含的意义，是对特定事物及其所处文化背景或赖以存在的文化进行一种整体性的理解，强调学习者深入挖掘所学知识背后的文化价值，形成特定学科核心思想和价值观念。文化性理解贯穿于学习者知识经验的积累、形式化知识的建构、结构化知识的内化以及知识的迁移应用之中。在义务教育阶段，学科教学要重视对学生进行渗透性的教育与引导，尤其要重视对学生进行历史文化、审美情趣、理性精神、人文关怀等方面的熏陶①，引导学生充分理解所学教材文本中的思想与方法、情感与审美、价值观与文化现象，通过整合特定学科与课程教学的资源、挖掘教学内容的文化内涵、渗透学科核心思想方法和组织有价值的学科文化活动，多措并举促进学习者在文化性理解方面的有效建构。

第四节　经由深度学习促进高通路迁移

浅表学习与深度学习的一个重要区别是有着不同的迁移水平。浅表学习只能实现低通路的迁移，即只有当前的新任务与原有的任务具有较高的相似性时才能实现学习的迁移。深度学习能实现高通路的迁移，即使当前的新任务与原有的任务不相似也能发生学习的迁移。高通路迁移是不断形成具体性问题与抽象性原理之间相互交错、富有意义的深度迁移，反映了学生经由深度学习

① 李春雷，于凤来. 数学理解水平的划分[J]. 数学教育学报，2022，31(4)：68-73，97.

所形成的核心素养，可以为解决复杂性的实际问题奠定必要的基础。

一、深度学习与高通路迁移

将所学的知识、技能运用于陌生的情境解决问题，不仅是深度学习的功能，而且是深度学习的目标。深度学习与迁移关系密切，深度学习的一个重要作用就是促进学习者形成高通路的迁移，并以此为机制促进学生核心素养的建构与发展。

就功能而言，深度学习超越了碎片化的学习，面向问题解决，强化了信息整合、多元联系、深度理解，是一种“沉浸于能促进迁移的复杂认知状态或过程”①，促进学习者学习的迁移必然是深度学习非常重要的功能。

就目标而言，迈克尔·富兰曾在《极富空间：新教育学如何实现深度学习》一书中明确指出，“使学生获得成为一个具有创造力的、与人关联的、参与合作的终身问题解决者的能力和倾向”是深度学习的目标。② 将所学的知识、技能在陌生情境中进行运用以解决问题，本质上就是学习的迁移。深度学习强调培养学生的深度思维，通过深度教学培养、提高学生的思考能力，特别是使更多的学生能够像专家一样进行有深度的思考，即经由深度学习提升学生在完全不同的情境中进行迁移的能力。这里所说的在完全不同的情境中的迁移，与仅仅依靠新旧情境的相似性所进行的迁移有着本质上的不同。事实上，能在完全不同情境中进行的迁移通常被称为高通路迁移(high-road transfer)，仅依靠新旧情境相似性进行的迁移则被称为低通路迁移(low-road transfer)。有研究指出，低通路迁移与高通路迁移有着不同的实现路径。

就问题解决而言，低通路迁移是“基于问题的问题解决”，本质上是从“一个具体的问题”到“另一个具体的问题”，问题解决所依靠的是两个具体问题之间存在的相似性，属于对“具体”与“具体”之间简单的关联性、相似性的分析与利用。高通路迁移是“基于图式的问题解决”，它通常会经历从“一个具体的问题”到“一个抽象的原理”再到“一个具体的问题”这样的路径，本质上是通过“抽象原理”联结看起来不具有相似的具体问题，属于基于理解并形成一定的复杂性

---

① 张娟娟，陈旭远，范会敏，等. 深度教学的课堂话语特征：基于“架构—发展—评价”结构的审视[J]. 基础教育，2021，18(6)：84-95.

② 富兰，兰沃希. 极富空间：新教育学如何实现深度学习[M]. 丁佳琪，黄雪锋，译. 重庆：西南师范大学出版社，2016：9-10.

认知结构之后对于不相似的“具体”之间的联结与利用。①

二、高通路迁移能力的形成

高通路迁移能力不是天生的，在学校教育教学中，是否持续地经历深度学习对学习者高通路迁移能力的高低有着至关重要的影响。经由深度学习，学习者需要既主动又深入地进行有一些有价值、有深度的反思。反思是学习者学习持续进步的动力，反思是实践持续改进的机制。许多教师尽管参与了日常教学的计划、教材的调整、课程的开发、教学的安排等诸多活动，但是令人遗憾的是，许多教师“在很大程度上是不加批判和不加反思的”②。对此，范梅南（Van Manen）在若干年前就对这种现象进行了具体的描述和深刻的批判。

应当认识到，教师对于教学活动的反思不仅仅是对教学活动的过程或结果持有的一种怀疑性、不确定性的认知心理或学习状态，而且也是结合具体的教学实践对相关问题解决方案所进行的主动探寻。对大多数学习者而言，通过主动地反思可以对个人学习中所遇到的一些看似无关联性知识元素进行更有意义、更有内涵、更体现本质的分析、推断，通过已建构的“抽象原理”联结不相似或弱相似的具体性问题。

学习者建构“抽象原理”的过程也是建构大概念的过程，在此过程中，学习者经历了诸如观察、记忆、回忆、想象、辨识、表征、提取、抽象、概括、关联、说明、推理、论证等理解性的学习活动，是经由“具体—抽象—具体”动态循环的探究性学习、批判性学习的过程。这种学习过程超越了事实性知识的学习，是基于概念性理解的深度学习，是在新情境、新任务中运用所学抽象知识创造性地解决问题的过程。

现实世界中面对的问题多为“劣构（ill-structured）”问题，它们不仅错综复杂，而且是动态变化的，很难在头脑中找到已经显性存在或具有熟练使用经历的方法、策略或者具体思路。相反，为了解决现实存在着的劣构问题，学习者在平时的学习中就需要进行深度学习，通过深度学习将所学知识中蕴含的思想、方法、观念和策略渗入思维结构，通过深度学习形成超越、包容具体知识的大概念，通过深度学习建构更具弹性、灵活的认知结构，通过深度学习形成强有力的

---

① HOLYOAK K J. The pragmatics of analogical transfer［J］. Psychology of learning and motivation，1985，19：59-87.

② VAN MANEN M. Linking ways of knowing with ways of being practical［J］. Curriculum inquiry，1977，6(3)：205-228.

知识和更具洞察力、深刻性的知识理解，通过深度学习提高结合具体问题情境进行相关知识整合、重构、利用并据此创造性地解决问题的能力。能否形成高通路的迁移，不仅与经由学习积累了多少知识、经验以及形成了哪些大概念密切相关，而且与学习者习得知识、积累经验或者形成大概念的方式密切相关。某种意义上，后者所起的决定作用更大。这是因为，只有当学习者真正经历了深度学习并因此形成了体现深度理解的大概念和建构了一定数量的专家思维，相对应的学习过程及其结果才能有效地迁移到对于劣构问题的有效解决。

第三章　指向深度理解的大概念

大概念指向深度理解，学习者通过深度理解确认学习过程中所包含的核心知识及其框架，挖掘所学知识的价值和意义，分析上下位知识之间的关系，提取、确认、建构大概念。大概念与深度理解互为目的与手段，两者相伴相生，贯穿于学习者深度学习的过程。在学校教育教学中，深度学习是实现深度理解的前提，引导学生进行深度学习有助于学生建立指向深度理解的大概念，这也是当前课程与教学深化改革、教育教学质量提升的关键性所在。

第一节　理解的关键是建立大概念

在学习活动中，学生如果不能理解所学的内容，不仅不能真正地掌握或占有所学的内容，而且有可能根本不相信那些内容。对学生而言，没有真正意义上的理解，也就没有真正意义上的学习。对教师而言，教师不可能有效地教授他们并不真正理解的知识。

一、对理解的理解

理解作为一个日常生活中常见的词汇，不仅指认识的主体在学习与实践活动过程中对客观事物或所学内容的熟悉、领会，而且指人们工作与生活过程中彼此间的心灵相通，能消除因误解而造成的隔阂，并因此建立起既能互相关心又能相互体谅、相互信赖、相互支持的新型人际关系。虽然理解与熟知有关，但理解并不等于熟知，熟知的东西往往不是真正知道了的东西。如果把理解窄化为熟知的东西，实践主体的思维就会偏颇，并因此形成认识上的固化、思考力上的松弛、怀疑力的钝化。

对实践主体而言，理解不仅是有深度地认识客体的一种方法，而且是主体思维与实践存在的一种方式。比如，ChatGPT 问世后，人们为了理解它，常常依循“ChatGPT 是什么”“ChatGPT 与什么可以类比”“ChatGPT 会怎样”“如何应用ChatGPT”等类似的逻辑分析，生成关于ChatGPT的理解。当“学习空间”作为一个概念出现后，学习者会将其与“学习环境”等相关概念进行辨析，并因此得到学习空间既是学习的一个“中介物”，也是学习得以发生的“间接性支持条件”，学习空间与学习环境是两个不同的概念，因为学习环境是学习的刺激物，是学习得以发生的“直接性支持条件”。

实践中的主体以理解而体现其存在性，保持其作为主体的独立性、认知性和文化性。在教育教学实践领域，理解不仅是与教学活动主体心理活动密切相关的行为，通过对教学活动意向性的把握理解教学活动及其行动的意义性，强调主体用个人的体会来感受事物的逻辑关系；而且体现了与教学活动主体心理活动过程密切相关的言语和行动，是对教学目标、学习效果、教学评价等进行刻画的一个概念，是体现教与学水平及其能级的一个指标。理解能力是学生学习能力中非常重要的一个因素，其表现指标既是各类教师开展教学的依据，也是学生评判、优化、改进自己学习活动的依据。

从认知角度进行分析，理解就是学习者在其已有知识或经验基础之上，将来自外部(被传递或主动习得)的语言、文字、符号等信息与头脑中的相应内容建立起关联，并因此获得对相关事物间接认识的过程。显然，这一过程也是学习者通过自身的思维活动积极、主动地揭示新知识中有关事物之间的联系以及事物本质或者规律的过程。从教学角度分析，教师帮助学生建构相关知识的结构理所当然成为促进学生理解教学内容的重要手段。教师不仅要重视学生对于所教内容的理解，而且要重视自身对于所教内容的理解。没有教师本人对于教学内容的深刻性理解，教学活动将是昏昏然的状态，很难使学生得到昭昭的明示。

二、建立大概念对于理解的意义

当学生面临一个有待解决的复杂性问题时，学生需要调动自己已有的知识，这种调动远远超越了单纯地运用其拥有的碎片化知识。没有结构化知识，仅凭碎片化知识很难完成具有复杂性的问题或任务。结构化知识需要大概念的支撑。大概念不仅可以促进学生所学知识的结构化，而且可以促进学生所拥有的知识向核心素养转化。教师帮助学生建构相关知识结构的关键是帮助学生形成教师所教或自己所学内容的大概念。这也就是说，大概念不仅是决定学生深度学习的关键，而且是学生理解教师所教或自己所学内容的核心。“理解”

要形成包含具体与抽象互动的复杂认知结构，关键在于抽象“大概念”的建立①。

大概念是学习者知识结构系统中的“节点”，是指向学科中的核心概念，是基于事实抽象出来的深层次的、可迁移的概念，是人对于客观事实的抽象、概括。大概念不是具体的事实，而是对事实的抽象、概括，是在事实性知识或相关知识主题基础上抽象出的深层次、可迁移的核心概念，是关系、意义的表达，反映了专家的思维方式。大概念能以概念、观念或者论题的方式将零散的知识、方法、观念、思想统摄在一起，把不同时间段习得的知识或处于分离状态的知识更有效地整合起来，把头脑中已经存在的许多小概念构建成具有包容性且有利于学生深刻理解、高通路迁移的知识框架，促进学生在深度学习中强化知识的联结，既从纵向维度强化知识的本质理解，又从横向维度强化知识的勾连扩展，并因此形成强有力、可迁移的系统知识体系。借助大概念，学生不仅可以超越事实性知识而获得所学内容的“要领”“内核”，而且可以超越个人思维的局限性，更好地理解抽象的问题，统揽所学知识的全局，更深入地分析不同知识、不同问题之间的关系。在学习活动中，大概念是具有关联性、结构性、迁移性、超越性的知识，既可以在碎片化的知识、思想、方法、经验、技能、观念之间建立内部的关联性，又可以基于学习者已有的概念创生新的知识、思想、方法、经验、技能、观念。大概念能有效解决学科学习中因知识的分化、细化而导致的碎片化学习以及理论与实践之间的分离、割裂等问题，打破学科内部、学科之间、领域之间的边界，促进学习者融会贯通。温·哈伦(Wynne Harlen)和格兰特·威金斯(Grant Wiggins)认为，能被称为大概念的都是“因为它们能够强有力地解释现象，提供了对科学的综合考察”。学生建立了相关学习内容的大概念，通常意味着建立了具体知识与抽象内容之间复杂性的认知关联，意味着认知朝着内容结构化和意义群生长的方向发展。

第二节 大概念内涵的理解

大概念的英文为 big idea 或 big ideas，也被译为大观念，是教育教学中早就存在的一个概念。不过，在不同的阶段，大概念本身有着不同的内涵。

① 刘徽.“大概念”视角下的单元整体教学构型：兼论素养导向的课堂变革[J].教育研究，2020，41(6)：64-77.

一、大概念的提出及内涵的演变

早在1902年，杜威(Dewey)在美国芝加哥大学任哲学系、心理学系、教育系主任和教育学院院长，他讨论了与教师相关的学科知识，并提出了大观念的理念。杜威曾明确地指出观念(ideas)对于行动的重要性，认为观念是将要实施的操作计划，是改变世界面貌的行动的必要因素。① 观念的诞生意味着思维与理解的产生，观念关联着探究等行动，观念的运用要回到实践的情境，实践者的观念与实践者的行动相互支撑，观念与行动的相互融合可以产生更有目的的实践，可以更好地应对世界的变革。尽管在后来的演变中，大概念被视为与大观念、大思维有着内核一致的意涵，但在最初提出时，杜威更强调这一概念作为学科知识"心理化"的基本含义，即教师要通过心理化产生大概念并因此在教学中远离那些限制学生思考自身学习方式的传统事实和观念。②

20世纪60年代，教育教学领域兴起了学科结构运动③，美国教育心理学家奥苏伯尔(Ausubel)在1963年出版的《有意义言语学习心理学》一书中强调，在新知识学习中，认知结构中原有、适当观念起着决定性的作用，这种原有、适当的观念对学习者的新知识起着固定作用，所有意义学习的过程，其实质是学习者在学习中符号所代表的新知识与学习者认知结构中已有、适当的观念能建立非人为、实质性的联系。与此相关，大观念对学习者能否形成有意义学习具有重要的影响。奥苏伯尔提出的"大观念"概念，在内涵上更接近布鲁纳(Bruner)等人所说的"基本概念"④，强调学科基本概念、基本原理或者知识之间的联系，把基本概念用于基本观念的表达，但并未将其升华为概括性的观念或者作为一种具有较强解释力的模型。⑤

随着教育教学理论的发展，大概念的内涵已进一步丰富，需要我们进行由

① DEWEY J. The later works of John Dewey, volume 4, 1925-1953: the quest for certainty[M]. Carbondale: Southern Illinois University Press, 1984: 111.

② SMITH Ⅲ JP. GIROD M. John Dewey & psychologizing the subject-matter: big ideas, ambitious teaching, and teacher education[J]. Teaching and teacher education, 2003, 19(3): 295-307.

③ 邵朝友，崔允漷. 指向核心素养的教学方案设计：大观念的视角[J]. 全球教育展望，2017，46(6)：11-19.

④ 郭玉英，姚建欣，张静. 整合与发展：科学课程中概念体系的建构及其学习进阶[J]. 课程·教材·教法，2013，33(2)：44-49.

⑤ 孙影，毕华林. 科学教育中学习进阶的开发模式研究述评：以ChemQuery评价系统为例[J]. 全球教育展望，2015，44(8)：104-113.

表及里的深入理解。如果仅从字面上来看,大概念很容易被理解为从较大的观念、较高的视野来分析、认识学习中的概念,或者简单地把它归结为一般性的思想或者方法。尽管这样的理解有一定的合理性,但是并不全面。其实,大概念是一个具有复杂教育教学内涵的专业术语,学习、研究大概念及其教学的运用不应孤立、表面化地分析大概念的内涵,否则就会看不清大概念及其教学运用的实质。如果不能深入把握和理解大概念及其教学运用的内涵,在教育教学实践中必然难以正确、有效地发挥大概念对于课程教学应有的统整功能。

大概念是将许多科学知识联系为一个整体的核心,是人们对一类事实总体认识的抽象概括,它既指某一领域中的基本观念,也指某一领域中的有关原则、态度或者模式。大概念不仅仅是具体的信息、重要的知识和基本的概念,还是具体信息的联结者、重要知识的组织者和基本概念、核心概念的搭建者,是赋予了观念性的概念。大概念与学科观念既有关联,又有一些区别。一般说来,大概念所指向的是某一学科的本质性规律和基本的思想方法,而学科观念主要指向学生通过特定的课程学习所形成的关于学科本质特征的概括性认识。大概念主要是从学科内容和学科活动思维的视角出发,强调的是对于特定学科起关键、核心或本质作用的内容以及对于学科活动思维起引领作用的思想方法。学科观念更多的是从学生学习、认知的角度出发,强调学生对于某一个学科内容或思想方法的深刻性理解。大概念由于有较高的抽象程度而超出了大多数学生的认知水平,教学中不宜直接将大概念内涵告诉学生,否则容易导致新形态的死记硬背,所学大概念也难以在新的问题情境中得到广泛的迁移应用。

某种意义上,人们之所以将大概念称为大观念,所强调的应当是大概念作为知识是重要知识背后的知识,大概念作为概念是基本概念、核心概念背后的概念,是重要知识和基本概念、核心概念的上层组织者。图 3-1 是由美国科学教育标准制定委员会在《新一代科学教育标准》中给出的大概念金字塔模型。根据该模型,事实性知识以及由学科分解出的具体概念被称为“小”概念,它们均指向特定学科特定内容中的具体概念,它们可以被运用于特定的观察或者实验,本质上是部分或者局部的观念。大概念是联结各种小概念的一种认知框架,其中,处于金字塔顶端的大概念是哲学观念,跨学科大概念是指位于两个甚至更多学科中的内容或者过程①,指向不同学科所共通的原理、观念、思想、方

① 李刚.围绕大概念的 STEM 整合课程建构与应用研究[J].天津师范大学学报(基础教育版),2022,23(2):64-69.

法，包含了模型、系统、结构、功能等不同内容。跨学科概念学习能在一定程度上模糊不同学科之间的界限，建立不同学科之间的联系，促进不同学科的知识在不同情境中的迁移应用。2011年，美国发布的《K-12科学教育框架：实践、跨学科概念和核心概念》明确提出跨学科概念是科学学习的重要维度之一。在数学学习中，数学建模学习常被认为是非常重要的跨学科学习，有利于跨学科大概念的建立。

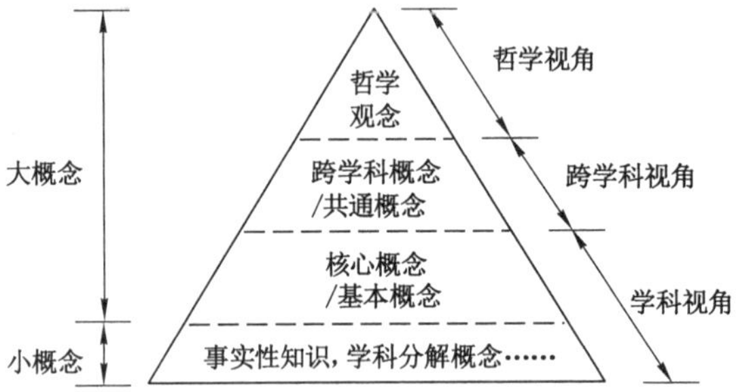

图3-1　大概念金字塔模型

二、大概念内涵的多角度理解

根据德国哲学家康德的理解，“思维即通过概念而认识”①，概念不仅具有相对独立性，不能通过经验事实的简单分析而获得，而且依赖经验事实验证其内在的合理性。大观念对于概念具有重要的作用，它不仅是概念的概念，而且是知识的最高形态，毕竟“人类所有的认识都是以观察为起点，然后成了概念，最后以观念作为终站”②。大概念是内蕴了观念的概念，学习、研究大概念可以从三个不同的角度理解大概念的内涵。

其一，可将大概念视为“一般概念的集合”。在这种意义上，大概念是深刻思想、重要学说的联结枢纽，作为“认知纽带”“概念锚点”“可聚焦的概念‘透镜’”将零散的概念、知识点联结在一起，“Concept（概念）”“point of view（观点）”是大概念的两种表现形式。知识不是概念与事实之间的简单堆积，而是一个有机的整体，大概念作为联结枢纽，联结着不同的概念、事实、经验和问题，可

① KANT I，YOUNG J M. Lectures on logic [M]. Cambridge：Cambridge University Press，1992：589.

② 康德.纯粹理性批判[M].邓晓芒，译.北京：人民出版社，2004：544-545.

以更好地统摄、阐释、联结不同学习单元中的具体知识与基本技能，让孤立的事实或者公式建立内在的意义关联，形成纵向与横向相互交织、联结的知识结构体系，使不同学习内容的内部或彼此之间因形成强有力的联结而难以裂割。

其二，可将大概念视为“知识的内核”。在这种意义上，大概念位于知识层级结构的最高层，是学科知识中上位性、中心性的关键材料。在这里，大概念的“大”不是“庞大”，而是“核心”“中心”“上位”，大概念兼具“中心性”“可迁移性”“联结性”“聚合性”等特点，是指向学科基本结构、处于学科核心位置、能有效组织多种知识、具有整合价值、能促进知识跨情境迁移的核心概念。林恩·埃里克森把大概念界定为一种能对事实进行有效分类的组织性观念，是学习者的心理图式或者称为学习者的心理建构，不仅具有永恒、普遍的特性，而且呈现了独特的抽象性和概括性。① 在她看来，大概念恰似一种“概念聚合器”②，即大概念可以将相关的事实和不同层级的概念聚合为一个统一的整体，能将大量的知识聚合成少量的普适性的认识。基于大概念的课程与教学侧重于学生头脑、心智和灵魂的激荡。为了实现激荡学生头脑、心智和灵魂的目标，在课程与教学中应突出“概念为本”的理念。这一理念之所以重要，是因为概念为本的课程与教学不同于传统的课程与教学设计，后者更多是基于主题、事实和技能进行教学展开。概念为本的课程与教学不仅重视学生的知识结构，而且重视学生学习的过程结构，强调知识结构与过程结构的相辅相成，强调学生对于特定学科基本概念的深度理解和高通路迁移。教与学的协同思维是概念为本的课程与教学中的重要思维，教师不仅要准确阐明学生在课程学习中需要了解、理解的内容，而且要明确学生经由知识学习后做的事情，实现学以致用、学以启思。

其三，可将大概念视为具有认识论、方法论和价值论三重意义的“组织框架”“意义模式”。正是在这种意义上，大概念显然超出了一个普通概念应有的内涵与外延，是高度形式化、普适性极强的概念，是背后潜藏着特定意义世界的组织模式，是综合化课程的实施框架。③ 有研究者认为，在科学教育中，大概念是有组织、有结构的科学知识和模型。④ 英国学者温·哈伦于 2011 年在《科学教育的原则和大概念》中指出，能够用于解释和预测较大范围自然界现象的概

---

① 艾里克森. 概念为本的课程与教学[M]. 兰英，译. 北京：中国轻工业出版社，2003：64-65.

② ERICKSON H L. Concept-based curriculum and instruction: teaching beyond the facts[M]. Thouand Oaks, California: the Corwin Press, 2002: 60-90.

③ 李松林. 以大概念为核心的整合性教学[J]. 课程·教材·教法，2020，40(10)：56-61.

④ 韦钰. 以大概念的理念进行科学教育[J]. 人民教育，2016(1)：41-45.

念被定义为大概念。默里·怀特利(Maree Whiteley)认为大概念是理解的基础,2012年,他把大概念视为一种理解的建筑材料,认为大概念是一种有意义的模式,能使人们把那些原本支离破碎的知识点更好地联结起来。①

三、教育教学实践中的大概念

从大概念的特征与属性来看,大概念可以有不同类型。查尔默斯(Chalmers)等人立足于概念的形式,将大概念划分为内容大概念与过程大概念,并基于大概念与学科的不同关系,将大概念划分为学科内、跨学科与包容性三类大概念。② 米切尔(Mitchell)则将大概念划分为内容大概念、学习大概念和领域大概念。③ 从概念范围角度进行审视,概念可以进行宏观、微观或者大、小两类概念的划分。埃里克森认为概念可以划分为宏观和微观两类概念,宏观概念能解决知识广度的问题,体现了更强的跨情境迁移性,微观概念能解决知识深度的问题,在单元学习中,通过使用微观概念可以保证理解的深度。④ 温·哈伦认为概念可以划分为大概念和小概念,学习中如果有过多的小概念,很容易失去概念间的联系,并因此导致难以聚合成更有价值的大概念。⑤ 从大概念与小概念的关系来分析,大概念应当是小概念的上位概念。由于大概念与小概念本身也具有一定的相对性,所以在大概念与小概念的内部,也存在着上位概念与下位概念的区分。大概念只有与小概念形成必要的关联性,才能支撑学科结构的形成。

从大概念的作用来看,大概念是促进联结和理解的关键知识,是理解和应用知识的一个锚点,体现了某一领域专家对问题思考、感知的方式。比如,对一些具有专家水平的数学教师而言,小学数学"比"与"除法"的知识就不是简单的概念讲解和课堂练习,因为,在他们的教学思维中,他们需要思考诸如"比"与

① 艾瑞克森,兰宁,法兰琪.创造思考的教室:概念为本的课程与教学[M].刘恒昌,译.新北:心理出版社,2018:57.

② CHALMERS C, CARTER M, COOPER T, et al. Implementing "big ideas" to advance the teaching and learning of science, technology, engineering and mathematics(STEM)[J]. International journal of science and mathematics education, 2017, 15(1): 25-43.

③ MITCHELL I, KEAST S, PANIZZON D, et al. Using 'big ideas' to enhance teaching and student learning[J]. Teachers and teaching, 2017, 23(5): 596-610.

④ 埃里克森,兰宁.以概念为本的课程与教学:培养核心素养的绝佳实践[M].鲁效孔,译.上海:华东师范大学出版社,2018:34.

⑤ 哈伦.以大概念理念进行科学教育[M].韦钰,译.北京:科学普及出版社,2016:15.

“除法”是等价的关系吗？如何体现“比”的本质和学习“比”的必要性？如何为学生“比例”的学习做好准备？“比例”的学习对“比例推理”的学习有何影响？如何把握变化中的不变性？概念间以及概念与数学过程方法和应用如何形成更强的联结性？如何避免“比和比例”在学习中整体性的缺乏？等等。基于这些思考，他们可以更加深入地挖掘“变化中的不变性”，研究不同知识之间的联结性，提炼出“比例性”这一大概念。事实上，所谓的“比例性”就是指“如果两个量成比例变化，这种关系可以用线性函数表示”，这一内涵能把各种与比、比例等相关的数学内容理解成具有内在联系且连贯一致的整体，并因此从较高的观点审视已经学过或者即将要学的数学知识。进一步分析可以知道，这些知识不仅包括整数乘除法、分数运算、百分比、正比例函数、反比例函数、比例尺、圆的周长和弧长、扇形面积、相似性、三角比、扇形统计图、分层抽样、概率、弧度制、三角函数、直线的斜率等诸多相关的数学概念，而且包括数形结合、函数与对应等数学思想以及从特殊到一般、利用代数运算和图像研究性质等数学方法。此外，按比例推理、代数运算、作图、建模等数学技能以及识别变化中的不变性、基于比例推理的归一法等问题解决策略也或多或少地与这种“比例性”大概念相关。把握不了“比例性”的大概念，学生在“圆的周长”“三角比”“三角函数”等有关的知识学习中不仅缺少深度，而且缺乏应有的整体性和迁移性。用好大概念，不仅可以更好地统领数学课程与教学的内容，促进数学教学中知识与技能学习的系统化、结构化，而且可以更好地落实数学课程与教学中核心素养培养的目标，更有效地转变广大数学教师的数学知识观和数学教学思维。

由于大概念在本质上是一种有意义的模式，所以在教育教学中能使诸多分散且独立的知识元素通过有意义的联结形成一种更为复杂、有组织的概念性知识。威金斯和麦克泰格将大概念比喻为车辆中能使连轮固定在车轴上的一个重要配件——车辖。大概念相当于一个车辖，是学习中理解的必要条件。

当前，各学科教学都在推进学生核心素养培养，那么，核心素养与大概念又有着什么关系呢？由前面的分析不难看出，大概念不仅是核心素养的重要成分，而且以载体的方式连接着或安置着核心素养中“关键能力”“必备品格”“正确价值观”三个构成要素（如图 3-2 所示），即如果将学生核心素养的培养目标比喻为一架飞机，那么学生的正确价值观就引领着核心素养发展的方向，关键能力和必备品格就是核心素养的两翼。

在教育教学中，如果抓不住关键的思想、方法，不能将大概念与相关的教学

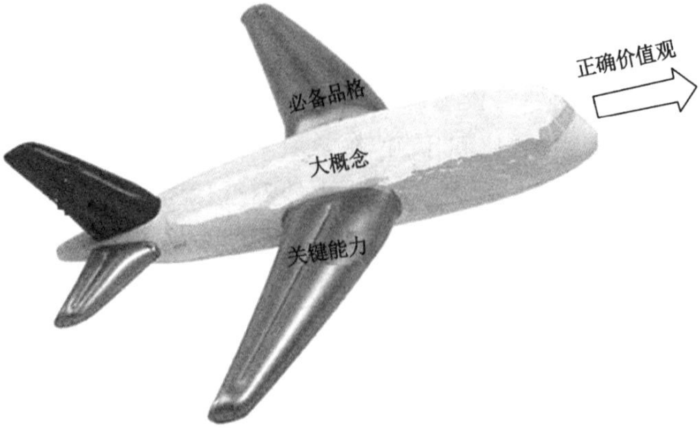

图 3-2 作为核心素养载体的大概念

内容有效地“联系起来”，留给学生的只能是一些零碎、无用的知识。① 比如，在“数的认识”中，如果找不到相关的大概念，就有可能只是学到多种不同的数。相反，如果能认识到众多不同的数，本质上都是围绕“计数单位”展开的，那么，数学教学活动就可以引导学生在数计数单位的个数中实现对“数”的意义的建构，并因此揭示众多不同“数”的本质属性，即无论是整数还是小数，都是由计数单位及其个数累加而成的。显然，大概念可以促进学习中事实性和概念性两种不同层面知识的对接与互动。通过这种对接与互动，学生可从事实形态的浅层性的“知道”逐步走向具有结构整合意义的深度“理解”，大概念无论对于课程建设还是教学优化都有积极的改进作用。

无论是课程层面的“内容结构化”，还是教学层面的“知识结构化”，所强调的都是突破零散的“知识点”，重视并因此努力走向“大概念”的课程与教学。因此，无论国内还是国外，课程与教学在改革中都越来越认可大概念作为课程与教学的一个重要组织，不仅在理念层面，而且在实践层面倡导教师重视对大概念的深入理解及其积极作用的发挥。比如，美国《学校数学的原则和标准》(NCTM，2000)明确要求教师能理解数学学科大概念，通过大概念将数学表示为一个连贯而相互联系的整体。②

---

① 威金斯，麦克泰格. 追求理解的教学设计[M]. 闫寒冰，宋雪莲，赖平，译. 上海：华东师范大学出版社，2017：72-75.

② JOSEPH B W Y，TOH T L. Big Ideas in mathematics[M]. [s. l.]：World Scientific Publishing Co. Pte. Ltd. , 2019.

从大概念的类型来看，大概念本身就是一个相对而非绝对的概念。这是因为，一个大概念可以包含大量适用范围更小的小概念，其自身又可以被归属于更大的概念中。① 一般地，大概念既可以指其所涉及范围的大小(如学科大概念、跨学科大概念、超学科大概念)，也可以指其抽象程度的高低(比如原理、规律、思想、方法、模式)。一个大概念，涉及的范围越大、抽象的程度越高，就越能将更多的内容融合在一起，但有可能实质性降低、削弱"知识点"的关联性。考察我国的教育教学实践，当前有许多以"大"为定语的概念，如大单元、大任务、大项目、大情境、大问题、大概念、大思维、大观点、大观念等。这些"大"尽管是相对于"小"而言的，但绝不仅仅指内容多、范围大或者时间长，更不是简单地把传统单元教学的一些"知识点"汇总为一个更大的单元或更大的知识包，而是强调为培养学生核心素养而进行教学内容、教学方式的整合，强调要通过教育教学的变革帮助学生"强而有力"地解决真实情境中的复杂问题。从这个意义进行分析，无论是大单元、大任务、大项目，还是大情境、大问题、大思维、大观点、大观念，这些概念从本质上讲都可以归结为大概念。这也同时表明，大概念与小概念具有一定的辩证统一性。值得注意的是，在教育教学实践中关注大概念并不是要忽略或轻视小概念，而是要通过发挥各自的作用，建立大概念与小概念之间的有机联系，基于小概念抽象、概括、提升大概念，使教学活动及时向大概念扩展，在知识的串联、反思、提升中深化理解，强化知识的联结性、结构性、整体性。

第三节　大概念的生成

在以学生核心素养培养为目标的课程与教学实践中，教学范式已从旧有的"知识点"积累变化为现阶段的"大概念"生成。生成大概念以及利用大概念教学正被视为课程与教学改革中的一个关键。也正因为如此，如何生成大概念也就成为课程与教学实践中不可回避的焦点问题和难点问题。大概念的生成机制存在于教师有深度的教学研究，需要教师结合具体的教学内容经历"具体—抽象""解构—建构"的整体进化与动态循环过程，这个过程是一个由"知"转"识"的教学思维变化过程。

---

① 哈伦.科学教育的原则和大概念[M].韦珏，译.北京：科学普及出版社，2011：18.

一、大概念生成的本质

大概念不是孤立、狭隘的学科概念、基本知识、学习目标、认知活动或专业技能，而是反映特定学科本质及其特殊性、构成学科框架的思想观念，是支配性的核心概念，是体现学科核心价值、核心思维的核心素养。根据邓肯和卡维拉(Duncan and Cavera)关于学科核心概念标准的讨论①，大概念具有的性质包括：其一，这个概念体现了学科内部或者跨学科的关键组织原则，是科学家眼中的核心思想，可以为那些广泛的想法提供通用性的方法。其二，这个概念应当能帮助学习者对所学知识深刻理解，有助于学生对所学学科中现象、问题的思考和推理，体现出既有广泛性又具有实效性的解释力，是具有创造性、功效性的思维工具。其三，大概念具有一定的贯通性，能跨越不同年级的学生，对学生的学习既有相关性又有内在的意义，能关联学生觉得耐人寻味的那些现象或者有关问题。其四，这个大概念必须具有一定的深度，不仅允许而且确实有利于学生利用这个大概念进行更加深入持续的学习，可以延伸到学科教学中的方法以及解决问题时所使用的策略。

大概念深藏于大量零碎、分散、孤立、静态的事实性知识、程序性知识或者概念性知识之中，大概念的生成是学习活动中非常具有挑战性的智力活动。大概念生成的智力活动包括分析与综合、抽象与概括、比较与分类、归纳与演绎、迁移与类推、发散与聚合等多维复杂、双向反复、思维交织的因素，本身是一个由浅入深、由具体到抽象、由感性到理性、由经验到反思、由现象到本质、由低层次到高层级的认识过程，是"具体→抽象→具体"不断循环的过程，是学习中高通路迁移的路径。② 生成大概念意味着对下位概念、外围概念、表层概念和实践经验的提升、整合与突破，学习者需要结合自己的体验、领悟、深思把学习中获得的不同知识进行必要的过滤、提炼、压缩、抽象、整合，需要学习者主动思维的推动，需要不同类别思维的相互协同，需要通过深度思维揭示知识的本质，需要学习者从内容知识的信息存储和规模式增长跨越到深度理解和结构建立，需要其对所学内容进行"关系化""结构化""类别化"的审视和普遍性意义的组织，需要其将所学习的内容抽象、提炼、概括或类化为更具上位性的知识。

---

① DUNCAN R G, CAVERA V L. DCIs, SEPs, and CCs, oh my! Understanding the three dimensions of the NGSS[J]. Science scope, 2015, 39(2): 50.

② 刘徽."大概念"视角下的单元整体教学构型：兼论素养导向的课堂变革[J]. 教育研究，2020，41(6)：64-77.

大概念的生成更多的是一种从下到上逆向的生成，本质上是知识的层级性转化，这种生成与转化既非无根之木、无源之水，也非简单地一蹴而就或从天而降。大概念的生成具有多样化的来源，比如，可以通过深入研究课程标准、教材、学科方法论方面的专著，站在所教学科高点俯视、思考教学内容，从所教学科知识金字塔的塔尖分析、思考、提取和挖掘大概念；可以反思教师的教学实践，从日常的教学活动场域中以及与此相关的教师实践经验中凝练出特定内容的大概念；可以更深入地透视学生的认知，更深入地分析学生的日常生活经验，通过超越日常经验、自下而上地进行教学内容大概念的凝练。

不管从哪种渠道生成大概念，需要统筹学生已有的知识、经验与正在学习、或将要学习的内容之间内在的联系性，需要循序渐进地落实学生的认知建构与发展。为此，要正视并解决现实教学中存在的四个阻碍大概念生成的问题：一是学生“内容学习”与“方法认知”的分立，二是学生“符号知识习得”与“本质意义理解”的分离；三是学生“碎片化学习”与“综合化运用”的矛盾；四是学习中“理论性”与“实践性”的脱节。

二、大概念的生成机制

分析大概念的生成机制，应认识到大概念不仅是在学习中具有高通路迁移能力的知识，而且其本身就是学习中得到高通路迁移的源头地。为了生成大概念，日常的教学要着眼于学生有深度的学习活动，把学习是否生成了意义、是否促进了高通路迁移作为评价学习活动质量高低的重要标准，推动学生主动、积极地参与知识结构化、过程结构化等较高层次的学习活动。

大概念不是生成于孤立、间断、静态的认知，而是与“做中学”“研中学”“边干边学”“边学边用”“实践反思”等深度学习的行动密切相关的。为了生成大概念，教学中不能停留于表层的知道（know），而是要强化实践（do）与理解（understand）。知道层面的学习仅仅能指向学生对特定内容的一般性了解。实践层面的学习强调了学习者对于所学知识的运用和能力的实践。理解层面的学习关注了学生对于不同知识的联系，突出了学生对所学内容的理解。学生在思维上有没有获得发展的一个重要标志就是对教学内容的理解有没有形成。

为了避免从孤立、间断、静态的认知角度简单地分析大概念的生成，应当关注“认知”“理解”“实践”等不同学习要素的互融互惠，重视这些要素对学习者学习持续建构的影响，从认知螺旋上升等角度对大概念的生成进行复杂性分析。毕竟，大概念更多地生成于学习者具有整体性、连续性的多要素互动。这些要素不仅涉及大脑、身体，而且涉及学习的情境。之所以强调大脑、身体和情境的交互，是因为大脑、身体和情境并非是孤立、间断的。为了落实不同要素之间的互动，应当尊重从一般概念、小概念向大概念转化的内在逻辑。①

不同的学习内容有着不同的大概念生成机制。偏向"过程技能"的学习内容与偏向"内容知识"的学习内容在大概念生成机制上有着本质的不同。

偏向"过程技能"的学习内容关注程序性、策略性和元认知的知识，在大概念生成上更多的是从"概念"到"概括"的生成机制。② 威金斯和麦克泰格认为在过程技能学习中，大概念主要不是生成于学习和练习阶段，而是生成于迁移与应用阶段。具体地说，技能的迁移与策略型问题紧密相关，这种策略型主要涉及学习者的判断而不是对具体事实的认知。相对于目标明显未知、属于简单地"取用"的练习，问题只在学生遭遇到真实难题时，才显现出它的主要价值，"理解及适当地应用技能依赖的是(大)概念"③，为此，学习者"不仅仅需要操练，也需要具有洞察力"④。

偏向"内容知识"的学习内容关注陈述性、事实性和事理性知识，重视导致相关知识的"基本问题""基本关系""问题情境""主要议题""关键意象"。例如，就数的概念认知而言，具体的事物、相关的量、直观的几何图形往往构成了学生关于数及其后续拓展概念心理表征的基础及意象图式的抽象共性。学习者不仅要从"数与量""数量与数量""数量与图形""图形与图形"等关系中抽象出相关的概念，揭示相关概念之间的关系，而且要把握形成相关概念的基本问题是什么，能从事物具体背景中抽象、概括出一般的规律和结构。由此，在相关的教学活动中，教师就要善于从数学核心概念及其蕴含的数学本质中提取大概念，从研究方法、思维方法中提取大概念。

在格兰特·威金斯等人的经验中，大概念的生成必然离不开对基本问题的设定。只有合理地设置了基本问题，学习者的学习才能超越特定的主题，才能产生真正的迁移并实现概念之间的联系和课程之间的连贯。把教学焦点围绕

---

① 王强，李松林. 大概念教学设计的三个框架[J]. 教育科学研究，2022(9)：55-60.

② 埃里克森，兰宁. 以概念为本的课程与教学：培养核心素养的绝佳实践[M]. 鲁效孔，译. 上海：华东师范大学出版社，2018：40.

③ 威金斯，麦克泰格. 设计优质的课程单元：重理解的设计法指南[M]. 赖丽珍，译. 新北：心理出版社，2015：89.

④ 威金斯，麦克泰格. 追求理解的教学设计[M]. 闫寒冰，宋雪莲，赖平，译. 上海：华东师范大学出版社，2017：46.

在概念的教师，倾向于更轻松自在地编写及使用基本问题。[①] 生成大概念需要有效解决相应的大问题，需要以问题链、任务簇为锚点进行项目化、探究性的问题解决学习。从形成小概念、发展基本概念到生成大概念，都离不开特定内容知识对应的问题情境。

好的问题情境如同好的案例，可以“一例到底”指向所学内容的大概念；好的议题可以对接内容知识的生成机制，让大概念在内容知识学习中水到渠成。验证所生成的大概念有哪些作用，需要回到相应的问题、关系、情境、议题、意象中进行分析，某种意义上，正是大问题、问题情境和相关议题构成了内容知识生成大概念的基本场域。

第四节 以大概念为核心的整合性教学

在义务教育阶段，无论是培养学生的核心素养，还是促进学生的全面发展，都离不开整合性教学。为了落实好义务教育阶段的整合性教学，教师在课程与教学中要高度重视大概念的教学运用。合理运用大概念，可以为教师教学提供更新的视野、更新的方略和可操作性的整合途径。整合性教学之所以强调要以大概念为核心，是因为大概念本身与整合性教学有更好的联结性、转换性、契合性和内在的逻辑关联性，并因此对整合性教学形成一定的推动作用。

一、整合与整合性教学

整合虽然与相同有一定的关联，但在本质上，整合并不等于相同。这是因为，整合本质上意味着客观事物内部的相同与变异之间矛盾的统一，强调辩证、协同、互动和有差别的同一，而非单纯抽象、局部性的相同、同一。从思维角度分析，整合是事物的抽象普遍性向事物整体相关性进行的跃迁，是多元因素协同、互动与交融的集合性思维过程，强调把认识的对象置于“整体—部分”的网络系统中进行审视、考察、评判与综合利用。从实践层面分析，整合的活动既要求主体善于揭示所面对客观对象各部分的质，又要求主体善于揭示所面对客观事物各部分之间具有同构性、整体性的质及其与所关联内外部环境之间的联系性、综合性、动态性，并因此寻求融会贯通、综合运用的实践应对。

① 威金斯，麦克泰格．设计优质的课程单元：重理解的设计法指南[M]．赖丽珍，译．新北：心理出版社，2015：99．

整合性教学是整合性思维在教学中的一种应用。作为一种教学方式或教学理念，整合性教学将教学目标、内容、过程和评价等要素进行一致性对接、整理和合成，使教学系统中有关要素能根据一定的规则有效融合为一个新的教学整体，使教学系统内部的层次和结构在更加协调、优化的基础上产生整体性的效应，更有效地落实学生核心素养培养的目标和为党育人、为国育才的根本任务。

二、用大概念整合教学及其思维分析

一个构造得宜的头脑胜过一个充满知识（即零散化的知识碎片）的头脑。① 大概念是使离散的事实和技能相互联系并拥有一定意义的概念、主题或问题。② 用大概念整合教学强调教学中要帮助学生形成具有条理性、层次性、清晰性的概念结构，其思想可以追溯至联结主义的心理学，重在通过引导学生把握所学学科的结构，通达更加灵活的学习迁移，提升学习的深度，建构核心的素养。对此，我国一些学者提出了自己的观点。学者吕立杰认为，大概念不是一个看得见、摸得着的事实，而是基于事实、情境的抽象，基于事实、情境的提炼，基于事实、情境的推论，是学生在遗忘大部分细节后仍能保留下来的重要理解。单元是大概念教学的重要载体，概念理解的目标、有潜能的学习材料、情境创设、自主建构等是大概念教学的重要元素。③ 学者余文森认为大概念是具有高度概括性、极强实用性、广泛联系性、最强解释性的关键概念，通过大概念可以联系一些具体的下位概念，聚合学习中相关的内容，表征所学内容的学科本质。他强调教学中要突出学科大概念、学科结构、学科思想与方法、学科情境等四大要素。④ 学者王喜斌认为，大概念是指向学科核心内容和教学核心任务、反映学科本质的概念，是能将学科本质思想和相关内容联系起来的关键而特殊的概念。大概念具有非常重要的教学价值，应当通过大概念聚焦学科核心内容，明确教学中的核心任务，引导学生架构所学学科的知识框架，促进落实理解型教与学，并因此更好助力学科教学中核心素养培养目标的落实。⑤

---

① 莫兰. 复杂性理论与教育问题[M]. 陈一壮，译. 北京：北京大学出版社，2004：109.

② 威金斯，麦克泰格. 追求理解的教学设计[M]. 闫寒冰，宋雪莲，赖平，译. 上海：华东师范大学出版社，2017：6.

③ 吕立杰. 大概念课程设计的内涵与实施[J]. 教育研究，2020，41(10)：53-61.

④ 余文森. 论学科核心素养形成的机制[J]. 课程·教材·教法，2018，38(1)：4-11.

⑤ 王喜斌. 学科“大概念”的内涵、意义及获取途径[J]. 教学与管理，2018(24)：86-88.

对于学生所学的学科知识向核心素养进行转化，大概念起着交互、联结与转换的关键作用，并因此使大概念成为学生核心素养建构的一种重要中介机制。学生所学的学科知识与有待建构的核心素养本身有可能是不同的范畴，借助大概念，可以引导、促进学生将所学的学科知识更主动地内化、转换。在教师的有效引导下，学生可以借助大概念将已经掌握的静态的陈述性知识和已经习得的外部的动态性活动经验向认知的内部进行转化，这种向内转化兼具认识论、方法论、价值论与实践论的四重意义，有利于学生建立高质量的认知结构。通过向内转化，可以将那些原本不同范畴的内容联结起来。在这种情况下，大概念事实上就成为学生提升学习深度、发展核心素养的重要桥梁，势必有利于学生将内部的认知结构及时转化为嵌入了关键能力、必备品格与价值观念的核心素养，这就表明大概念对于学生的深度学习与核心素养发展具有一定的促进与整合作用。以大概念为导向的课程与教学有一个非常重要的意图，就是通过大概念促进、促成学生的深度学习，通过大概念整合课程与教学，使学生所学的内容变得“更少、更高、更深”，使课程与教学的目标更自觉地走向深度学习与核心素养的培养。

从实践层面分析，大概念所具有的这种促进与整合作用本质上是一种有待师生通过有效方法去激活的潜在性作用。通过有效的方法激活大概念对于教学的促进、整合作用，关键的目标是通过提炼大概念、运用大概念促进学生结构化的深度学习，实现“由近及远”“由点到线”“由线到面”“由面到体”“举一反三”式的高通路迁移应用，落实“由低到高”“由浅入深”“由表及里”“不断进阶”式的知识意义建构，促进“减负增效、事半功倍”式的教学质量提高与学习能力提升。

从思维角度分析，“概念性理解”“批判性思维”“创造性思维”对于学生的核心素养建构具有非常重要的价值，大概念教学可以把这三种“高阶思维”有效地汇合并发展起来（见图 3-3）。一般说来，概念性理解处在学习者认知结构的中心，能让学习者建构的知识产生关联性，形成知识学习应有的意义，将概念性理解运用到新的情境中，可以更好地解决具体的现实问题，有助于学习者实现所学知识的高通路迁移。基于大概念建构学习内容的概念性理解，学习者可以更加主动地进行所学知识的深度性探究和已获得观念的拓展性建构，促进学习活动的不断深入和知识经验的不断积累、发展、更迭。

批判性思维是基于概念性理解对学习者日常思维的反思和超越。基于大概念，批判性思维促进了学习者的深度学习，引导学习者以辩证的思维与怀疑的态度进行独立的分析和有意识的思考，然后进行科学合理的判断。大概念不

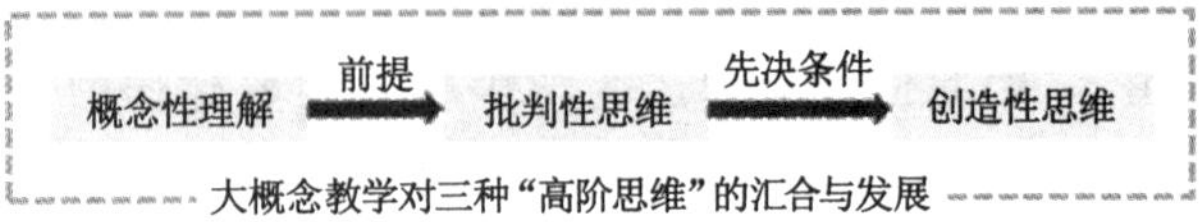

图 3-3 大概念高阶思维

仅需要批判性思维，而且以其自身的独特性支撑了学习者的批判性思维，使学习者通过批判性思维将更高阶的学习目标整合到具体的学习活动中，并据此更主动地整合教与学的内容，融通学习的方法与路径。

创造性思维是指以新颖、独特的方法解决现实问题，开创新领域、获得新成果的思维活动。大概念引导着学习者对于个人的创造性思维活动进行具有普适性特点或者总括性规律的反思与分析，有利于学习者实现由批判性思维、批判式学习走向创造性思维、创造式学习，有利于学习者从知识的发生、发展和所学知识高通路迁移的角度，构建所学内容与概念结构、学科结构、实践情境、问题解决之间的关联，有利于学生在充分掌握归纳与演绎、综合与分析、实践与反思的辩证关系中实现“学能启思”“学能致用”“学能创新”。

作为一个特定的意义结构，大概念不仅具有认识论、方法论和实践论的价值，而且具有抽象化、中心性、网络状、能持久、广泛迁移和可整合等方面的特征。这里所说的可整合，是可以整理、可以合并、可以合成的意思，即大概念可以将零散的知识或不同的教学内容通过特定方式进行贯通、衔接和有机结合，并因此生成更具有学习价值的教学整体。事实上，教学常以大概念为核心，形成大主题、主问题或者活动序列，将学生学习的子问题有效串联、转化为认知活动的序列，形成实质性的教学整合，并因此为更多学生进行更广泛、更深入的实践参与提供更有价值的学习场域、认知进阶和核心素养发展机会。比如，通过构建知识网，明晰教学内容中的大概念，形成具体概念、核心概念、大概念层级分明的知识网络；通过创设大的教学主题，外显教学内容中的大概念，建立教学内容中大概念与学习者日常生活实际之间的联系，促进学科语言与生活语言的相互转化；通过设计主问题，激活潜藏于教学内容之中的大概念，并因此抽象出特定主题情境之中的核心问题，使不同的子问题相互关联与纵横贯通，形成更有引领性和探究价值的主问题。

三、大概念对于整合性教学的两重属性

学生理解大概念的过程是其在头脑中构建思维文件夹、落实知识信息归

档、实现知识交叉调用的过程。无论是在学生自主的学习活动中,还是以教师教为主导的知识授受中,合理运用大概念都可以为学生的认知建构与思维发展发挥独特的联结与转化的作用,并因此使大概念对于整合性教学本身呈现特有的工具性属性和方法论属性。

一方面,利用大概念可以更好地整合学生已有经验与待学知识、已有知识与待学知识、本学科知识与其他学科知识的有关联系,不仅有利于教与学的主体把握所学知识的本质与联系,而且有利于教学的主导性主体更好地统摄不同学习单元的教学内容,更深入地采用逆向教学设计法,使教学目标的制定和表现性任务的确定更具统整性,更具体、有效地整合来自学科内部、学科之间和现实生活中的教学资源。

另一方面,围绕特定的教学主题,教师以特定的学科思想或方法为指导,能将学科的知识与素养有效地联结起来,塑造学生的学科观念,打通学生对于学科知识学习与核心素养发展的教学通道,促进学生将个体获得的学科活动经验及时向内转化为有利于认识提升、方法完善和价值建构的认知结构。

无论是在基于课时、单元的整合性教学中,还是在基于跨单元、跨学科的整合性教学中,高水平教师都通过审视教学中各个要素和环节的可融合性、可组合性,在“整体—部分—整体”教学思路的展开或教学活动过程整体优化的基础上产生教学设计、实施应有的聚集效应。这不仅有利于打破传统的以知识讲授为中心的单向性教学,变革学生时断时续进行相关教学资料研阅式的碎片化学习,而且有利于进一步聚焦学生关键能力的发展和思维品质的优化,在更加整合性的教学实践中促进学生认知结构的发展与完善。

大概念对学生的学习与发展具有较好的统摄、整合作用,以大概念为核心构建、落实整合性教学,可以在聚焦学生核心素养培养与发展的宏大视野中进一步深化课程与教学的改革。事实上,为了在课堂教学中真正有效地落实学生核心素养的培育,无论课程建设还是教学展开都需要自觉、主动地回到特定学科核心素养的内在要求方面,关注核心素养立德树人的基本特性和核心素养有效生成的内在逻辑。究其根本,学生的核心素养是由关键能力、必备品格和正确价值观念构成的有机整体,以核心素养为导向的课程教学要求更具整合性的课程教学样态。基于大概念的整合性教学不仅从宏观层面对教学活动进行了不同维度、不同要素的整合,而且从微观层面对教学活动的意义联结、经验转化和实践推动进行了落实。就意义联结而言,大概念可将特定的学科知识与学科素养有效地关联、对接起来,打通学生学科知识学习与素养发展的认知通道,基于大概念建构学生学科知识学习、学科素养发展的意义。就经验转化而言，大概念可以将学生个体的活动经验内化，即向内转化为具有“知识与技能”“过程与方法”“情意与价值”关联意义的认知结构，并基于这种有关联意义的认知结构不断丰满、生长、形成具有发展意义的核心素养。就实践推动而言，大概念可以推动学生的问题解决学习，推动学生基于大概念进行经验、知识、方法、观念、能力的整合，在不断把握事物本质及其内在关系的基础上巩固有利于学习者核心素养形成的学习活动。

四、以大概念为核心展开整合性教学的案例

大概念是学科知识与核心素养的桥梁、中介，以大概念为核心展开整合性教学的关键是发挥大概念在学生学科知识学习、理解与核心素养建构、发展中的联结作用、转化作用。学生基于大概念确定、大概念外显、大概念活化、大概念建构、大概念评价等活动强化问题探究、实践反思，可以有效整合与学科知识学习、核心素养建构不同要素、不同维度内部及相互之间的联系。下面以小学数学中“不规则平面图形面积”的教学为例，说明如何以大概念为核心展开整合性教学。

在小学阶段，“图形的测量”是非常重要的课程内容。通过图形的测量，学生应能体会测量的意义，认识度量的单位，体会并认识度量单位的实际意义，了解测量的基本方法，掌握基本图形的长度、面积与体积的基本测量方法、计算公式，能结合具体问题进行度量的估测。不规则平面图形面积的学习是在规则平面图形面积学习基础上展开的，由于不规则的图形大多数无法直接分割成已经学过的规则图形，所以不规则图形面积的求解需要结合具体的问题研究如何展开。作为常态化的数学活动，借助方格纸进行相关平面几何图形面积的估测，不仅有序呈现了与面积相关的教学内容，引导学生结合动手操作、观察思考进行图形面积的探索，而且在这样的活动中培养了学生估测的意识和策略。

比较不同阶段的教学可以发现，在规则图形面积探求的过程中，学生已经建立了一些重要的学习经验，比如，为了进行图形面积的估测，需要找到合适的测量标准，利用测量标准进行估计。那么，如何估测不规则图形的面积呢？基于已有数学活动经验，显然需要找到可以度量的标准。由此，教师不仅要引导学生体验问题策略解决的多样性和合理性，提高学生运用已学数学知识、数学方法解决新问题的能力，而且要引导学生基于大概念进行有深度的数学探究，基于具体问题的解决加深对所度量平面图形意义的理解，感悟蕴含于度量活动

中的数学思想。

就具体的教学展开而言，需要突出如下几个关键的环节。

环节 1：聚焦核心问题，确定大概念。

对于一个给定的不规则图形，如何准确计算出它的面积？这既是一个基本问题，也是一个核心问题。教学的展开，需在准确把握《义务教育数学课（2022 年版）》程标准新理念、新要求的基础上，吃透小学数学教材中相关教学内容，透过具体的教学内容与有待建立的估测方法，进行不规则平面图形面积计算方法的抽象、概括，即为了计算出不规则平面图形的面积，需要将相应的问题变成规则平面图形的面积计算问题，并据此确定出教学内容的大概念，即化归或转化的思想。对教师而言，为了确证所确定大概念的合理性，可以围绕大概念在有待开展的整合性教学中应具有哪些中介作用进行提前研究，研究与反思置于教学活动之前。比如，可以思考如下一些既基本又重要的问题：通过化归或转化的数学思想，能否有效联结教学主题对应的核心素养培养目标与学生的数学知识？通过化归或转化思想能否有效联结知识技能与过程方法？学生掌握了化归或转化的数学思想能否有利于不规则图形面积求解类问题的深度理解？能否有利于学生更加灵活地迁移运用？

环节 2：聚焦教学目标，外显大概念。

通过对大概念的表征、描述，将特定内容学习的核心目标具化为基于大概念进行核心素养培养的学习目标。就不规则平面图形面积的探求而言，教学目标所对应的大概念可从四个不同的维度描述。其一，学生需要“知道什么”——将不规则平面图形面积计算的问题转化成规则平面图形面积计算的问题。其二，学生需要“理解什么”——把不规则平面图形进行位移得到一个会计算的规则平面图形，通过计算规则平面图形面积求解原不规则平面图形面积；把不规则平面图形分割成会计算的简单图形，分别计算简单平面图形面积，然后求和而求解原不规则平面图形面积；把不规则平面图形补成一个规则平面图形，求出它的总面积，最后用总面积减去所填补图形面积以求解原不规则平面图形面积。其三，引导学生思考运用所建构的大概念“能做什么”——化归与转化的思想体现了陌生问题熟悉化、复杂问题简单化、未知问题已知化的原则，可以广泛应用于生活中不规则平面图形面积计算的问题。其四，要思考学生拥有了大概念“想做什么”——内化了化归与转化思想之后，可以更广泛地应用于实际问题的解决，既有陌生问题的熟悉化、复杂问题的简单化、未知问题的已知化，又有抽象问题的具体化、一般问题的特殊化、特殊问题的一般化，多角度、多渠道实现所学知识的迁移运用。

环节 3：活化大概念，具化待解问题。

学生对问题的分解与解决过程就是活化与发展大概念的过程。教师在操作层面可以根据大概念设计出核心问题，根据小概念设计出子问题群或纵横关联的子问题串。在不规则平面图形面积的探求中，教师可以根据“化归与转化思想”这个大概念，将核心问题设计为“如何计算不规则图形的面积”，或者设计为更具化的核心问题——“如何计算出三角形、平行四边形、梯形的面积”。围绕所设计的核心问题，可以进一步将其分解为相互联系、相互支撑的子问题：① 在平面几何图形面积的计算中，你认为三角形与长方形、正方形有什么不同？② 你有哪些方法可以计算出一个三角形的面积？③ 你所运用的这些方法，背后有没有共同的道理？如果有，是什么？④ 你所发现的道理能不能有效运用平行四边形面积和梯形面积的计算？如果能，如何具体地运用？能不能说说你的思路？这些子问题分别指向“不规则平面图形”“位移法”“分解法”“割补法”“将不规则平面图形转化为规则的平面图形”“转化思想可广泛应用于不规则平面图形面积计算”等小概念。

环节 4：基于问题分析与求解，建构大概念。

教师引导学生分析、求解所设计的核心问题及相关的子问题群、子问题串，基于问题的解决进行概念的建构。在“不规则平面图形的面积”一课中，教师可以从“计算平行四边形草坪的面积”“计算三角形草坪的面积”“计算梯形草坪的面积”的实际问题出发，提炼出“如何计算不规则平面图形面积”的问题，根据以上小概念及其对应的子问题，分别设计出环环相扣的学习活动：① 激趣启思，提出问题；② 对比分析，尝试解决；③ 问题推进，积累经验；④ 反思事理，领悟思想；⑤ 操作实践，验证思想；⑥ 抽象概括，迁移应用。在具体的数学活动展开过程中，教师可以引导学生沿着“下位→上位”“外围→中心”“表层→里层”的路径循序渐进地建构大概念；让学生在动手实践、合作交流的数学活动过程中感悟影响不规则平面图形面积大小的关键量，认识平行四边形、三角形等不规则平面图形的底和高，探究并掌握不规则平面图形的面积计算公式；让学生在经历观察、动手操作、数学推理等数学活动过程中，深度理解面积测量的本质，建立不规则平面图形和规则平面图形面积计算之间的联系；基于问题的分析与解决，促进学生数学学习进阶和核心素养建构。

环节 5：评价大概念，推进教、学、评一体化。

在核心素养培养的导向下，以大概念为核心展开整合性教学不仅要把大概念列入教学的目标，而且要在评价环节检测学生对大概念实际掌握的程度，并据此评价学生核心素养培养目标的达成度。为了实现上述目标，教师在整合性教学中要注意收集学生在特定数学活动任务中的作品，给学生提供展示想法、解法的机会，合理利用外部表征工具对学生大概念的建构以及学习进阶的过程进行外显，通过课堂观察、课堂提问、课后练习、课后访谈和学业测评等多元方法进行教学效果的评判，它们可以包括但不限于：教师对于大概念选取的适切度；实际教学活动中学生所建大概念的层级结构及其清晰度；学生所掌握的核心数学知识及其对所学数学知识的高通路迁移度；经由教学活动学生核心素养目标培养的达成度。

第四章 数学中的大概念与数学大概念教学

数学是研究现实世界空间形式或者数量关系的科学，是抽象性、严谨性、应用性、结构性很强的一门学科。数学概念是反映事物在量或形方面本质属性的抽象思维形式，不仅构成了数学内容的基本点，而且是数学活动中有逻辑地导出定理、公式、法则的出发点和重要依据。较之于一般性、基本性的数学概念，数学中的大概念有其独特的内涵与突出的特征。以大概念为核心的数学课程与教学有助于学生从整体上深刻理解数学概念，建构数学知识体系，发展数学核心素养。分析数学中的大概念与数学大概念教学，不仅有利于师生对数学教学内容的深化理解与优化整合，而且有利于经由有效的数学教学活动落实学生核心素养培养的课程与教学目标。

第一节 数学中的大概念

数学学科从根本上说离不开数学概念，数学概念是由数学的定义性特征和要素整合机制所引导的命题范畴，是建立数学理论、完善知识系统的着眼点。数学中的大概念一方面区别于与某个具体知识点相关联的、一般性的数学概念，另一方面也与日常的数学概念有着密切的关系。对数学概念进行抽象、概括，可以提炼出数学中的大概念，通过大概念可以将众多的数学概念既有数学意义又有逻辑相关地联系起来。

一、国外关于数学大概念的几个观点

美国的兰德尔·查尔斯(Randall Charles)于 2005 年给出数学中大概念的一个界定，即“大概念是数学学习核心观念的陈述，能把各种数学理解联系成连贯的整体”。该界定有三个关键的要素：大概念是一个陈述或形式，大概念是数学学习的核心观念或关键范围，大概念能把各种数学理解联系成一个连贯的整体。当一个人理解了大概念，数学就不会再被视为一组不连贯的概念、技能和

事实，相反，变成了一套连贯的思想。

克里斯·赫斯特(Chris Hurst)推广了查尔斯关于数学大概念的有关观点，认为大概念是学生学习数学时处于中心地位的内容。他把有清晰学习顺序、学习轨迹的数学大概念以及能逐步发展且具有清晰学习转化轨迹的数学大概念统称为“序列大概念”，对查尔斯所提出的21个数学大概念进行了整合。具体地说，赫斯特采用了“分类”的大概念模型，将大概念分为“内容大概念”和“过程大概念”。“内容大概念”又分为“伞状大概念”和“序列大概念”①，“过程大概念”是指向数学活动或者过程的大概念、大的过程性观点。赫斯特认为大概念之间是相互发展和相互支撑的，具有非常重要的“联系”功能。这是因为，数学中的“小概念”或“微内容”可以有机地联系在一起，并因此使数学内容成为一个连贯的整体。

数学大概念与数学概念有关，但不等于数学概念本身。例如，方程是一个数学概念，但是“方程概念”与“方程大概念”是不等同的。这是因为，“方程概念”是指方程式，通常指的是含有变数或者未知数的等式。这些含有未知数的方程有许多具体的例子，比如，它们可以是一元一次方程、三元一次方程(组)、分式方程，等等。“方程大概念”是指“方程”的思想，探索的是“分析变量与恒等量”，可概括为在分析问题时，分析并确定情境中的变量和等量，从而建构方程或者方程组，需要依靠方程的性质进行探索，然后解决问题。

较之于一般、具体的数学概念，数学中的大概念在数学学科中处于核心的位置，被认为是数学教学活动中最有价值的概念。与此相关，数学家、数学教育家、一代几何学权威菲利克斯·克莱因(Felix Klein)在较早时候就强调了数学教育教学中的高观点，他认为“数学教师应具有较高的数学观点，观点越高事物就越显得简单”。就什么样的数学教育能让学生受益终身这一问题，日本数学教育家米山国藏曾给出自己的答案——学生们在初中、高中等接受的数学知识，毕业进入社会后几乎没有什么机会应用，所以通常出校门不到一两年，很快就忘掉了。然而，不管他们从事什么工作，唯有深深铭刻于头脑中的数学的精神、思维方法、研究方法、推理方法和着眼点等(若培养了这方面的素质的话)，却随时随地发生作用，使他们受益终生。② 菲利克斯·克莱因所说的“高观点”

① 李杰民. 数学学科大概念及其教学研究[D]. 广州：广州大学，2021.

② 米山国藏. 数学的精神、思想和方法[M]. 毛正中，吴素华，译. 上海：华东师范大学出版社，2009：序.

以及米山国藏所说的“数学的精神、思想和方法”本质上都是相同的，即它们都指向学生所学数学知识的本质、数学学科的核心内容，是居于数学中心地位的“大概念”。基于这样的理解，显然可以将数学大概念视为能够帮助学生解释（或衔接）过去学习的内容、理解当前的学习并为未来学习做准备的关键理论、关键数学思想与观念。例如，“图形抽象于现实”就可以被视为初中阶段学生在图形与几何领域知识学习的一个大概念，因为这一观念是理解有关几何图形的重要大概念，它不仅能说明“三角形抽象于现实”，而且也可以说明在初中阶段数学学习中所遇到的矩形、正方形、菱形以及一些不太熟悉的图形的抽象性。更一般地分析，高观念、大概念之所以重要，是因为数学中的大概念能反映数学内容的本质、体现数学的思想与方法，能优化学习者的数学知识结构，促进有效的学习迁移。

回顾数学教育的历史可以发现，数学教育中对于大概念的重视甚至可以追溯到 20 世纪 60 年代国际社会关于“新数学”的运动。比如，当时有许多数学家都认识到使用集合理论开展数学课程与教学的重要性，不过，这一洞见并没有得到广大一线数学教师以及普通数学学习者的重视。① 曾担任墨尔本蒙纳士大学教育学院兼职教授的麦克・阿斯库（Mike Askew）在研究中指出，学生如果没有经历数学大概念的学习，那么他所获得的数学进步其实可能是有限的。之所以如此，这是因为数学大概念为学习者提供了数学知识的组织结构，支持学习者进一步的数学探究和归纳。如果学习者能在不同数学观念之间建立联系，他们的学习就会变得更加丰富、深入、持久。②

从以上分析不难看出，在数学活动中，数学的抽象性、严谨性、应用性、结构性不是存在于表层的数学符号，而是存在于构建相关数学知识的数学概念及其内在的意义。数学活动中的大概念与数学的公理、定理、思想与方法紧密相关，不仅能反映数学学科的本质，而且能反映数学探究者的数学思维观念及其对数学概念的整体认知，具有广泛的适用性和解释力。学生对新数学概念的学习基于已有数学概念的认知与联结，比如，为了学习微积分这一概念，学生需要与以前所学的诸如极限、无限、度量、速率、形状、函数等数学概念进行联结。这表明数学学习不仅离不开数学概念，而且不能止于已有的数

---

① KLINE M，SCOTT D E. Book and film reviews：a better way to teach mathematics：why johnny can't add：the failure of the new math[J]. The physics teacher，1973，11(9)：564-565.

② ASKEW M. Big Ideas in primary mathematics：issues and directions[J]. Perspectives in education，2013，31(3)：5-18.

学概念。为了拓展数学学习的内容和提升数学学习的深度，教师在数学教学中需要将学生已学的数学概念进一步凝练为层次更高的大概念，并不断增强学生所学数学知识的抽象与概括程度，防范、克服学生在数学知识学习中的碎片化现象。

二、我国数学课程与教学中大概念的知与行

在我国，对数学大概念的理解并没有唯一或标准的观点，总的来说，有时会偏向"数学大观点""数学大观念""数学核心概念"等彼此相近的观点。比如，学者章建跃认为，在数学教学中一般观念能够引领学生开展前后一致、逻辑连贯的数学活动①，对学生学会用数学的方式进行观察、思考、分析以及发现问题、提出数学问题有指路明灯的作用。在这里，"一般观念"与"大概念"在内涵上就具有一致性。之所以如此，是因为一般观念较为一般地回答了数学对象的定义方式以及几何性质、代数性质、函数性质、概率性质的"所指"，是研究数学对象的方法论，"是对内容及其反映的数学思想和方法的进一步提炼和概括"②，并因此能使数学教学的内容具有自身的整体性，在数学课程建设中可以进一步改进数学课程内在的结构性。学者涂荣豹等认为"把握数学和驾驭教材的前提，是把握数学的大观点和核心概念"③。学者张丹、于国文不仅介绍了国外跨学科及学科内部大观念课程设计的案例，而且主张大观念的教学理念，认为数学大观念是内容、过程和价值的融合，基于"观念统领"的单元教学是帮助学生构建、发展数学素养的重要途径，提出了"观念统领"单元教学的设计模型。④

许多一线的数学教师虽然没有明确地给出大概念的定义，但是在数学教学实践却有着大概念运用的实践举措。比如，有小学数学教师在"估算"内容的教学中，不是着眼于具体估算技巧的"精琢细磨""千淘万漉""反复练习"，而是设置一个具有一定挑战性的具体的问题情境，引导学生在解决问题时思考究竟使用笔算、口算还是估算？为什么要进行这样的选择？解决什么样的问题更适合

---

① 章建跃．核心素养导向的高中数学教材变革(续4)：《普通高中教科书·数学(人教A版)》的研究与编写[J]．中学数学教学参考，2019(28)：7-11．

② 章建跃．核心素养导向的高中数学教材变革(续4)：《普通高中教科书·数学(人教A版)》的研究与编写[J]．中学数学教学参考，2019(28)：7-11．

③ 涂荣豹，王光明，宁连华．新编数学教学论[M]．上海：华东师范大学出版社，2006：68．

④ 张丹，于国文．"观念统领"的单元教学：促进学生的理解与迁移[J]．课程·教材·教法，2020，40(5)：112-118．

选用估算的方法？如何才能实现既准确又快速的估算？估算有哪些基本的方法？不同的方法有哪些核心的要求？通过将三种不同“算”的形式放置在同一情境中讨论，帮助学生更好地明晰估算适用的范围及价值，培养估算意识。对照《义务教育数学课程标准(2022 年版)》中“能够理解运算的问题，选择合理简洁的运算策略解决问题”“估算教学要引导学生在具体的问题情境中选择合适的单位进行估算，体会估算在解决实际问题中的作用，了解估算的实际意义”“估算教学要借助真实情境，引导学生在选择合适单位估算的基础上，感悟选择合适的方法估算的重要性，提高解决问题的能力，发展初步的应用意识”等要求，可以认为，这些一线的数学教师不仅围绕教学效果提升积极、主动地展开了相关的数学教学设计，而且是在相关理念指导下展开教学设计。仔细分析可以发现，许多教师不知不觉地把“估算意识发展”“运算能力进阶”这两个大概念寓于教学之中，只不过没有明确地给出大概念的称呼罢了。

在义务教育阶段，数学教育中的大概念与《义务教育数学课程标准(2022 年版)》有着密切的联系。比如，《义务教育数学课程标准(2022 年版)》中所强调的与数学学习有关的“结构”“联系”“迁移”，这三者无疑是“大概念”内涵的本质。一方面，理解是“结构”“联系”“迁移”的基础，理解可以促进高通路的“迁移”。另一方面，“结构”和“联系”是“大概念”实现“迁移”的必要基础。例如，在图形与几何领域的学习中，我们需要研究图形的性质，那么，图形的性质又是由什么决定的呢？从“结构”“联系”的角度来分析，可以发现“组成图形的元素决定图形的性质”，这既是一个观点，也是一个大概念，可以指导初中阶段图形与几何的性质研究，其功能可以体现在全等三角形与平行四边形的联结中，这是因为，“平行四边形可以由全等的三角形组成，也可以分成两个全等的三角形”。

尽管《义务教育数学课程标准(2022 年版)》并没有直接地阐明数学学科中的大概念，但是在对数学课程标准以及义务教育阶段的数学教科书等相关内容或者基本架构进行必要的研究后，也不难发现，大概念其实存在于数学的关键性架构、重要性主题和核心性概念之中，经过必要的凝练、升华就可以得到义务教育阶段数学教学中的大概念。就数学的基本思想而言，《义务教育数学课程标准(2022 年版)》强调了抽象、推理和模型三个基本的数学思想，强调数学教学不仅要重视知识与技能的教学，而且要重视数学思想方法的教学。就培养目标及对应的教学方式而言，《义务教育数学课程标准(2022 年版)》提出了核心素养的培养目标，强调为了实现核心素养导向的教学目标，不仅要整体把握教学内容之间的关联，还要把握教学内容主线与相应核心素养发展之间的关联，提出了“大单元”“大任务”“项目化”等新型的教与学的方式。所有这些都要求广大数学教师能与时俱进地进行教学变革，特别要注意强化对数学本质的理解，关注数学概念的现实背景，引导学生从数学概念、原理及法则之间的联系出发，建立起有意义的知识结构。这些要求有着本质性、整合性、主题性与核心素养方面的指向，强调通过合适的主题整合教学内容，通过整合教学内容强化数学学科本质；通过课程与教学的深度优化帮助学生学会用整体的、联系的、发展的眼光审视现实世界与符号世界中的数学问题，形成更加科学、更加理性的思维习惯，更主动、更自觉地发展核心素养。

在数学课堂教学中，实现核心素养的转化离不开大概念，实施新型的教与学方式也迫切需要用大概念进行统领，大概念不仅从理念上而且从行动指导上，引导着数学教师践行《义务教育数学课程标准（2022 年版）》的理念、培育学生核心素养、提升数学教育育人质量。数学中的大概念在某种程度上也是对包含数学概念、数学命题、数学程序、数学思想方法等数学知识的相关本质的总体认识，并因此成为与数学观念有密切关联的一个概念，但这不等于说数学大概念就是数学观念。事实上，数学中的大概念是与数学观念有关联的、关键的、特殊的数学概念。这里所说的关键、特殊不仅表现为大概念是广义且具有连贯性的数学概念，并有可能成为对数学学习至关重要的观念，而且表现为它是具有强关联性的数学知识，超越了狭义数学概念的内容和具体数学原理的形式，可以延伸到数学思想方法、思维策略和哲学观念层面。有效的数学教学需要通过关联、回顾、总结、拓展、整合学生已有的知识与经验，引导学生深度思考，基于已有的认知基础和活动经验提升数学思维的层次，实现数学知识向数学观念的跃升，并因此实现大概念学习与数学观念发展在数学教学活动中的协同。高水平的数学教师通常会借助大概念帮助学生构建顺应规律的知识体系，例如，按照类似图 4-1 所示的图形，教师可以帮助初中学生构建由函数这一大概念统领的“数与代数式”知识体系，并因此建立数与代数式的横向关联，以及数与有理数、无理数，式与方程、不等式、函数的纵向结构。这也表明，数学中的大概念统整着数学学科的结构要素，是数学学科的核心内容，也是把各种数学理解联系成连贯整体的数学思维方法，代表了对数学本质的理解。

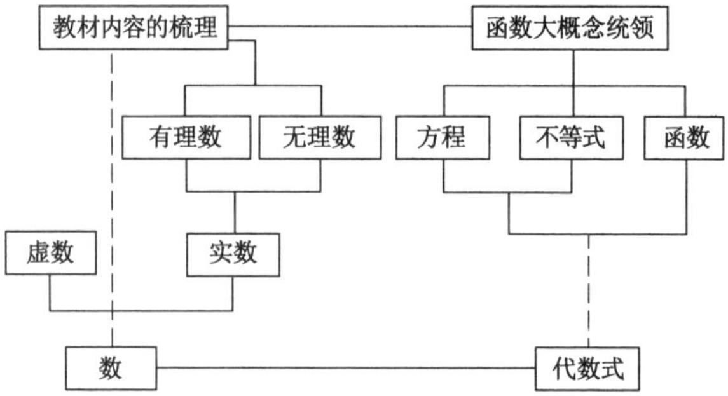

图 4-1 函数大概念对“数与代数式”的统领

第二节 数学大概念的教学价值

数学中的大概念之所以更为重要，是因为数学中的大概念是蕴含于数学学科事实性知识中的核心概念，是对现实世界数量关系或者空间形式更为宏观的概括性认识；是因为通过大概念可以将数学的内容看作一套具有连贯性的数学思想和知识体系，能将数学活动中关键的思想、方法和相关的数学活动内容联系起来，可以从庞杂、多维的数学知识体系中厘清特定数学内容的核心架构，更深入地理解数学学科及相关的数学活动。

一、大概念赋予师生进行数学联系的机会

对学生而言，借助于大概念可以将一些松散、碎片化的数学知识点进行联结。例如，学生虽然已经学习三角形、三角形全等、三角形相似等知识点，具备了一定的数学抽象、直观想象和逻辑推理等方面的能力，积累了分析几何图形、解决几何问题的一些经验，但是，这些数学知识、基本图形是在不同阶段学习的，具有相对零散性的特点，因此可以借助有关的大概念将这些虽然已经拥有但是实质性处于松散、碎片化状态的数学知识点进行联结。由于相似三角形是学生已学的全等三角形及其相关性质、判定的拓展、延伸、提升，因此，可以借助“相似三角形”这一大概念，进一步联结“全等三角形”相关的知识内容，并进行已有数学知识的迁移应用。具体做法包括：第一，联结全等三角形的概念，引导学生展开有一定深度的数学思考——全等三角形的边、角有哪些特征？相似三角形有哪些特征？相似三角形与全等三角形有什么关系？第二，联结全等三角

形的性质，并据此引导学生探究相似三角形可能存在的性质，引导学生思考——已学过的全等三角形，从量化角度来分析，有哪些基本的特征？这些基本的特征在相似三角形中有哪些可以被进一步保留？有哪些需要进一步扬弃？能否猜想所探究的相似三角形有哪些性质？能否对猜想出的性质进行证明？这些性质有哪些应用？第三，联结全等三角形的判定定理，探究相似三角形的判定，引导学生思考——全等三角形判定定理的内容是什么？如何判定两个三角形是否相似？能否猜想并证明相似三角形的判定定理？概念、性质、判定定理是数学大概念的重要内容，回顾已学全等三角形的数学知识，借助数学大概念，学生可以进一步自主、有效地理解三角形相似的性质定理，建构三角形相似的判定定理，更深刻地理解已学全等三角形是待探究相似三角形的特例。

对教师而言，通过大概念，可以将相关教学内容联结成更具结构化的单元。比如，在小学阶段，“图形的运动”涉及轴对称、平移、旋转等刚体运动及放大、缩小等形变运动，由于内容本身复杂且被分散地安排在四个不同的学段，很容易造成学生数学认知的碎片化或片面化。在学习“轴对称图形”时，有一些学生更多的是从“画图”操作层面理解学习内容，即认为之所以要学习“轴对称图形”，主要为了更好地画出轴对称图形的另一半，认识不到“轴对称图形”与“运动”的关系，视平移、旋转为所画出图形运动后的位置。不同数学概念之间的关系模糊，“图形的运动”在理解上出现了“认知断层”。好的教师会结合学生在生活中所遇到的一些实例，引导学生感受轴对称、平移、旋转的现象，分析“图形中什么变了？”“图形中什么保持不变？”“如何看待从一个图形到另一个图形的变？它们是如何变的？”通过“变与不变”这一数学大概念统领与“图形运动”有关的教学内容，能让学生更好地理解轴对称、平移、旋转这三类基本的图形运动，不仅知道这三类运动的基本特征，而且会理解它们之间的关系，会用图形的运动认识、理解和表达现实世界中相应的现象。

二、利用大概念可以促进学生数学知识的结构化

比如，在小学“正反比例”的教学中，有一些教师会先引导学生进行正比例关系式和图像等知识的学习，然后学习正比例的相关知识，在此基础上引导学生进行反比例知识的学习。这样的教学虽然也突出了学生在数学学习活动中的主体性，但是这种学习的主体性并没有与学习内容的关联性进行深入的对接，因为，这种教学引导更多地强调了以知识点为单位进行的学习。从教师教学的立意来说，这种教学强调了基本的事实和概念，重视学生对于知识的累积与应用。从教师教

学的效果来说，虽然许多学生能有效地判断两种量是否成比例以及成什么比例，但是大多数学生并不能从整体上获得所学数学内容的认知。这就会导致一些负面的教学效果，随着时间的推移，学生不仅会将所学的知识很快遗忘，而且也没有能从这一学习经历中获得数学思想、方法、策略的有效启迪。

那么，有没有改进、改善这一教学现状的办法呢？

从大概念出发，可以将正反比例两部分内容进行有机的整合，比如，教师可以从“内涵”“关系式”“图像”等视角展开板块式的学习与反思。由此，需要进行教学设计思路的转变。一方面，需要引导学生进行正反比例的比较，通过比较掌握正反比例的相关知识，学会真正区分两种相关联的量的关系。另一方面，需要引导学生用更深度的学习取代断断续续的学习。

就具体的教学展开而言，可以在正比例教学目标有效实现的基础上，引导学生通过自主学习掌握与反比例内容密切相关的知识，并在课堂上进行正反比例学习内容的比较，从中提炼出研判正反比例的相关方法，形成诸如“相关联的量”“商”“积”等与正反比例判定密切相关的“大概念”。

三、利用大概念可以促进学生数学活动过程的优化

例如，“三角形三边关系”是小学阶段非常有价值的一个教学内容，该教学有一个内容上的重点和认知上的难点，即如何引导学生真正认识到围成一个三角形的必要条件。一旦“两条边的长度和等于第三条边的长度”，三条线段能否围成三角形？如果不能，图形的形状是什么？为了强化这里的教学重点，突破认知难点，教师在教学中可以将“三边关系”这一数学大概念作为教学活动的内在支撑。

具体而言，可以用“围”这一操作性的“大概念”展开实验教学。首先，需要教师给出结构性的实验素材，例如，给出长度为 3 厘米、5 厘米、6 厘米、8 厘米、10 厘米的五根小棒，让学生从中任意选出三根小棒，尝试围成三角形。其次，需要教师引导学生进行数学实验。在实验过程中，有学生会发现，当有两根小棒的长度和大于第三根小棒的长度时，三根小棒就能围成三角形；当两根小棒的长度和小于第三根小棒的长度时，三根小棒就不能围成三角形。学生通常会对这两个结论表示认同，基本上没有认知方面的分歧。不过，当出现了“两根小棒长度和等于第三根小棒的长度”这一情况时，学生对于“能否围成三角形”以及“所围图形的形状究竟是什么”，有可能产生不同的意见。教师可以通过不同次数、不同规格的小棒围成三角形的实验以及多媒体课件的演示，让学生认识到

“三根小棒重合而不能拱起来”的事实；通过实验、分析、研判，让学生认识到“两根较短的小棒长度之和大于最长小棒长度，就可围成三角形，否则就不可能围成三角形”。

从中可以看出，教师引导学生进行实验、分析、研判，不仅帮助学生建立了“三角形三边关系”这一数学大概念的正确认知，而且使更多的学生通过操作、交流与互动学会了更有深度的数学思考，在更有深度的师生、生生互动与交流中构建、发展着更大、更强的数学思维。

四、利用大概念可以促进学生数学认知的跃迁化

以小学阶段“多边形的面积”这一主题的教学为例，大多数教师习惯于先教学平行四边形面积，然后教学三角形面积，最后教学梯形面积。这种教学就认知顺序而言有一定的优势。一方面，便于通过数学上的推导展开教学。另一方面，“平行四边形面积”教学的起点比较低，将平行四边形转化为长方形进行面积的求解比较自然，将“平行四边形面积”作为“多边形的面积”教学的起始课也较为合理。不过，由于将平行四边形面积转化为长方形面积进行求解时的转化方法是剪拼法，将三角形面积转化为平行四边形面积求解时的转化方法是倍拼法，这两种不同转化方法的切换因跨度大而让部分学生觉得难以理解。由于不理解，所以学习中就会产生死记硬背的现象，不仅不利于面积求解“转化”这一大概念的建立，而且容易造成学习者数学思维的定式。

由此，教师就需要对那些“看起来合理”“已经习惯了”的教学方式与方法进行变革。教师不仅要知道“多边形的面积”这一主题的教学中有一个非常关键的点就是提炼、概括和总结出“转化”这一大概念，而且要知道运用“平行四边形面积”作为教学起始课有可能存在着一些先天性的不足。教师要认识到“转化”这一大概念有效教学的关键是引导学生在思考、探究、推导等数学活动过程中充分、深入地感受、体验、生成数学思想方法，将被动操作式的数学学习及因此形成的碎片化数学知识连点成线、织线成网，从整体上认知、把握教学内容，拓展数学思维。

那么，究竟如何才能有效利用“转化”这一大概念促进学生“多边形的面积”数学认知的跃迁呢？深入分析苏教版、北师大版的教材可以获得一些启示。实际上，苏教版、北师大版的教材并没有将“平行四边形的面积”作为“多边形的面积”教学的起始课，而是将“方格图中的图形”作为起始课。仔细分析可以发现这种教法有一定的道理，这是因为，方格图作为面积度量的媒介，不仅可以让学

生更好地体会面积单位的密铺，而且能使学生从密铺这一数学活动中认识到几何图形面积的本质是面积单位的累加，基于直观的数学活动实现面积概念的抽象化理解。

基于这种理解，学生的数学思维就可以更加开放。比如，尽管都是运用“转化”这一大概念进行图形面积的探求，并因此实现将未知图形转化为已知图形的目的，但是，转化的方式可以进一步拓展。比如，除了将平行四边形转化为长方形，三角形转化为长方形、平行四边形，梯形转化为长方形、平行四边形，借助于切割、拼贴两种方法，平行四边形、三角形、梯形也可以统一以长方形为依托进行面积求解的转化，转化之后，可以选择方格图进行面积的探究。随着学生数学知识的积累，在中学及以后的数学学习中可以利用“对应”大概念进一步深化学生对于多边形面积的认知。事实上，尽管线段长度、平面图形面积、立体图形体积有着各自不同的或直观或抽象的含义，但从测度论的角度分析，这些不同的含义背后有着数学上的共通性，即它们都是不同集合的测度。所谓平面几何图形的面积，是指平面内诸如圆、三角形、长方形、椭圆等任意一个封闭图形(规则的或不规则的图形)都是点的集合，都有一个数(多边形的面积)与这些集合对应。为了探求平面几何图形的面积，可以将平面图形分成规则的和不规则的两类。对于诸如正方形、长方形、三角形、平行四边形、梯形、圆等规则的平面图形，可以从数学的角度推导出面积公式。对于一些不规则的图形，虽然不能进行面积公式的推导，但是可以使用割补等手段转化成规则图形，然后使用面积公式。如果有些图形没有方法进行转化，可以使用方格纸对几何图形面积进行近似计算。具体而言，是把1个平方单位透明的正方形小方格纸覆盖在不规则图形上，先数一数不规则图形内部有几个完整的小方格，再数一数不完整的小方格数，将每个不完整小方格算为半个，就可近似地知道所探究不规则图形的面积。

五、数学大概念教学有助于课改教学理念的落实

从传统的数学知识与技能讲授转向学生核心素养的培养与建构，围绕大概念深化数学课程改革，优化数学教学实践，是广大数学教师落实义务教育数学课程标准要求的重要抉择。在数学教学活动中，大概念是知识整体中的关键节点、关联节点，是数学教与学的核心和载体，是数学知识网络中极其重要的“纽结”，能帮助学生深层次地理解数学知识，是“少即是多”教学理念的重要体现。比如，在小学阶段，“平均分”这一数学概念就是帮助学生勾连整数、分数和小数

等数学概念的桥梁和纽带。这是因为，只有当学生真正理解了“平均分”这样一个看似显然、简单的大概念，他们在数学活动中才能有效地认识、整合、沟通整数、小数和分数的联系。究其根本，小数是不带分母的十进分数，小数是将“整数1”平均分成10份、100份……表示一份或几份的数；分数是将“单位1”平均分成若干份，表示其中的一份或几份的数。如果学生在头脑中真正有效地建构了“平均分”这一大概念，那么，他们就能非常深刻地理解小数的意义、分数的意义，并因此能建立更加完整的“数概念”。由此可见，数学大概念对于学生优化数学学习过程具有十分重要的作用，大概念不仅奠定了学生理解相关数学知识的基础，而且在“少学”的前提下使学生所学的数学知识意义更加持久。这也表明，通过大概念，教师可以更有针对性地设计指向学生核心素养培养的数学活动与任务，可以进一步优化数学活动序列的教学设计。

数学大概念包含了基础知识、基本技能、基本思想和基本活动经验等多方面、结构化的核心知识。新加坡2018年召开的“第十三届数学教师大会”的会议主题为“数学教学：数学大概念”，该会议将大概念定义为“在学生学习中居于中心地位的，且能将多样化的数学概念联结为统一整体的那些清晰的、主要的概念”。2020年实施的新加坡中学数学大纲将数学大概念嵌入到“性质与关系”“运算与算法”“表征与交流”“抽象与应用”四个主题中，运用大概念引领数学教育教学改革的意向非常明显。[①] 在小学阶段，除了没有函数与模型的大概念及相关要求，大概念的其余方面基本与中学阶段大同小异(可参见表4-1)。

表4-1　新加坡小学数学教学中的大概念构成及解释

大概念	主题	具体解释
图表	表征与交流	图表是现实世界或数学对象的简洁、直观表征，用于传达对象的性质，促进问题的解决。 理解不同图表的含义、特征、约定及构造，有助于探究和交流重要的数学结论
等价	性质与关系 运算与算法	等价是一种表达两个数学对象“相等”的关系，可用两种不同形式予以表征。 从一种形式等价转换到另一种形式，是分析、比较、解答等多种操作的基础

① 廖运章，张铭慧.大概念取向的新加坡2020中学数学大纲述论[J].教育导刊，2022(4):85-96.

表4-1(续)

大概念	主题	具体解释
不变性	性质与关系 运算与算法	不变性是数学对象的一种属性,当数学对象经过某种形式的变换时仍保持不变。 很多数学结果都保持不变性,有时为一类对象的一般属性。 每个实例,都有一个数学对象(如数字序列、几何图形或一组数字数据),一个操作(如重排或操作),一个数学对象的不变属性
测量	抽象与应用	数用于量化各种现实世界现象或数学对象的属性,以便分析、比较和排序。 很多测量都有单位;大多数情况下,零表示不存在的性质;一些特殊的值,例如一个单位,可作为有用的参考;有些测量用公式表示,例如面积=长×宽;也可将两种测量合成新测量,例如速度由距离和时间结合而成
符号	表征与交流	符号象征性地表示数学对象及其运算关系,书写简洁和精确,为数学使用者提供有助于数学思想交流的书写系统。 理解数学符号的意义以及使用方法(包括规则和约定),有助于探究和交流重要的数学结论、性质与关系、推理和问题解决
比例	性质与关系	比例是两个量之间的一种关系,根据乘法一个量可从另一个量推算出来。 比例在数学的日常应用中很常见,涉及分数、比例、比率和百分比的问题通常需要使用比例。 基于比例概念,两个变化的量的比率保持不变

数学学科中的数、式、关系和函数、方程和不等式、形状和立体图形、可能性等都可以成为中小学数学活动中的大概念。以“式”这一大概念为例,它不仅表征着学习者数学思维的发展,而且表征着不同学习阶段数学学习内容的扩展和规律。图4-2以思维导图的形式直观展现了“式”这一大概念中一些具体的概念及关系。立足于该思维导图,不仅可以看到“式”是数的一般化,而且可以看到数也是具体化的式。通过“式”的性质可以看到运算的不变性、规律性,相关概念、运算和性质随着式的建立而拓展、扩张,这种拓展、扩张也是数学追求自由、突破封闭的需要。通过拓展、扩张,与“式”有关的研究内容更加丰富,不仅涉及相关的概念、性质、运算、关系,而且涉及方程、不等式、函数等数学模型以及抽象、类比、归纳、演绎证明、等价化归等研究式的基本思维方法。基于这种分析,

可以进一步认识到初中与小学在"数与代数"领域最大的区别就是"代数"内容的学习。经由"用字母表示数"，建立"式"的大概念，不仅可以表达不同的量，而且可以把变量间的关系表达为函数、模型，发展符号化的数学语言，建构方程、不等式等与"式"密切相关的数学知识。

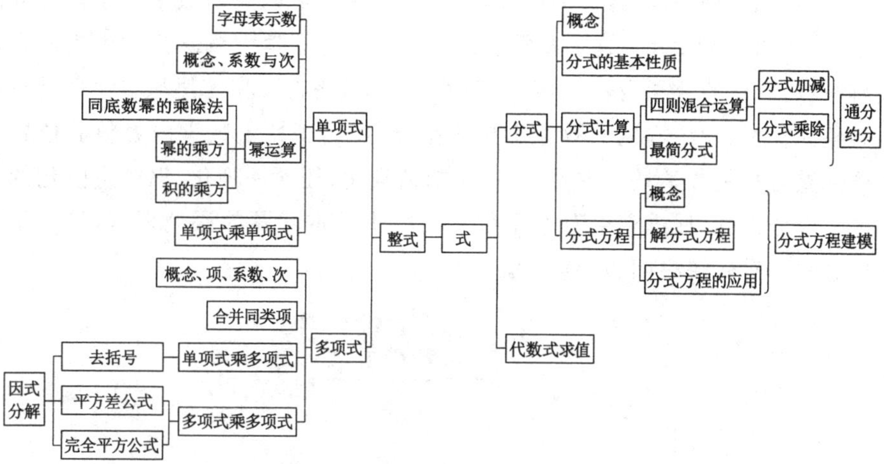

图 4-2　"式"大概念的思维导图

根据兰德尔·查尔斯等人的研究，数、十进制的基础、等价、比较、操作意义和关系、特性、基本事实和算法、估计、模式、变量、相称性、关系与函数、方程和不等式、形状和实体、方向和位置、变换、度量、数据收集、数据呈现、数据分布和可能性等都可看作中小学数学领域中重要的大概念。某种意义上，这 21 个大概念可构成学生数学核心素养进阶的支架。

第三节　数学大概念教学

数学大概念教学可以强化数学教学中学习内容上的整体性和学生认知上的结构化，突出不同数学知识点之间的相互关联与单元化组织。这样不仅有助于学生将诸如定义、定理、公式、命题等零散的内容整合起来，而且有助于学生提高数学学习的站位，透过琐碎、具体、繁杂的数学符号、数学概念、数学命题、数学公式等理解所学内容背后的数学思想方法、数学思维模式，更加深入地理解数学活动的意义以及所学内容的数学本质，建立所学数学知识、基本概念、数学思维、思想方法和核心素养等不同要素之间的联结，使数学教学更加契合义务教育数学课程改革的新要求及“生本化”数学活动的特点。

一、数学大概念教学的内涵

数学大概念是数学学科的精髓与灵魂，在数学教学中，大概念是学生的数学知识与技能通向核心素养的阶梯，也是核心素养嵌入具体数学教学内容的固定锚点，如图 4-3 所示。数学大概念教学旨在通过数学大概念让学生更深入地理解、贯通所学的数学内容，学会深度学习，培养核心素养。其基本含义是指以内容整体化、认知结构化的教学思想为指导，用居于特定数学内容核心位置的大概念整合相关数学教学内容，通过认知结构化、任务序列化、思维进阶化的数学活动任务设计，促进学生对所学数学内容中基本问题的深刻理解，培养学生深度思考和有效解决问题的素养。

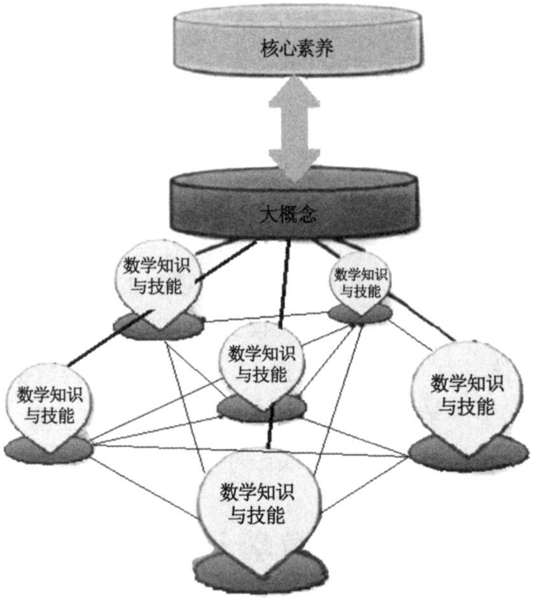

图 4-3 作为阶梯和固定锚点的大概念

数学大概念教学不仅恢复了数学知识的结构性、数学思考的抽象性，而且恢复了数学认知的系统性、复杂性，激活了学生已有的数学知识以及从现实世界走向符号世界的经验，使数学大概念被学生重视、理解与运用。无论作为一种教学策略、教学模式或者教学思想，数学大概念教学都强调立足于更加科学、合理的数学课程与教学观，对数学课程与教学活动进行整体的优化设计，突出教学内容的结构化整合和学习结果的过程性经历，平衡好“数学活动过程与数学认知结果”“直观与抽象”“整体与局部”“直接经验与间接经验”等的辩证关系。

二、数学大概念教学的必要性

在传统的数学教学中，教师更多地偏向知识点的授受与基本技能的训练，重视学生显性、符号知识的学习，忽视学生对所学数学本质的理解；重视学生对不同知识点的积累与强化训练，忽视学生对不同知识点之间联系的反思与探究；重视学生对于教材或教辅资料习题的练习，忽视学生对于解题思想、方法与技巧的迁移应用。由此，学生虽然学习了许多数学知识，但是在“许多数学知识”的背后存在庞杂、零散、碎片化的问题，学生的学习未能深入到对数学学科本质内涵的理解，未能建构出数学知识对应的学科结构和数学思想方法。结合解题进行的过度化技能训练更是强化了学生对于题型和知识点的死记硬背，造成了学习过程的僵化、思维过程的定式化、学习效果的短期化等非常明显的缺陷。

落实数学大概念教学可以有针对性地改进这些缺陷与不足，强化数学活动中“知识建构”“结构优化”“横向联系”“纵深拓展”“高通路迁移”等深度学习的要求，促进学生“通过不同的数学表征建立知识与经验的联系”，深化“数学概念和程序规则的理解”①，将数学思想、数学方法融入数学知识与数学技能的学习，形成具有网状形态的数学认知结构。

为了实现有效的数学教学，应重视数学大概念的教学，通过大概念的有效融入、有机渗透，促进学生数学知识的生长，构建、完善数学知识结构。随着《义务教育数学课程标准(2022 年版)》的颁布，越来越多的数学教师知道要结合课程标准的新要求、新理念开展更有价值的数学大概念教学。但是，由于许多数学教师对大概念及其教学相关知识的理解还停留于浅层的符号化层面，所以对于如何借助数学大概念使数学知识教学转向学生核心素养的培养，还存在着认知的不足或教学技能的欠缺。虽然有许多数学教师号称自己的教学是基于数学大概念的教学，但究其实质却是异化了的数学大概念教学，至少，相关的教学与理想的数学大概念教学有着许多深层的实践性偏差。就总体而言，数学大概

① 陈志辉，孙虎，周芳芳. 上海七年级学生“平行”概念表征与转译的调查研究：基于数学核心素养的视角[J]. 数学教育学报，2019(1)：37-42.

念教学尚未能发挥出理想性的教学效果。

大概念教学是一种具有准备性、预先性和交互性的活动①，对一线的数学教师而言，要重视对数学大概念教学必要性的理解，更要重视对数学大概念教学理念的实践性转化。在当下以网络化、信息化、数字化、智能化为重要特征的时代，数学教师尤其要重视学生数学大概念、数学观念建构的条件性分析，协同处理好数学教学内容的整体分析与学生数学认知的结构分析，基于数学大概念的提炼、分析、理解与运用，帮助学生建立能体现数学学科本质、对未来学习有支撑意义的结构化的数学知识体系。只有当学生建构了一定数量的数学大概念，具有了较高的数学观念，理解了所学数学内容的本质，形成了“专家思维”和“复杂交往能力”，他们才可能成为信息时代“负责任的创造者”。

三、数学大概念教学的相关要素

数学大概念教学重在通过大概念将事实性数学知识、事用性数学知识转化为可高通路迁移的概念性理解。与传统的数学教学相比较，数学大概念教学有着不同的教学机理、教学目标、问题设计、教师角色。

就教学机理而言，数学大概念教学不能“只见树木，不见森林”，而应高度重视整体性的知识建构，强调顺应数学知识体系的“整体性”“结构性”“逻辑性”“模块化”等内在特点，从整体上分析、思考、教学内容，把相关联的数学知识点纳入相应的知识结构或者框架之中，即“见森林”先于“见树木”。以小学五年级“多边形的面积”这一主题的教学为例，不仅要认识到该内容的教学领域特征，即它是属于图形与几何这一领域中的图形测量，而且要认识到该部分内容与以前所学内容及以后要学内容之间的联系，如图 4-4 所示。

就教学目标而言，数学大概念教学不仅仅是为了让学生掌握数学公理、定理、公式、法则等数学结论，也不仅仅为了让学生解答习题和学会应试，而是经由数学学习活动培养学生高阶化的数学思维能力，使他们形成专家思维，学会有深度地思考，学会学习，学会透过现象看本质，学会构建生成知识框架及由此进行的数学推理、问题解决和知识应用。仍以小学五年级“多边形的面积”这一主题的教学为例，教学的目标不仅要求学生探索有关图形的面积公式，解决简单的实际问题，而且重视引导学生用方格纸对不规则图形的面积进行估算，在

---

① 李刚，郭艳煌．加拿大 BC 省科学课程设计的解读与思考：兼论学科大概念的进一步探索[J]．首都师范大学学报(社会科学版)，2023(2)：93-102．

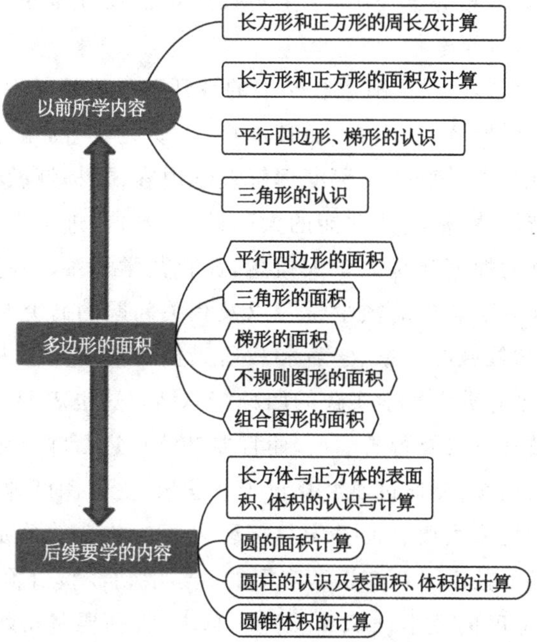

图 4-4　“多边形的面积”与前后学习内容的联系

有序的观察、实验、猜想、验证等数学活动中发展合情推理和有条理思考的能力，引导学生清楚地表达数学思考的过程与结果，体会一些数学的基本思想。

就问题设计而言，数学大概念教学要基于教师对教学内容本质的深入理解，设计能有效启发学生思维、具有挑战性的大问题，通过问题驱动激发学生数学探究的意愿，引导学生在解决数学问题的过程中建构、生成相应的数学大概念。也就是说，数学大概念教学中的问题设计超越了传统数学教学中问题的“引导性”，强调问题的“认知挑战性”“任务驱动性”。在小学“长方体和正方体”这一内容的教学中，教师为了帮助学生理解“面动成体”“点、线、面三要素紧密关联”这两个数学大概念，在教学中可以主动地提问学生：“你想亲手做一个长方体吗？”在这一问题得到学生肯定回答的基础上，教师可设计一些具有一定真实性的数学活动任务，引导学生“思考做一个长方体”并进行动手操作，力求思行合一。具体地，教师可以先向学生展示生活中的一些长方体实物图，再给学生提供诸如卡纸、铁丝小棒、连接器(顶点)等工具让学生试着做一个长方体。学生通过亲自动手连接铁丝小棒，发现长方体有 12 条棱、8 个顶点；通过围合卡纸，发现长方体有 6 个面；通过卡纸的叠放，发现长方体可以由平面图形累加或者移动形成。在动手做的过程中，学生不仅内化了长方体的概念认知，而且形成了相关的大概念。

就教师角色而言，数学大概念教学中的教师不仅仅是知识的传递者以及教学活动的组织者、引导者、合作者，而且承担着“研究者”的角色。这是因为，在数学大概念教学中，数学教师要深度理解教学内容，要提炼教学内容中的大概念，要设计具有结构性、枢纽性功能的大问题，引导、促进学生进行数学的探究与反思，基于问题的探究建构数学大概念，深化数学思维。在数学课程与教学中，大概念不仅来源于学生的数学学习以及相关问题的研究与反思，而且来源于数学课程与教学领域的专家、学者和教研人员对数学教学内容的研究，来源于一线教师基于已有数学教学实践的回顾与总结。这也表明，为了落实数学大概念教学，数学教师不仅要善于学习，而且要持续地进行深入的教学研究，要研究教什么、为什么而教；要通过研究真正了解学情，更有深度地理解数学教学活动的设计；要自觉地将大概念的教学目标融入相应的教学单元、数学活动和大问题设计，用精湛的数学专业知识和丰富的数学活动经验引领学生进行既有思维宽度又有思维深度的数学认识和探究。总之，教师要坚持教研先行，学会像专家那样思考，努力成为数学教学专家，激励学生成为会数学学习的专家。

第五章　以大概念建构数学课堂教学

第一节　数学课程标准中的大概念理念

课程标准作为国家课程体系的指导性文件，规定了课程的目标，为课程设计、教材编写、教学实施、学业评价提供了方向、思路，课程标准中的基本理念是发展学生素养的一个关键。

一、国外数学课程标准中的大概念理念

随着对大概念在课程与教学中价值的发现，美国、加拿大、新加坡、澳大利亚等国家都高度重视大概念的教学，不仅将大概念理念的有效实施视为学生核心素养达成的基础，而且在课程标准中融入了大概念的理念。比如，2011 年，美国在《K-12 科学教育框架：实践、跨学科概念和核心概念》这一重要的文本中提出了大概念的理念，数学学科也将大概念融入课程标准之中。不过，值得注意的是，数学课程标准中所提到的大概念，并非是一个单一维度的概念，而是一个具有复合性的概念或具有宏观性的理念。

事实上，美国的《学校数学原则和标准》既没有通过简明的陈述来揭示可操作性的大概念内涵，也没有从思维基本形式或者概念逻辑关系等角度，通过分类方法揭示出大概念的外延，只是指出教师要能将数学表示为一个连贯而相互联系的整体①，强调通过大概念将所学知识进行联系，认为大概念是一个具有整体的核心，并没有非常明确地指出究竟什么是数学大概念。

由于具有“联系”“整体”等方面的核心功能，“等价”“属性”“估算”“变量”被认为是数与代数领域对学生数学学习有着非常重要价值的大概念。等价之所

① JOSEPH B W Y, TOH T L. Big Ideas in mathematics[M]. [s. l.]: World Scientific Publishing Co. Pte. Ltd. , 2019.

以是很重要的大概念，是因为任何数字、等式或者与数字、代数相关的表达式都可用无限多种具有相同值的方式表示出来。属性之所以是很重要的大概念，是因为对于任意给定的一组数字，总是存在着相互的规则，这些规则可以支配着代数发展。估算之所以是很重要的大概念，是因为数值计算能通过用易于计算的其他数字替换来近似，能使用已知指示物作为测量过程中的单位来近似地测量。变量之所以是很重要的大概念，是因为数学情境和结构能够使用变量、表达式和方程式来抽象地表示。

在理念意义上，数学大概念不仅被视为数学的中心，而且被视为数学的组织思想。美国《共同核心数学标准》(Common Core State Standards for Mathematics，2013)颁布的课程标准明确要围绕"Big Ideas"组织教学，指出数学教学要遵循"重点""连贯性""严谨性"三大原则。为了落实课程标准的要求，美国的教材编写者通常会在每一册教材开头部分以表格形式把课程标准的相关内容罗列出来，以便学生对要达到的学习要求有大致的了解。为了引导教师落实大概念的教学要求，美国有许多数学教材会在使用指南("Using Your Book for Success"栏目)中指出大概念是所有课程的组织概念，强调教材的组织中要围绕大概念，传达在课程学习中的关键数学概念。与此相对应，数学教材中与评价相关的设计也都紧扣课程标准。

再以澳大利亚的国家课程标准为例，几乎所有学科的课程标准都体现了大概念的元素，既提出了学科基本原理、学科教学目标、教学教学内容的结构概述，又阐述了具有高度迁移性的学科关键性概念(key ideas)和课程内容的概述，明确提出将学科关键性概念作为学科课程内容的统领，以此组织学科课程横向和纵向之间的联系。①

无论是较早提出大概念的美国等西方国家，还是后来先是有少数人觉得大概念在数学教育教学中有着十分重要价值的东方国家，随着国家层面将数学大概念嵌入到数学课程指导性或纲领性的法定文件，越来越多的数学教育工作者不仅在认识层面对于数学本质、数学问题解决、数学课程框架、数学课程目标、数学教学设计及学生学业评价等方面的理解有一些变化，而且在实践层面有一些课程与教学方面的变革。以新加坡为例，由于将大概念的教学要求写入了中学的数学教学大纲，数学教育界就开始注意通过诸如专题大会、主题报告、工作坊等教研活动，展示数学大概念教学运用的案例，分享大概念教学运用的实践

① 蔡潇，刘徽. 课程标准中的大概念：以澳大利亚课程标准为例[J]. 上海教育，2020(17)：68-71.

知识，探讨如何通过数学大概念在教学中的转化与运用使数学课堂教学实践更加有效。

2018 年的“第十三届数学教师大会”中，不仅聚焦了“数学大概念”的教学主题，而且通过讨论给出了一个大概念的描述性的定义，即大概念是“在学生学习中居于中心地位的，且能将多样化的数学概念联结为统一整体的那些清晰的、主要的概念”，通过一些专家对一些融入大概念教学的课堂教学设计的解构，引导更多的数学教师基于原有的数学课堂教学模式合理融入大概念教学的思想。随着融入了数学大概念的中学数学大纲的正式颁布以及大纲后续的更新，“性质与关系”“运算与算法”“表征与交流”“抽象与应用”成为与数学大概念密切相关的教学主题。数学教科书的编写者也根据教学大纲中的主题及时渗透数学大概念的教学运用，同时诸如《数学中的大概念》等有关的教师参考用书面世，帮助数学教师深化对数学教学大概念的认识，引领数学教师经由数学大概念的“学教研用”不断发展、提升自己的专业水平。

二、我国数学课程标准中的大概念理念

随着威金斯和麦克泰格所著《追求理解的教学设计》一书中译版的出版，以及教育部在 2017 年所颁布的《普通高中课程方案》首次提出大概念的明确要求，大概念的重要性及其教学运用在我国得到了快速的升温。

在数学教育领域，为了促进核心素养培养目标的落实，我国的《普通高中数学课程标准(2017 年版)》明确提出了要“重视以学科大概念为核心，使课程内容结构化，以主题为引领，使课程内容情境化”，强调了大概念在数学教学中的核心地位，突出了主题对于数学活动的引领性，重视课程内容的结构化。数学课程与教学中对学生所要培养的核心素养，是以在具体情境下解决问题的关键能力、必备品格为内核的，这一理念与目标不仅关联着学生在数学活动中的价值观，而且体现了问题性、复杂性、情境性和实践性等特征。大概念及大概念教学是基于数学学科本质的整体性思考，通过大概念及大概念教学可从整体上寻探学生核心素养培养的教学思路。正是在这个意义上，我们可以看到，尽管《普通高中数学课程标准(2017 年版)》既没有给出“数学大概念”“数学大概念教学”基本内涵的界定，也没有给出数学课程与教学中大概念教学的操作性路径和实践性要点，但是，我们依然可以想象出大概念是有着特殊内涵的概念表达形式和有着教学指导内涵的实践方法。

作为一种教学理念，大概念显然有着自身的合理性，在数学课程与教学中

拥有自身特殊的教育语境与实践意义。由此，我们一方面可以进一步深刻理解将“学科大概念”写入高中课程方案与课程标准的必要性、重要性，另一方面需要结合学科教学的实践，从学科育人本质的上位层面反思大概念的教学内涵和有效运用。

为了进一步落实立德树人根本任务、深化课程教学改革、强化课程育人功能、完善课程内容结构、加强学业质量指导，我国对义务教育阶段的课程进行了整体设计和系统完善。在这种背景下，我国对《义务教育数学课程标准(2011年版)》进行了修订，出台了《义务教育数学课程标准(2022年版)》，在文件中提出“基于核心素养发展要求，遴选重要观念、主题内容和基础知识，设计课程内容，增强内容与育人目标的联系，优化内容组织形式，设立跨学科主题学习活动，加强学科间相互关联，带动课程综合化实施，强化实践性要求”。这些要求显然是强化了课程结构的优化，把核心素养作为数学课程目标的导向，统领义务教育阶段的数学课程、教学与评价。为了实现核心素养导向的教学目标，《义务教育数学课程标准(2022年版)》强调“不仅要整体把握教学内容之间的关联，还要把握教学内容主线与相应核心素养发展之间的关联”，要求教师在教学中重视对教学内容的整体分析，帮助学生建立能体现数学学科本质、对未来学习有支撑意义的结构化的数学知识体系。尽管没有从理论层面阐述大概念教学的具体内涵，却从核心素养目标落实层面明确了大概念教学的实质性要求。一方面，《义务教育数学课程标准(2022年版)》强化了对数学本质理解的要求，要求教师的教学“关注数学概念的现实背景，引导学生从数学概念、原理及法则之间的联系出发，建立起有意义的知识结构”。比如，关于学生运算能力的培养，强调要“由单向思维到逆向思维”，这一教学要求不仅指出了具体的数学大概念，即逆向思维，而且明确了教学要求——由单向思维培养转向逆向思维的培养。另一方面，《义务教育数学课程标准(2022年版)》强化了教学内容的主题整合，要求教师“通过合适的主题整合教学内容，帮助学生学会用整体的、联系的、发展的眼光看问题，形成科学的思维习惯，发展核心素养”。数学教学之所以要开展大概念教学，是希望通过大概念教学让学生的数学思维更加深刻，让学生的数学知识更好地结构化，核心的目的是更好地落实学生的核心素养培养(见图5-1)。由此，可以认为《义务教育数学课程标准(2022年版)》中的大概念教学理念与数学课程内容贯彻“少而精”“结构化”这一核心思想是一致的，大概念教学契合了义务教育阶段数学教学落实核心素养育人目标的内在要求。在义务教育阶段的数学教学中，教师要重视学生的概念性理解，努力找到课程与教学中“少而重要”“强而有力”“可普遍迁移”的概念并强化理解。

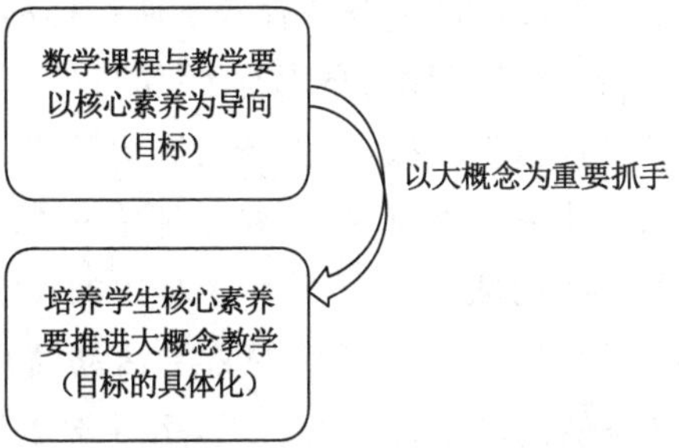

图 5-1　大概念是核心素养目标具体化的重要抓手

尽管《义务教育数学课程标准(2022 年版)》没有从内涵上说明数学课程与教学中的大概念不同于数学课程与教学中的一般概念,更不同于一般的概念教学,但是,大多数教师都能从大观念、核心概念的意义上直观地感受大概念与一般概念、概念教学之间的不同,视其为有较广泛适用性和解释力的数学观念、思维模式、思想方法以及学生核心素养构建、发展的重要载体。有较好领悟力的数学教师甚至发现,尽管《义务教育数学课程标准(2022 年版)》没有直接地提供数学课程教学中具体的大概念体系,但是由于《义务教育数学课程标准(2022 年版)》所陈述的核心素养目标或者提出的课程内容要求中也包含了大概念的具体内容,所以只要加强课程标准等文本的研究与分析,也能从中提炼出有关的大概念。

大概念教学是以大概念为重要载体和核心目标的教学,确定义务教育数学教学中的大概念内容既需要基于义务教育数学学科及其教学的本质进行整体思考,又需要深入学习、理解《义务教育数学课程标准(2022 年版)》。作为大概念运用的实践性方法或策略,教师可以透过学科课程标准中诸如“重复出现的名词”“重要的短语”“不断追问的方式”等提炼出相关的大概念。[①] 认真学习与深度理解《义务教育数学课程标准(2022 年版)》,据此提炼出有价值的大概念,可以为数学教学落实核心素养目标“追本溯源”,主动克服数学课程与教学中大概念体系没有形成、数学课程标准对大概念没有明示、数学教材内容呈现与大概念不匹配等一些具体的现实困境。

---

① 邵朝友,崔允漷.指向核心素养的教学方案设计:大观念的视角[J]全球教育展望,2017,46(6):11-19.

由于大概念教学与原有数学课程与教学模式并非是相互对立、相互割裂的两个部分，所以无论是学习、理解《义务教育数学课程标准(2022 年版)》，还是提炼、应用大概念，都应当倡导基于原有的数学课程与教学模式反思以往课程与教学理念的合理性与失当性，积极探索、创新符合大概念教学要求的教学模式。一方面，要深刻地认识到大概念的形成需要以原有的数学知识建构为重要基础，根据数学基本概念之间的联系进行更有针对性的概括、提炼、迁移与拓展，以更加清晰的目标任务为引导、更加真实的数学活动情境为载体、更有结构的数学问题为支点、更加有效的教学评价为反馈，引导学生深化数学内容的认识。另一方面，要进一步聚焦学习的主题，明晰探究的问题。以小学五年级“通分”这一主题的教学为例，教师在教学中不是线性地讲解法则，而是在出示“通分”这一课题后向学生提问：“你们想知道关于通分的哪些知识?”在学生通过议论提出明确提出“我们想知道通分是什么意思”“我们想知道通分有什么用”“我们想知道通分究竟是怎么算的”“异分母分数相加为何要通分”等问题后，教师可以在肯定学生问题的基础上，引导学生进一步概括并切实弄清楚与“通分”这一概念密切相关的问题——“为什么要通分？通分有什么作用?”“什么是通分?通分的特点是什么?”“怎样通分？通分的方法是什么?”在后续的学习中，教师再针对“异分母分数相加为何要通分”的问题，使学生认识到“加法是完全一致事物的重复或累计”“相加的前提条件是相同的计数单位”“分数单位不同无法直接相加。为了进行异分母分数相加，必须先统一标准，即统一分数单位。”在类似的教学中，教师需要合理整合数学课程与教学的内容，从数学结构、数学思想、数学方法、数学化过程等不同维度建构、应用数学大概念，密切数学问题、数学知识、数学活动、数学思考、数学经验、数学应用等不同要素之间的联系，不断提升问题情境化、内容结构化、思维深刻化、过程数学化的水平。

三、数学课程标准中的大概念理念需要教师深度理解

大概念作为一种新的理念或理论术语虽然已在课程标准中出现了多年，但是，一线的数学教师并没有获得许多深刻的理论指导和丰富的实践案例启示，许多数学教师对于数学课堂中的大概念教学还存在着理解上的盲区和实践上的被动。由此，应当积极倡导广大数学教师对《义务教育数学课程标准(2022 年版)》进行更加深入的学习与理性的思考，要引导广大数学教师通过对所教内容的前后联系与融会贯通，提出相关教学单元、教学任务中的大概念。小学五年级“多边形的面积”这一主题涉及平行四边形、三角形、梯形以及有关组合图形

的面积，推导这些不同图形的面积公式需要把握“转化与化归”这一非常关键的数学思想方法(见图 5-2)。由于运用转化与化归的数学思想方法可以将平面图形面积求解这一特定的数学知识和数学抽象这一重要的核心素养有效联结起来，促进学生的“中心性”学习、“可迁移性”学习，所以“转化”“化归”就是这一部分教学内容的一个大概念。更一般地，为了改进数学教学，数学教师需要学会设计、研发基于“转化”“化归”这一大概念的数学活动，通过相关的项目化学习，引导学生总结、梳理与具体内容密切相关的“转化与化归思想”“转化与化归方法”“转化与化归策略”。这些思想、方法、策略可以包括“数与数的相互转化”“数与形的相互转化”“形与形的相互转化”，需要有针对性地探究其丰富的数学概念内涵。就小学阶段“数与数”的转化而言，教师可以思考如何落实“小数乘法转化成整数乘法”“异分母分数加减法转化成同分母分数加减法”“除数是小数的除法转化成除数是整数的除法”“分数除法转化成分数乘法”等内容的有效教学。

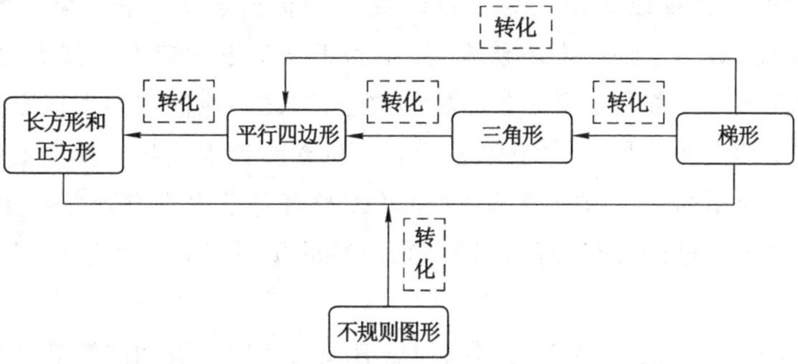

图 5-2 相关图形面积公式的推导过程

大概念是大单元整体教学有效整合的基点，要引导广大数学教师在内化大概念教学理念的基础上不断优化、改进个人旧有的课堂教学模式，自觉地将“以单元学习为载体”“以学习进阶为主线”“以大问题、大任务进行数学活动驱动”“推进单元整体数学教学设计”等内容作为自己大概念教学运用的重要研究主题。例如，在学习一元二次不等式解的过程中，教师就可以结合“对应”这一重要的数学大概念对二次函数图像进行分析，并对“转化”这一数学大概念进行对接，这不仅可以为一元二次不等式与二次函数图像特征的转化提供依据，而且可以深化学生数学学习的理性思维。实践表明，以核心素养培养为目标的数学课程与教学，需要数学教师从大概念视域审视自己的教学，立足于整体性的数学思维教育，认真研究、把握数学课程与教学内在的整体性结构，对“确定学生核心素养的有关依据”做出连续一贯、融合归整、深厚通达的思考，需要数学教师领会数学思想与方法对于学生核心素养发展的精妙和意义。

第二节 以大概念重构数学课堂教学

大概念不仅是数学课堂教学的一种认识论，而且是数学课堂教学变革的一种方法论、实践论。数学课程标准对于大概念理念直接的明示或间接的渗透，可以为数学课堂教学的重构提供新的认知工具、方法指导和实践思路。为了将数学课程标准中的大概念理念有效落实于数学课堂教学，有必要对以大概念重构数学课堂教学的意义、要点和途径进行探析。

一、以大概念重构数学课堂教学的意义

实践表明，传统以知识点为要点的数学课堂教学既不利于学生对数学知识、数学思想、数学方法的本质认知，又不利于学生数学知识迁移能力的提高、数学思维品质的改善和数学必备品格的改进，因此不能促进学生核心素养的有效构建和持续发展。举一个例子，曾经有一位在高校担任数学教学工作的学生家长问自己孩子的初中数学教师：如果教师没有对学生讲有理数加法的法则，学生自己也没有进行过有理数加法法则内容的预习，那么，学生还能不能解决诸如“$(+6)+(+9)$”“$0+(-5)$”“$(+7)+(-7)$”“$(-3)+(+2)$”“$(+3)+(-5)$”“$(-3)+(-4)$”这一类与有理数加法有关的问题？被问的数学教师当时非常肯定地回答：“学生应当不会。”该教师的同事在旁边插话说：“教授，您问的这个问题好奇怪呀，在初中，教师没讲过，学生自己没预习过，他们凭什么会做您给出的这些问题呢？”考察初中数学课堂教学可以发现，有许多的数学教师在有理数加法法则的教学中，比较习惯于按照两个加数分别为“同号”“异号”“有一个数为零”这三种情形，分三个阶段逐次进行有理数加法法则的讲解。为了使学生能准确理解加法法则的内容，教师在每个阶段都会以具有特定现实情境或实践意义的一些细碎性的问题作为教学的引导。为了评价这样的教学是否合理或者可以做出哪些改进，研究者曾对苏中地区一些初级中学的初一学生进行访谈和教学的前测。结果表明，尽管学生并不反对数学教师在课堂上的教学方法，但许多学生认为教师的课堂教学其实不需要这么麻烦，因为自己能看懂教材，即使没有教师在课堂上形式多样的教学引导，自己也能给出案例中有理数

加法算式求解的答案，并且方法也比较多样。由此可见，不少数学教师其实低估了学生有理数运算法则建构的能力。低估的根本原因是教师未能看到待学新知识（有理数加法法则）与以前已学知识（有理数概念、加法概念、减法概念等）之间的内在关联性及其对待求解新问题的意义，未能认识到有理数的运算与学生在小学所学的整数运算、分数运算、小数运算一样，都是对象拓展型新运算。① 具体来说，尽管所学的新运算是新的，但它们并非真正意义上的全新，因为无论是运算的名称还是运算的符号，学生都是非常熟悉的，这里的新运算仅仅是运算对象有了一些变化、拓展。从对象拓展型新运算这一大概念来审视有理数运算法则，可以将待学新知识看成已学知识所形成大概念的一个新特例，教师可以更为积极、理智地研判、预测学生的学习，特别是可以更有效地实施整体性、贯通性和联结性的数学教学方式。

由于缺少整体性、贯通性和联结性的数学教学方式和上位知识的统领，许多学生在数学学习中常常会产生浅表化、零散化、碎片化、单一化、机械化的数学学习现象，并因知识浅表化而难以深入理解数学知识的本质特征，因知识零散化、碎片化而难以形成有效的数学知识网络，因教学情境的单一化和教学过程的机械化而不能促成所学数学知识与技能的高通路迁移、应用。学生所获得的数学知识具有较强的惰性，不能在数学学科内部或跨学科之间形成有效的联系，不同学段或不同主题的数学学习活动不能被有效地联结为一个有意义的结构。正视这些问题，以大概念重构数学课堂教学将具有三方面意义。第一，解决浅层次的教与学问题，即通过大概念将数学课堂的教与学指向深层次的数学教与学，强化数学学习中的深度理解，触及数学知识的学科本质，深入数学思想、数学方法等内核性数学内容的学习。第二，解决碎片化的数学学习问题，即通过大概念强化数学知识的系统性学习，引导师生提炼、整合较为上位的知识，并将所获得的知识串点成线、勾线构面、连面成体。在活动、知识、经验和反思的纵横关联、相互对接中建构、完善知识的网络与结构。第三，解决僵化、机械、呆滞的数学学习方式问题，即通过大概念将数学课堂中的学生引向有意义的数学学习，用更具实质性的联系把学生头脑中的新旧知识联结起来。大概念是既有意义又有价值关联的核心概念、概括性认识，以大概念重构数学课堂有利于学习者学习知识结构，通过已有的知识结构与其他的事物有效联系起来，合理运用或基本性或一般性的观念不断扩大、加深自己所建构的数学知识。

---

① 顿继安.对象拓展型新运算：概念、意义与教学思路[J].数学通报，2018，57(11)：26-30，34.

数学课堂是数学教育教学的主战场,数学课堂教育教学的理念与方式不变,数学教育教学就不会产生较好的目标与效果。当前,《义务教育数学课程标准(2022年版)》已明确数学课程与教学要以核心素养为导向,实现这一目标要求在数学课堂重塑整体性数学教学的价值导向。大概念是指向以核心素养为导向的数学课堂教学的核心概念,是基于事实抽象出来的深层次的、可迁移的概念。落实《义务教育数学课程标准(2022年版)》的要求,需要以大概念为重要抓手,理性地推进旧有数学课堂教学的转型,积极地探寻以大概念优化数学课堂教学的实践路径。

二、以大概念重构数学课堂教学的要点

(一)树牢以生为本的理念

以大概念重构数学课堂教学首要的关注点并非数学教学的内容,而是作为数学学习主体的学生。这是因为,大概念教学的本质是基于大概念的"学",教师要将以大概念为导向的"教"转化为学生以大概念为导向的"学"。大概念教学需要教师将学生置于教学活动的中心地位,通过更有效地引导,激励、支持、巩固、强化学生以核心素养构建、大概念为平台的主动性学习、能动性学习、探究性学习、开放性学习、生成性学习、深度性学习。以大概念为导向的数学学习不仅需要学生基于上位概念和下位概念两类知识进行学习思维的协同,积极寻探数学知识生长的原点;而且需要教师引导学生学会区分不同学习内容的层次,帮助学生整合学习内容,明晰学习中的核心问题,确定好内蕴于学习内容中的大概念体系。

就数学课堂教学的展开而言,以生为本的数学大概念教学是指准确把握大概念基础上的教学展开。准确把握大概念,要求数学教师准确地读懂数学大概念在特定教学内容上的真实指向。一般而言,数学大概念在特定教学内容上的指向既有"明指"意义,又有"暗指"意义。如果将"数学思维体操"作为一个大概念,那么这个大概念明指的是"数学的教与学为了什么",暗指的是"学生核心素养的培养离不开学生数学思维的发展"。如果将"数与运算是贯穿小学数学的一条主线"作为一个大概念,那么这个大概念明指的是"数是什么""运算是什么""数的表示""数的运算""数的大小关系""运算定律",暗指的是"数与运算在数与代数领域的主线作用"。由此,数学教师对于所教数学内容大概念真实指向的深入理解,有助于自己更加深入地理解所教内容的学科本质。

为了在大概念基础上展开教学,教师需要结合教学内容和学生学情的分

析，优化数学课堂教学目标和与此相关联的大概念、大情境、大问题和大任务的设计，及时捕捉数学课堂中有价值的生成性问题，合理优化学生数学学习的过程评价与结果考核，关注学生关于数学知识建构和大概念建构的体验，创造有利于师生互动、生生互动、知识拓展、思维发展和认知结构优化的学习环境，不断提升学生数学概念建构、数学问题探究、数学知识综合应用和深度数学思考的高阶能力。

（二）坚持系统整体的观念

如果说教学本身是一个复杂的生态系统，那么，以大概念重构数学课堂教学则需要在这个复杂的生态系统中进一步突出整体性观念，需要数学教师对相应的课程教学内容进行整体性和结构化的把握，需要数学教师重视数学课程应有的连续性，需要数学教师审视数学学科与其他课程之间的关联性，需要数学教师贯通不同领域、不同学段的数学课程教学。一方面，数学知识本身具有整体性的体系，建立数学知识体系和形成数学知识建构的能力需要系统地学习，需要掌握具有系统性、整体性的数学知识内容，需要关注数学知识本身的“生长点”“延伸点”，把教学的内容置于一个具有整体性的框架体系之中。以小学阶段“数与代数”领域的教学内容为例，《义务教育数学课程标准(2011 年版)》将这一领域分成“数的认识”“数的运算”“常见的量”“式与方程”“正比例、反比例”等五个主题，《数学课程标准(2022 年版)》则将这五个主题调整为“数与运算”“数量关系”两个主题，这种调整是基于内容本质一致性对教学内容系统性、整体性的提升。另一方面，以大概念为导向的数学教学设计是以关键主题、核心概念、本原问题和大任务为特征的整体性教学设计，需要系统考虑教学内容、教学时间安排、教学方式等方面的整合，需要处理好以课时为要素的局部性教学内容与以单元为要素的整体性教学内容两者之间的关系。教师要对相关教学内容中的知识结构、能力结构、逻辑结构进行全面把握和整体设计，引导学生感受所学数学内容的整体性。以大概念为导向的数学课堂强调结构化教学，而整体性、系统性本身就是结构化教学的一个重要含义。坚持系统整体的数学教学观念需要我们重视当前仍然普遍存在着的教学碎片化倾向。比如，因式分解是初中数学中非常重要的数学教学内容，但是，由于被分散地安排于七年级下学期、八年级上学期和九年级上学期，因式分解的概念、方法与应用不仅没有形成一个有机的整体，而且产生了“见木不见林”的负面教学效果。突破教学碎片化倾向需要数学教师不能局限于教材的编排。这是因为，许多教材在编排中为了适应学生年龄和心理特征等方面的因素，常常会将原本具有整体性、结构性的教学内容进行人为的分割。数学的概念不是孤立的存在,大概念教学要求教师不能仅仅从“树叶”“枝条”的视野看待所教的内容,而要重视从“树干”“树根”“网络图”“结构化”的视野帮助学生建构相关的数学知识。教师要自觉地增强数学教学应有的整体性、系统性观念,善于以大概念为核心进行教学内容的重组,既从横向突出不同知识点的联系,又从纵向做好不同数学活动的联结。

(三)落实逆向设计的思路

以大概念重构数学课堂教学并非要求教师完全绕开个人业已驾轻就熟、得心应手的数学课堂教学模式,更不是不顾学情、不顾学生升学考试等实际的教学要求,教学设计上的创新也不是不顾传承的另辟蹊径、另起炉灶。如果这样,不仅容易给教师带来数学教学的额外负担,而且也会因教学的异化遇到来自学生及其家长的反对或阻力。实际上,数学知识是具有稳定性的硬学科知识,数学大概念的形成离不开数学小概念的支撑。数学大概念的教学需要将相关的教学要素合理分散于相关的教学单元和课时教学,需要基于具体的教学内容提炼、抽取大概念,需要通过对小概念、次位概念的深度理解、灵活运用落实数学大概念的掌握。从学习的前后关联来看,数学大概念教学需要以学生原有知识为基础进行建构。因此,一些已经很成熟且被证明行之有效的教学模式与以大概念重构数学课堂教学并非是两个不可调和、相互割裂的教学行为。就教学中目标、评价、活动、问题等关键的教学要素而言,数学课堂中的大概念教学不是不要这些教学要素,而是通过教学思路的变化将这些要素更好地发挥出教学的效益。具体而言,就是要先行明确教学目标,再设计与教学目标相匹配的教学评价和对应的教学过程。这在本质上是一种逆向教学设计和正向教学施工兼顾的教学实践,所强调的不仅是教、学、评的一致性,而且是对教师虽已驾轻就熟、得心应手但教学效果不佳的课堂教学模式的合理变革。事实上,受到教学惯性的影响,许多数学教师在教学设计中常常会习惯性地聚焦于课时化的教学内容和具体的基本概念、基本知识、基本技能,忽略较基本概念、基本知识、基本技能更上位的重要概念、基本思想、基本方法或者模块化的内容。大概念不同于小概念,既不能直接地教,也不能脱离教学目标让学生自主探索,而是要围绕数学活动中的大问题、大任务设计探究情境,将核心素养目标、课时教学、问题情境、探究任务、知识建构等大概念教学要素合理地组织形成一种体现结构化、整体化、有针对性指导的再创造学习活动。

由于数学课堂教学中的大概念更多的是教师对于数学课程标准、特定内容所对应核心素养、关键性教学主题、重难点知识、学业评价标准等进行审视、反思、提炼的结晶，所以大概念本身就内蕴了数学教学目标的关键要素。以“代数式”这一大概念为例，代数式不仅构成了“函数”“方程”等大概念的基础，而且本身构成了初一数学学习中一个关键性的数学概念①，内蕴了数学教学目标中一些关键性的要素。比如，学生不仅要了解什么是代数式，知道用运算符号连接数字跟字母的式子是代数式，掌握单项式的概念以及单项式的系数和次数，掌握诸如多项式的项和次数等与代数式密切相关的一些具体概念，能列出代数式，而且要用能观察、类比、归纳、抽象等方法寻探代数式的意义，能理解整式等与代数式密切相关的数学概念的含义，能列举相关数学概念的实际意义，能结合具体问题做简单数量关系的分析；会用代数式进行表示，通过列代数式、对代数式进行变形、转化、求值等活动构建基于“代数式”大概念的数学思维，建立整式、分式、根式、合并同类项、因式分解等概念与代数式的关系，并因此更深入地理解数与量之间、量与量之间、式与式之间的关系。根据查尔斯所提的 21 条数学大概念，属于初中代数领域的数学大概念主要是从大概念 1 到大概念 13 这十三条，它们中对“代数式”这一教学单元有重要指导作用的大概念主要是：① 代数式的表达式可以用无限种即使不同但是具有相等效应的方式来表示；② 包含数学的情境与结构的情境可以被抽象地“翻译”成表达式、变量与方程，字母在数学中具有广义属性，数学短语、一些问题情况可以表示成代数表达式，平面的对象转换也可以概括成代数表达式；③ 若给出了某一组数，总是有适配的算术或者代数规则，如交换性质适用于加法和乘法，多个数可以随意地顺序组合与相加；④ 可以用文字、图表、表格与方程式来分析数学关系(规则)，在数学关系里，一个量的值取决于另一个量。由于抽象的代数式显示了计算程序中的一种数量关系，所以可以通过具体实例引导学生发现代数式中的两个主要特征：① 由数和字母构成；② 用运算符号连接，运算符号是加、减、乘、除、乘方。所有这些对数学教师的教学都具有一定的指导意义，比如就“如何列代数式”而言，教师在教学中可以引导学生通过观察、感悟来突破表面的数学问题，通过师生互动和必要点拨，引导学生建构“数据的抽象过程”“提取数量关系的过程”，基于数学大概念深化数学活动过程。

以大概念重构数学课堂教学不仅要求数学教师围绕大概念在教学内容上的指向性深度分析数学教学的内容，而且要求数学教师根据大概念在教学目标上的指向性深度分析学习目标、评价目标，并进行合理的利用。就后者而言，不

① 潘小明.数学课堂教学中大概念、大问题的运用研究[J].中小学教师培训，2023(3)：49-54.

仅指围绕所教内容大概念的层级进行教学内容与教学目标的对应性分析，明确教学中“学什么”“为什么”“怎么样”“学得如何”等基本问题，而且指要关注学生数学学习在基础层面的知识与能力，重视学生数学知识建构在中间层面的理解与意义，强调学生数学核心素养培养在最高层面的高通路迁移，突出大概念对于学生数学知识维度价值性、数学理解维度持久性和数学能力维度迁移性的影响。

设计好学习目标、评价目标对于确定学习的优先次序、设计学生的学习体验、调控教学的展开过程、确定教学效果的评估证据具有非常重要的价值。为了落实逆向设计的思路，应当深刻地认识大概念教学中的学习目标、评价目标中一种以高统低的结构化目标和教、学、评高度一致性的可实践性目标。数学教师需要在实际的数学教学活动展开前，基于数学课程标准和学情的分析，研制学习目标、评价目标，选择、设计与目标匹配的教学活动，突出学习目标、评价目标与教、学、评活动的对应性、一致性，分析教学内容的内在联结性，围绕学习目标、评价目标进行进阶式学习和不同结构水平活动的分层设定，合理优化、重组教学内容，并据此开展师生互动、生生互动的数学课堂教学活动。大概念教学中的学习目标、评价目标是嵌入数学教学活动的整合性目标、素养化目标。于“平面图形面积计算”这一数学活动而言，“转化”是这一数学活动非常重要的大概念。对标大概念教学的要求，“平面图形面积计算”这一数学活动，不仅要嵌入“掌握平行四边形、三角形、梯形等规则平面图形面积计算方法”“掌握有关不规则平面图形面积计算方法”等知识性或技能性的目标，而且要嵌入“在平面图形面积计算求解数学活动过程中提炼、感受‘转化’这一重要数学思想”“在发现、提出、分析和解决面积求解问题过程中，提高理性思考、合理转化的数学意识”“体会‘转化’数学思想价值与魅力”等核心素养目标。为了更精准地落实大概念教学中学习目标、评价目标的嵌入，数学教师应善于从结构化水平角度对学生数学学习结果所处的前结构状况、单点结构状况、多点结构状况、关联结构状况与拓展抽象结构状况进行判断，分析学生的思维特征和高阶学习的预备条件，分析学生学习中知识的关联性和认知发展的实际需要，并据此及时动态调控、优化数学教学活动过程，支持学生基于数学知识、数学思想和数学方法的理解、掌握和应用形成更加有力的知识结构和专家思维。

（四）推进结构化教学的实践

掌握特定教学内容的结构是更为本质地理解特定教学内容的方式，因为掌握了教学内容的结构就是掌握了所学内容的相关性，必然有助于学习者运用所学的知识解决来自课内外具有挑战性的问题。以核心素养为导向的大概念教学设计应当高度重视结构化的教学，基于结构化的视角对课程、教材、教学与评价进行解构与重构，提炼有利于学生数学深度学习和核心素养发展的大概念、大问题、大任务、大单元，建构基于大概念、大问题、大任务的数学学习任务组群，统整师生、生生的数学活动，重构数学活动与数学练习的层次，构建以核心素养为导向的大概念教学、大单元教学的整体性结构以及对应教学的策略性结构、评价性结构。结构化本身意味着整体性的关联，以大概念重构数学课堂教学要求数学教师以结构化的理念研究数学课程与教学，把握所教数学内容的内在结构，提炼、明确蕴含于所教数学内容结构中能促进高通路迁移的核心概念，并因此从教学实践层面真正聚焦于数学课程与教学的整体性关联。由于数学课程与教学的基本内容本身是诸多相互关联的数学概念、基本原理、基本思想、基本方法的结构化集合，所以要求学生在数学学习中建立结构就意味着建立数学教学基本内容和数学学习者基本活动经验的整体关联，并因此构成学生在数学活动中深度学习的内核。

以大概念重构数学课堂教学所强调的结构化理念，不仅指数学课程与教学内容的结构化，而且指在教学实践中要注重数学本身的整体性，增强数学教学活动与核心素养育人目标的联系，通过结构化教学提升数学学习的整体性，推动学生的数学学习由数学知识获得向核心素养建构转化，推动数学教育育人目标的落实。① 数学教学的结构性与数学内在的整体性密切相关，比如，数系的扩充教学与数运算的教学、数运算律的教学存在着结构性的关联，可以延伸、拓展到代数式诸如定义、运算的教学中。究其本质，数、式及其运算就是一个有着结构性的整体，不同的认知层次、不同的认识角度因知识本身的结构形成数学教学的关联性，相关的教学内容、思想方法、知识建构、过程展开都存在于纵向关联的整体结构中。除了纵向的联系与相应的结构，不同的数学教学内容也会因实质性的关联形成横向的联系或综合的贯通。比如，在函数的视角下，方程、不等式等内容可以视为函数的特定状态的特性，在数形结合的视角下，图形性质可以通过代数运算进行研究，透过结构性、整体性可以更深入地理解数学教学内容的本质。当前，数学课程与教学方式的变革关注大单元教学、单元整体教学，从根本上说就是要以适应学生核心素养培养为目标进行课程与教学内容、过程、方法的结构化整合。这种结构化整合有两方面的含义，一方面，要基于结

① 王琳. 基于学科育人的儿童数学结构化教学探索[J]. 中国教育学刊，2021(6)：106.

构化主题提炼有利于学生深度学习的核心概念，强调以数学课程与教学内容的结构化保证学生数学学习的整体性、深度性与迁移性。另一方面，要根据学生数学认知的规律，优化教学过程，引导学生基于深度的学习与反思将分散性、碎片化、孤立状态的知识进行模块化整合或者网络化重构，基于旧知发展新知，并形成高通路的迁移链。

从教学落实的角度来分析，要关注基于结构化主题单元整体教学的四个基本性要素及其对应的机制。

其一，要基于特定的数学教学内容及其结构化主题精准提炼大概念①，用大概念统摄、组织数学课堂教学内容，用大概念展开数学学习材料，用大概念梳理数学知识内在的逻辑序列，用大概念架构数学教材的知识结构，用大概念使原本相互离散的数学事实、数学知识、数学技能相互联系，形成非人为的数学意义，并据此形成能体现所教内容本质的系列单元。以初中阶段"图形与几何"这一领域的教学为例，尽管整个学习内容给人以琐碎、繁难的感觉，但是如果能从这一领域的大概念入手，不仅可以促进学生在思维层面由具体向抽象过渡，而且可以引导学生从系统角度对所学的内容进行更深入的理解与分析。事实上，"图形与几何"这一领域主要的研究对象是平面图形，研究的方法既涉及观察、分析、比较、猜想、实验、抽象、概括，又涉及演绎证明、运动变化和量化分析等具有数学化意义的方法与策略，研究的内容也关涉几何图形的基本性质和相互关系。由于点、线、面、角的学习与理解可以为平面图形的学习与理解做铺垫，三角形的学习与研究可以为其他平面图形的学习与研究提供基础性支撑，所以为了研究几何图形的基本性质和相互关系，需要把三角形作为一个大概念。图 5-3 直观地展现了三角形是"图形与几何"这一领域中的一个最重要、最关键、最基础的平面图形。

其二，要整体分析特定数学学习单元内容和学生数学学习基础、目标、动力，研制并落实以核心素养培养为导向的数学学习目标，基于有价值的数学活动情境、挑战性的数学问题和学生主动、能动的数学实践培育学生的核心素养。以初中"分式"这一单元的内容为例，既要具体分析分散于不同节次、不同课时的内容，又要整体分析作为代数式这一整体部分的分式、整式、二次根式等内容，研究它们个性化的数学本质和共同性的数学本质，基于大概念的抽象、概

① 马云鹏.基于结构化主题的单元整体教学：以小学数学学科为例[J].教育研究，2023，44(2)：68-78.

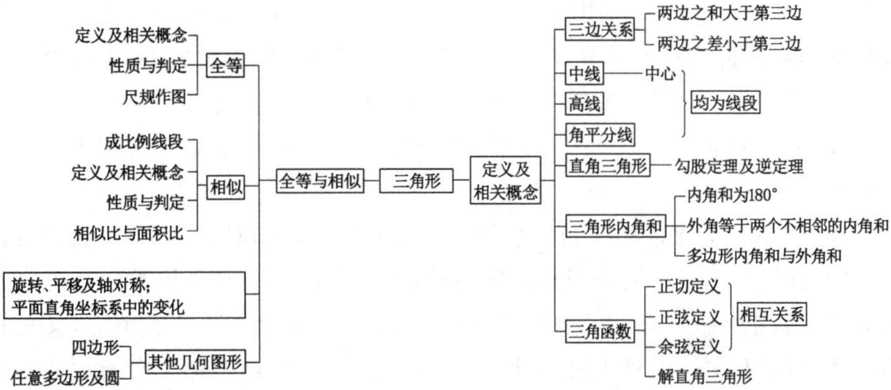

图 5-3　三角形大概念的直观示意图

括,研制“分式”单元的学习目标。就分式概念的建立而言,需要引导学生经历分式概念的抽象过程,深刻体会分式建构的必要性,认识到分式既是分数的一般化,也是整式除法运算保持封闭性的需要。就分式性质与运算的探究而言,需要引导学生进行分数基本性质与运算法则的类比,据此感悟数与式的通性,体会通分、约分与因式分解的作用,感悟同一式子不同形式所能提供的信息和数学功能,了解负整数指数幂的意义及其相关规定的必要性与合理性。就分式方程解法的探索而言,不仅要引导学生体会等价化归这一具有普适性的数学研究方法,而且要引导学生利用分式方程解决一些简单的实际问题,并因此体会分式方程是解决现实问题的重要模型。就学生知识结构化的形成而言,需要以分式的产生、性质、运算、关系为任务主线,探寻分式、分式的性质、分式的运算、分式方程的本质,思考分式与分数、整式的联系与区别,在经历数学化过程中体会数与式的辩证统一,感悟分式的数学价值,积累探究经验,完善认知结构。

其三,要针对相关数学学习单元的关键内容,优化设计、实施能体现数学知识、数学方法高通路迁移的数学教学活动。比如,在小学“比例尺”这一主题教学中,可通过“如何为小美同学的新居设计平面装修图?”这样一个具有现实情境的大问题,启发学生基于问题的求解回顾所学的数学知识,聚焦比、比例、图形测量、面积计算等数学知识;引导学生在问题探究过程中合理拓展、融通、运用其他学科的知识,经由思维方式的启发,更深入地理解“比例尺”这一具有核心意义的数学知识,将数学知识内化为关键的数学能力和必备的数学品格,生长为核心素养。

其四,要在考量学生年龄、认知和心理等教学要素的基础上,重视数学逻辑对于学生结构化学习的作用。具体而言，应当将对相关教学内容的逻辑分析看成教学结构分析的一个基本方法，依循数学内容内在的逻辑关系，重构数学教学活动的序列。为此，教师要善于将所教内容中的相关概念和结论组成一个公理系统，借助数学定义、逻辑推理演绎出相关数学结论，完善数学教学内容的概念网络。

其五，要基于课程标准和数学教材的反复审视，梳理所教内容与相关内容之间的关联性，重视不同知识点之间可能的节点效应，凸显不同数学知识之间的本质性联系。一个典型的例子是，在初中阶段，函数既是一个大概念，又是具体的数学知识，这一大概念之下涉及一次函数、反比例函数和二次函数等不同的内容，揭示分布在不同年级、不同学段、不同内容中的关联性，有利于学生把握所学知识的内容本质与方法本质。事实上，透过不同的具体函数，可以看到这些函数的研究方法有着高度的相似性，比如，它们都经历了“概念—图像、性质、方程—解决实际问题”这一具有格式化的研究过程。[①] 由此，在具体的函数教学中就需要引导学生进行函数研究一般路径的分析，可以从教材中的典型例题出发，进行相关知识的深入挖掘，充分运用问题串和变式训练将具体函数中零散的知识点勾连成线。图 5-4 是一线教师在一次函数复习课中对相关知识结构进行的梳理，不仅渗透了研究函数的一般性思路，而且促进了学生对函数大概念及其相关知识整体性的建构与深度性的理解。从横向上看，学习一次函数是师生通过实际问题情境对一次函数等概念的抽象以及通过图像进行一次函数有关性质的研究。从纵向上看，数学活动初步建构了“研究对象—研究内容—研究方法”的基本认知框架。

其六，要从整体上对教学结构进行变革。以核心素养为导向的数学教育是数学教育的系统性变革，数学课堂教学结构变革是这种系统性变革在数学课堂具化的一个关键和核心。毕竟，数学课堂的教学结构是数学课堂中教学活动过程的基本架构。传统的数学课堂教学结构不仅以班级授课制为主要形式，而且具有很大的稳定性。事实上，传统的数学课堂多地以“先教后学、讲练并重”为基本规则，以数学教师为主导，以数学教材为载体，以数学双基训练为要务，数学课堂结构总体上呈现了静态化、封闭性、被动性的特征。以大概念重构数学课堂教学要求以学生数学学习方式转变为抓手，强调学习者的主动性、能动性和教学资源的合理利用，强调数学教师对于知识本位的突破，强调师生对于数

① 周永伟.“自我效能感”培养的探讨[J].中学数学，2023(16)：46-47.

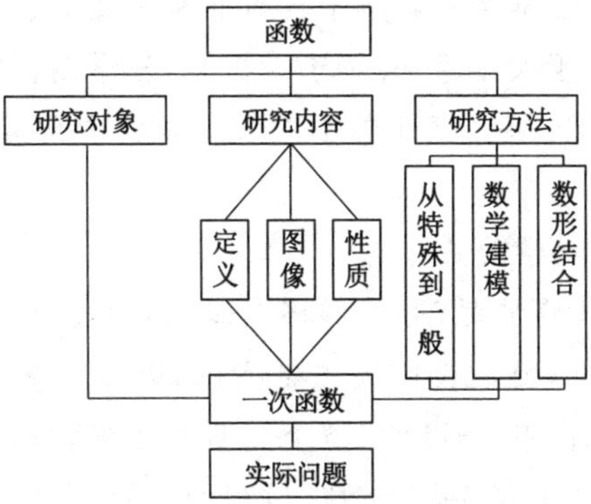

图 5-4　一次函数的内容架构

学知识意义的关注，强调教师帮助学生将数学活动与数学思考以及潜藏于数学活动中的大概念进行有深度的沟通、联系。就具体的教学结构变化而言，需要通过大概念、大情境、大问题、大任务的多引擎驱动，实现数学课堂结构从外到内、从形式到本质的七种变化：变“先教后学”为“以学定教”，变“复习思考”为“反思探究”，变“双基训练”为“素养提升”，变“当堂练习”为“拓展延伸”，变“课时教学”为“单元教学”，变“低阶学习”为“高阶学习”，变“工具性理解”为“关系性理解”。

以大概念重构数学课堂的教学结构变革，既离不开数学教学主题的确定、数学教学框架的构建、数学教学活动的组织，也离不开教学技术对于数学教学主题确定、数学教学框架构建、数学教学活动组织的影响。在某种意义上，以大概念重构数学课堂的教学结构变革也是新技术条件下的变革，需要注重大数据、网络化、信息化和各种平台对于教学结构的实质性影响，引导师生在丰富、多重的技术环境条件下经由高阶互动实现共同发展，引导师生通过以大概念、大情境、大问题、大任务为关键线索展开数学活动，强调对各种数学教学资源、数学教学要素和数学教学环节进行整体优化，并在此基础上产生更好的聚集效应，实现核心素养培养与教学结构变革、教学模式变革的协同。

如果将以大概念重构数学课堂教学比喻成一个新的教学模型，那么这种模型的核心就是以学生核心素养培养为导向，把大概念作为数学课程与教学中知识整合、结构优化的基点，通过数学教学内容、数学教学过程的新型的模型表达，进一步建立数学课堂教的活动与学生学习的活动两者之间的结构联结，并因此为学生构建具有梯度性、层级性的数学探究结构、数学经验结构、数学知识结构。由此，大概念在数学课堂教学中具有非常重要的载体功能，整体教学、深度学习基于大概念、寓于大概念、升华于大概念，教学结构的变革实现于数学课程、数学教材、数学活动、师生互动等不同教学要素内部或彼此之间的优化、对接、协同与转化。

（五）做好大概念教学的设计

以大概念重构数学课堂教学，需要将大概念教学的理论转化为大概念教学的实践。在宏观层面上，要积极推动以生为本、以核心素养培养为导向的数学课程与教学改革；认真谋求以往知识点全面覆盖传统教学设计的突破和重形式轻本质、思维浅表化、知识碎片化等教学过程的改变，突出学生创造性思维训练和数学问题解决关键能力培养，确认以大概念教学为导向的顶层设计原则。在微观层面上，要围绕特定数学教学内容大概念的层级，理解课标的要求，领悟数学教材的编写思路，突出所教数学知识结构的有序性、关联性；围绕指向核心内容的大概念做好教学内容分析，明晰教学单元的结构，合理规划教学的单元，处理好课程安排、单元教学与课时教学之间的关系；将大概念、大情境、大问题、大任务精准嵌入到具体的教学目标、教学评价和教学过程，优化大单元课程内容明线与大概念体系暗线并行的教学路径；落实以教学内容知识大单元与教学活动大概念、大情境、大问题、大任务的双向联结为核心的整体性教学设计，优化以大概念教学为导向的教学设计模式与教学实施方法，以完整的探究性数学活动承载数学大概念和问题解决的基本内容；引导学生更深刻地理解所学数学知识的意义，在数学知识意义建构与数学知识关系理解的思维活动中实现所学数学知识的高通路迁移。

能否形成高通路迁移与教学能否形成有效的结构密切相关。教学内容的结构与教学中能否揭示、运用大概念密切相关。在小学阶段，“认识大数”是一个非常重要的教学单元，通常需要超过 12 课时的教学安排，但是，由于教师在教学中没有帮助学生形成一些大概念，所以教学效果并不理想。为了形成有效的教学结构，教师在做教学设计时可以在了解课程标准、钻研所用教材、分析班情学情的基础上，对拟教数学教学内容进行再加工，合理运用“分析”“重组”“融合”等技术，将相关教学内容聚合成“1 是基本的计数单位”“自然数的计数方法是十进制计数法，十进制计数法是每相邻两个计数单位间进率为十”“任何数都能用多少个一、十、百等表示”三个大概念。围绕这三个大概念进行“大数的认识”的教学设计，有利于用少量主题的深度覆盖替换一些繁杂的表面覆盖，深化学生对于自然数知识本质及相关关键概念的理解，使学生更深入、更系统地掌握自然数的基本构成、数与数间的关系、读写法则等数学知识。为了促进高通路迁移的实现，数学教学的设计需要用大概念实现教学内容强有力的组织，通过大概念统摄教学内容，使孤立的数学知识、离散的数学命题、机械的教学技能相互缠绕、紧密关联，形成数学活动内在的意义。由于不同类型的数学知识的高通路迁移需要不同的知识结构支撑，在数学教学设计中应针对不同类型的数学知识展开更有针对性的教学设计，把知识结构的建立与大概念教学效度与准度的提升紧密结合起来。为此，教师需要结合大概念对不同类型的数学知识进行梳理，把大概念作为凸显不同类型的数学知识的本质要素、思想方法和思维策略的聚集点，针对不同类型的知识学习进行大概念的教学设计，赋予学生不同类型数学知识学习的价值。

就事实性数学知识的学习而言，不仅要重视学生在头脑内部建构、内化、接受或积累了相应的知识点，能用所学的知识解决相关问题，而且要重视学生数学问题意识的形成，要通过问题驱动学生掌握相关知识学习的方法，让他们主动地探求知识。比如，为了建构正弦、余弦等数学概念，教师不是直接给出具体的数学定义，而是抛出一个具有挑战性的数学大问题——在给定的直角三角形中，某锐角的对边与斜边、邻边间有无确定的关系？如果有，这种确定的关系是什么？如果没有，能否举出反例？类似的问题可以驱动学生猜想、探究和建构概念，学生在建构、内化、接受或积累相应知识点的同时能进行知识的创新，在今后的学习中也能将大概念作为所学事实性数学知识进一步应用、迁移的支撑点，能基于大概念形成更大的数学知识体系。显然，数学知识体系的建构需要超越片面的事实性知识，需要基于对知识的深度理解与灵活运用进行知识的多元表征、综合联系，强调基于结构化、大思维和整体性进行所学知识的融合和层次提升。据此，数学教师在相应的教学设计中，就需要处理知识背景、知识表征、知识应用之间的关系，引导学生体会相关数学抽象的必要性，感受相关数学探究的合理性，验证相关数学理论的科学性，展现数学方法的致用性。

就程序性数学知识的学习而言，不仅要经历知识的习得、转化和应用三个阶段，而且要通过变式练习由陈述性数学知识向程序性数学知识转化，要通过大概念将程序性数学知识有效地串联起来，形成具有活性的知识网络和程序体系。在初中学习乘法公式这一教学单元时，在学习了“和的完全平方公式”这一主题的知识以后，教师可以引导学生思考如何把“差的完全平方”转化为已学习的“和的完全平方”，探讨“和的完全平方公式”与“差的完全平方公式”两者之间的关系，使学生从整体的角度理解所探求、学习的数学公式，并使学生在遇到形式上更加复杂的完全平方时不是机械地运用所学的数学公式，而是抓住问题的关键和本质去求解。由于数形结合有利于加深对所学数学公式的记忆和理解，教学中需要引导学生学会把代数的问题转化为几何的问题进行求解，比如用长方形面积求解的方法思考乘法公式的证明。为了能通过大概念将程序性数学知识有效地串联起来，在教学设计中就需要重视相关数学活动的设计。具体而言，要通过数学活动引导学生经历发现问题、提出问题、猜想求证、归纳步骤、建构模型、推广应用等过程，要通过数学活动强化学生对于不同类型数学知识之间的联结，构建不同类型数学知识与学生数学现实之间的关联，使程序的建构与程序的运用、程序的分析、程序的评价和程序的改进等不同的教学活动相融相长。

就事理性数学知识的学习而言，要引导学生观察思考、抽象概括、概念界定、问题澄清、逻辑论证、理论内化、理论应用，通过数学活动中事理性的有效确证，把学生的数学活动经验转化为有深度的数学思维和可迁移的数学知识。例如，在进行“平行四边形判定”的内容设计时，教师基于学生头脑中已有的“平行四边形性质”这一大概念，引导他们在应用平行四边形性质过程中进行大胆的逆向思考：如果一个四边形的两组对边分别相等，那么，该四边形一定是平行四边形吗？如果一个四边形的两组对角分别相等，那么，该四边形一定是平行四边形吗？如果一个四边形的对角线互相平分，那么，该四边形一定是平行四边形吗？如果一个四边形的一组对边平行且相等，那么，该四边形一定是平行四边形吗？在形成有关的猜想之后，教师可以引导学生基于已有知识经验展开有深度的数学思考与交流，通过结论的验证、证明以及思路的交流，深化师生、生生的数学学习互动，最后归纳出平行四边形的判定定理。

三、以大概念重构数学课堂教学的途径

以核心素养培养为导向的数学课堂教学要求克服以数学知识点授受为课堂教学中心的痼疾，要求关注数学知识内在的整体性、系统性和学科本质，聚焦大概念，创设大情境，提炼大问题，设计大单元，探究大任务，使数学学习更具关联性、结构性、情境性和挑战性。为了帮助学生经由数学教学活动积累、构建核心素养，数学教学需要高度重视大概念的教学运用。从数学教师教的一端考虑，教师要对所教的数学内容进行深刻理解，要破除轻经验和去情境化的数学教学观念，克服“阔而浅”式的课程内容，要将大概念的理念融入教学目的、教学结构、学生深度学习的思考，通过教学法的加工，将融入大概念的数学课程与教

学内容有效转化为学生可以理解、接受的形式。围绕学生核心素养培养的教学目标对融入大概念的教学内容、数学活动进行组织与呈现，强化理性、科学、有序、合理的教学活动安排。要对所教的内容有整体性的认知、把握和深度性的理解、关联，不仅能以大概念为锚点整合、重构数学活动的内容，而且能以大概念为统领，整体优化大单元数学学习的方案。依托大概念编写数学教学目标，开发数学活动，设计数学活动评价工具，全面思考数学课堂教学的知识、行为、评价等不同要素的逻辑关系，既科学合理地重组数学课堂教学活动的要素，又科学合理地重构不同数学活动教学要素之间的关系。

从学生学的一端考虑，数学大概念的学习不仅仅是对数学大概念是什么的学习，而且是相关数学大概念何以为大概念、何以建构以及究竟有什么应用的学习。学生需要对数学大概念的形成过程及其思维方法的获得和逻辑推理的过程进行学习，需要在新旧数学认知相互交替、深化拓展中实现对特定内容数学大概念的建构、理解与应用。为此，学生需要积极参与数学活动，学会用多种形式表示数学问题，结合教师创设的情境进行深入的思考、讨论，用联系的观点审视所研究的问题、方法与结论，并经由教与学的互动产生结构化思考和数学关键能力的迁移。多元表征、深刻理解和知识迁移是学生数学深度学习中非常重要的方面。事实上，如果学生能学会用多种形式表示、讨论、联系所学的数学观点，他们不仅能在不同数学表征形式之间建立联系，更深入地理解所学的数学概念以及运用的程序规则，而且能更好地展示其数学学习中“更为深刻的数学理解和更好的问题解决能力”①。

以大概念重构数学课堂教学需要坚持“自上而下”和“自下而上”并重的数学教研、教改路径。自上而下的数学教研、教改是推动大概念数学教学的主流。一方面，以大概念重构数学课堂教学需要诸如《义务教育数学课程标准(2022 年版)》等上位文件或政策的引导，需要地方教育行政部门对于核心素养、结构思想、大单元、大任务、大问题、跨学科等整体性教学思想、探究性学习策略、综合化学习理念的引导或要求的强调。另一方面，需要许多优秀数学教师甚至顶尖数学家、数学教育研究人员对普通数学教师的引领、指导，如美国心理学家、教育学家杰罗姆・布鲁纳(Jerome Bruner)在研究学科结构时强调的“没有最具才

---

① National Council of Teachers of Mathematics. Principles and standards for school mathematics [M]. Reston, VA: NCTM, 2000: 17-21, 65-71.

华的学者和科学家的参与，这一任务将无法完成”①。布鲁纳认为，学科结构是伟大的概念发明，它们使无联系的观察事实的聚合产生秩序，使我们所学习的内容产生意义，使开辟经验的新领域成为可能。与此相关，学生就需要学习学科的“基本结构”，这就是指掌握各种基本概念、基本原理以及它们间的规律和联系，而不是掌握零星的经验、事物或知识结论②。在某种意义上，以大概念重构数学教学的前提是基于广大数学教师自身必须对发现问题、提出问题、分析问题、解决问题、建构命题、形成数学大概念等一系列的过程及相关数学活动的困难进行既透彻又深入的研究；否则，不借助于外脑，不借助于深入的学习和思维碰撞，大多数数学教师很难准确建构出相关的大概念，更谈不上基于大概念的有效数学教学。事实上，对于多数悟性不是很高和工作激情一般的数学教师而言，通常会因个人教学的传统或惯性而不会主动切入以大概念重构为要求的数学课堂教学。毕竟，大概念数学课堂教学要求数学教师通过高观点、整体性、系统性的教学思维分析、理解所教的数学课程，要求数学教师善于深入挖掘、充分理解具体数学内容背后的本质、观念、联系、结构。由此，对数学教师而言，大概念数学课堂教学是比较费时、费力和费神的。如果教学评价不改变，许多数学教师所做的工作会实质性地遭遇“吃力不讨好”的问题。这也表明，仅仅依靠广大数学教师自发、自觉、主动地进行大概念数学教学的教研、教改，目前还存在着很大的困难、障碍。对一些年龄偏大、专业功底不足或教科研兴趣缺乏的数学教师而言，尤其显得不切实际。因此，加强组织、引导，以大概念数学教学的落实为导向开展自上而下的教研、教改就显得既重要又必要。

从教学管理的角度分析，自上而下的教研、教改突出了各层级领导对于大概念教学的重视，改造了数学课堂教学旧有的制度，建构了新的教学研究与考核指标，有利于以评促研、以评促思、以评促改。从教学示范的角度分析，通过自上而下的教研、教改，学科专家在汇集大概念数学教学案例与方法方面可以发挥样例的作用，在数学教材修订和考试命题等工作中可发挥对大概念考察、理解与运用的引导作用，以点带面推动数学大概念教学，不仅可以把课程标准中上位的目标细化、分解到下位的实施层面，而且可以通过深度的解释、引导激发广大数学教师以大概念重构数学课堂教学的动力、信念、信心和思维。

---

① FULMER G W. Estimating critical values for strength of alignment among curriculum, assessments and instruction[J]. Journal of educational and behavioral statistics,2011,36 (3):381-402.

② 单中惠，朱镜人. 20世纪外国教育经典导读[M]. 济南：山东教育出版社，2018:77.

与自上而下相比较，自下而上的数学教研、课堂教改是以大概念重构数学课堂教学的基础。没有一大批热衷于数学教研、课堂教改的一线数学教师，即使国家层面有许多好的文件、政策来推动以核心素养为导向的数学教学，即使有许多大专家主动、积极地引领、指导一线数学教师开展大概念数学教学的研究，以大概念为理念的数学教学也很难得到有效的普及、落实，更谈不上持续改进数学课堂教学、提高数学教学质量等初衷的实现。

调研表明，由于一线的数学教师教研、教改的能力不足或者实践不到位，不仅对大概念数学教学存在着许多误读，而且在教学实践中也遭遇许多困境。一些数学教师虽然在数学教学实践中积极尝试大概念数学教学，但结果却是十分异化。这不仅表现在这些教师混淆了“数学概念”“数学观念”“数学基本概念”“数学教学中的大概念”等一些常识，而且抛弃了数学教学中应有的知识结构。他们不注重数学学科内部及其与其他学科知识之间的关联与整合，脱离了《义务教育数学课程标准(2022 年版)》所强调的关键要求，缺失了教、学、评三者的一致性。究其原因，是这些数学教师对数学大概念教学缺少深入的研究，不能准确把握大概念教学的内涵与定位。调研还发现，有许多数学教师通常会想当然地认为，只要自己在课堂中进行了大量的概念讲解，学生把基础性的概念弄清楚了，就会自然而然地形成相关数学内容的大概念。一些教师认为，学生的数学学习更多的是以模仿为主，只要自己在课堂上做好解题的示范和基本概念的讲解，加强练习和考核，学生自然会感悟出数学的思想或方法。更有甚者，一些教师认为学生无法直接获得数学大概念，教师应当将自己所理解的数学大概念直接告诉学生或者通过演绎的方式进行展示。所有这些，虽然表面上使数学课堂教学强调了基础与训练，但却实质性地缺失了对学生大概念学习需求的激发和相关数学学习内容深度的思考、理解，教学效果自然不佳。对此，我们可以从英国学者温·哈伦等人对广大教师的告诫中获得启示，他们认为，“如果教学法并不与大概念的需求衔接，只是建议教学内容应该关注大概念是没有用的”①。

为了从大概念教学诸多的现实困境中走出来，教师需通过有深度的教研、教改主动优化、突破一些虽被习惯性地使用却有所不当的教学结构，紧扣大概念，提出大问题，将大任务的探究与学生自主实践、模型构建、抽象反思等能力

① HERMAN J L, WEBB N M, ZUNIGA S A. Measurement issues in the alignment of standards and assessments[J]. Applied measurement in education. 2007, 20(1):101-126.

的培养有机结合起来。

以二元一次方程组的教学为例，长期以来，大多数教师习惯于按照“分—总”型的结构设计、安排教学(见图 5-5)。在实际的教学中，教师会结合生活实际创设出诸如“篮球比赛得分问题”“足球比赛得分问题”“鸡兔同笼问题”“环保知识竞赛问题”等学生喜闻乐见的情境，引出二元一次方程组的概念或模型。但在建立实际问题的方程模型后，这种“分—总”型的教学并不研究如何解方程组进而得到实际问题的解，而是转向对二元一次方程组这一数学对象的分析，探讨二元一次方程、二元一次方程组等数学概念以及与此相关解的概念。这样的教学安排通常需要 1～2 课时，完成这一教学任务后才进入解二元一次方程组的学习，通常又要用 3～6 课时的时间，并且基本上是按照先讲代入消元法，后讲加减消元法，再进行合理选择的先后顺序展开教学。在此之后，教师会安排大约 3 课时左右的时间解决实际问题。总体上说，这种构型的教学设计与安排更多的是强调教师讲清数学概念，引导学生先完成所有陈述性知识点的学习，最后运用所学知识解决问题。尽管按这种套路展开教学活动有其积极的方面，比如，有利于学生掌握知识与技能，有利于教师检测学生知识与技能掌握的熟练程度，等等，但这种静态的知识习得不仅偏向了碎片化的知识点学习，而且游离了所学知识有深度的综合运用，学生被教师牵引着被动、有序地学习，学习的内在情感需求没有得到真正的关注和尊重。因此，如何进行“分—总”型教学结构的突破就显得非常重要。

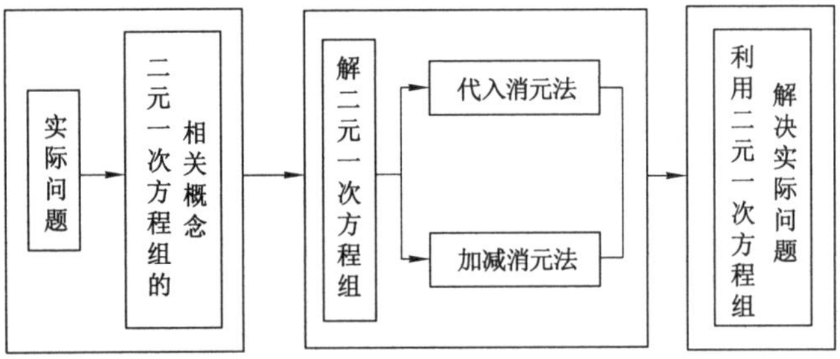

图 5-5 “分—总”型教学结构示例

调研表明，许多学生虽然学习了二元一次方程组的知识，但是并不理解自己为什么要学相关的知识、学了相关知识有何用、所学知识与其他知识有何联系。有一些教师为了激发学生学习二元一次方程组的兴趣，通过展示二元一次方程组与现实生活的密切联系，创设了具体的情境性问题，但是并没有将情境导向到相关问题的深入分析与具体求解，只是为相关概念的讲解做铺垫。学生对二元一次方程组具体知识的整合不到位、对思想方法的内化不足，这就不可避免地影响了教学的有效性，甚至会严重抑制学生探究问题的兴奋点。事实上，二元一次方程组的教学设计，不仅需要及早让学生接触、分析相关的现实问题，而且要及时把学生的数学探究导向由生活中的自然语言向数学语言等价转化。在某种意义上，经由情境引导产生问题分析、得到实际问题的解，是大多数学生当下的思维兴奋点，也是方程研究价值的重要体现。因此，如果善于以实际问题完整解决的过程带动二元一次方程组作为一个单元的教学，更容易使学生在学习、研究的初始阶段就对二元一次方程组的教与学产生整体性的认识。如果按这种思维安排教学，二元一次方程组及其解、代入消元法、加减消元法等具体知识点就会以“整体中的部分”的形象出现，并因其在整体中的作用而变得更有意义。这就表明，有必要将许多教师已经习惯了的“分—总”型的教学结构合理优化调整为“总—分—总”型的教学结构(见图 5-6)。

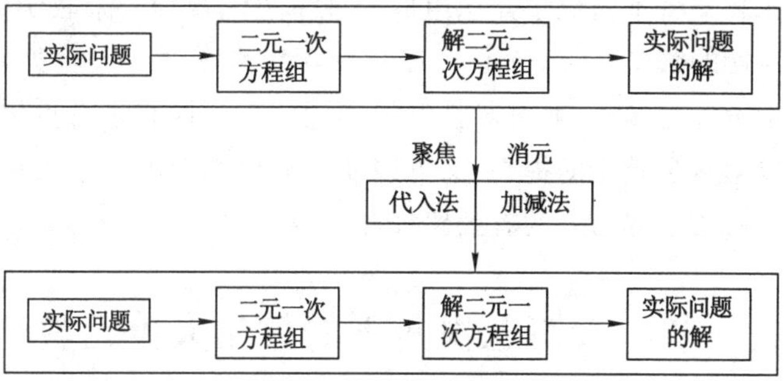

图 5-6 “总—分—总”型教学结构示例

“总—分—总”型的教学结构不仅以实际问题求解的完整解决过程带动了二元一次方程组这个具体整体性单元的深度教学，而且使学生在学习之初就对问题求解、知识运用产生迫不及待的探究心理和整体性的理性认识。伴随具体问题的分析与求解，学生不仅会建立二元一次方程组的相关概念，而且能将代入消元法、加减消元法等具体的方程组求解方法融入方程的整体知识。相关的探究既显现了“树木”，又识见了“森林”。数学活动形成于“整体的部分中”，消解了学生碎片化的知识接受，数学学习活动的过程更有意义。

第六章 大概念视角下的数学大单元教学设计

大概念视角下的数学单元教学设计不仅可以更好地赋予数学教学活动以数学化的结构，使数学教学活动成为一个有意义的完整性事件，而且可以更有效地培养学生数学探究的反思思维、系统学习的整体思维和做数学题的立体思维。从数学教育教学的改革来分析，大概念视角下的数学大单元教学设计可以成为撬动传统数学课堂教学转型的重要支点，是从实践层面回应数学课程与教学设计的结构化理念与思路。对于数学教学活动中的主体而言，大概念视角下的数学大单元教学将不同数学知识组成的教学单元视为一个教学的整体，不但可以促进整体性的数学学习，而且可以具化深度数学学习。可见，立足大单元开展数学教学设计与实施，通过对教材中不同的单元内容进行重组、整合，既可以实现数学课堂教学效率的提高，又可以使大概念视角的数学大单元教学设计成为落实学生核心素养培养的有效路径和重要载体。

第一节 大概念视角下的数学大单元教学

数学课程与教学改革的核心是在数学课程与教学中落实学生的核心素养培养。由于学生的核心素养发展具有整体性、综合性，不能仅依靠单一的知识点、技能点或者某一堂课来实现，所以大单元教学应当突出整体性、结构化的学习，让学生所学的知识从孤立、碎片、无序走向关联、系统、有序。与此相对应，数学课堂教学设计需要克服传统课时教学或者知识技能为单位的碎片化设计的不足，通过教学设计的变化强调学习历程的完整性和相对独立性。

一、关于单元教学

作为一种教育理论或教学主张，单元教学源于 19 世纪末 20 世纪初期欧美国家的“新教育运动”。该运动倡导者之一的比利时学者德可乐利（Decroly）提出了兴趣中心的课程和整体化的教学原理，主张教师教学在确定合适教学主题的基础上围绕主题组织教学内容，并选择适合学情的教学方式。“新教育运动”强调教学是一个整体，认为教师不应该人为地肢解教材。这是因为，如果这样做就会使所教的知识形成碎片化，既不利于学生建立、发展自己的思维体系，又不利于学生建立完整的知识结构，影响学生思维品质的改善和良好认知结构的形成。

杜威是主张实用主义的教育家、哲学家，尽管他并没有非常明确地提出“单元教学”这一具体的概念，但是，他所倡导的教育教学思想中实质性地渗透着单元教学理念。比如，他提出了“做中学”“项目化学习”“五步教学法”等教育教学思想，强调活动经验，重视学习者的联想，提倡把问题置于与学习者活动经验关联的知识中。杜威提出的五步教学法，在本质上就是问题教学法或者“思维五步”，强调要按照解决问题的关键步骤设计教学程序。具体而言，就是教师要按照“创设问题情境—提出问题或确定课题—拟定问题或课题的解决方案—执行计划—总结与评价”的基本流程展开教学。

1918 年，杜威的学生威廉·赫德·克伯屈(William Heard Kilpatrick)以杜威“做中学”的教学理论为指导，开发了“设计教学法”。在《设计教学法：在教育过程中有目的活动的应用》一文中，克伯屈首次系统地阐述了项目化学习活动的概念，为基于项目化学习模式的产生以及其进一步的科学化发展奠定了基础。“设计教学法”强调教学要重视学生兴趣、专长的开发，要以学生整体性的生活和有目的的活动为中心，开展类似于生产者、消费者、问题解决者或练习者的设计；强调通过实践解决问题，破除不同学科之间的边界①；强调学生要依靠大脑中已经掌握的知识与经验进行知识的建构，学会拟定学习计划，依托实践活动来解决实际问题。② 克伯屈倡导的设计教学法不仅使杜威所倡导的问题设计教学法进一步具体化和流行化，而且因其摒弃了旧有的、严格的教学分割模型，主张废除传统的班级授课制，打破固有的学科体系，根据学生的兴趣、专长、爱好以及需要进行教学的组织，重视以小模块课程为依据开展教学活动，所以实质性地进一步推动了单元教学的具体应用与理论发展。有研究者甚至认为设计教学法就是单元教学。③

① 杨明全，赵瑶．从分化到融合：跨学科主题学习的三重维度[J]．教育科学研究，2023(5)：5-12.
② 刘月婷．克伯屈设计教学法之研究[D]．上海：上海师范大学，2012.
③ 林健宇．运用单元教学策略发展生物学核心素养的实践研究[D]．上海：华东师范大学，2022.

1931年,美国教育家莫里逊(Morrison)在芝加哥大学附属中学的实践基础上提出了"单元教学"的主张。在莫里逊看来,教师要想使学生熟练地掌握所教的知识,就必须通过单元教学的方式保证学生有足够的时间来学习与探究,既学习教材中的知识,也探究与待学知识对应的问题。莫里逊强调要让学生在一段时间内能有效学习并解决一个问题。莫里逊认为,教师在教学中有两个基本的任务:其一,教师应善于选择并且组织学习单元的内容;其二,教师应善于确定适宜于学生能力和兴趣的教学程序,以便使学生易于掌握教学内容。在具体的教学展开上,莫里逊倡导"探索→提示→自学→系统化→复述"这五步化的教学流程,教学流程通常以月为大单元,以1～2个星期为小单元。莫里逊注重团体教学,主张教师根据学生的能力与兴趣选择单元主题;强调教师要善于整合教学活动与教学情境,引导学生在集中时间段专注于某一项任务的探究。虽然莫里逊并没有开展单元作业的设计研究,但是他所倡导的单元教学不仅可以让学生熟练所学的内容,而且可以促进学生人格的发展。

在20世纪60年代,学科结构运动为大概念在课程与教学领域的萌芽提供了思想的土壤。以布鲁纳、施瓦布等为代表的课程专家,在学科结构运动中不仅倡导由学科基本结构架构的课程内容,而且重视"做科学"的教育教学理念,主张课程的一致性、整合性,强调推动教育教学内容的结构化,优化课程与教学实践。与此同时,美国教育学家、心理学家布鲁姆在吸收和借鉴杜威教学理论的基础上,创造性地提出了"掌握学习"理论。布鲁姆认为,实施"掌握学习"需要做三点准备:首先是制定教学中应当掌握的目标;其次为"掌握学习"设计学习单元;最后是编制覆盖单元教学内容和目标的试题。根据布鲁姆的"掌握学习"理论,学生应是都能够学习的,学生究竟能不能实现学习,关键在于教师。作为教师,不仅需要为学生提供最佳的教学,为不同的学生群体提供体现因材施教的教学,而且需要协同其他有关主体,为学生提供充足的学习时间。如果教师这样做了,那么大部分学生都够获得较高质量的教学。也正因为如此,布鲁姆的"掌握学习"理论通常被认为是一个既经济实用又简便可行的教学思想和策略。① 早在20世纪90年代,布鲁姆的"掌握学习"理论就在北美洲被3000多所学校用以指导教学,"国际教育成就评价协会"所属的约20个成员方也进行着相关方面的教育教学改革试验。② 单元教

① 徐碧波.布鲁姆的掌握学习理论[J].湖北大学学报(哲学社会科学版),1992,19(3):66-71.

② 张桃梅.布鲁姆"掌握学习"理论述评[J].西北师大学报(社会科学版),1990,27(2):73-76.

学是布鲁姆“掌握学习”理论的重要内容，在提倡单元教学的同时，以掌握学习为导向的教学在整个单元内都重视以课程单元的目标为指导。可以认为，布鲁姆“掌握学习”理论不仅为单元教学的系统化发展、情境化应用和规模化推广做出了巨大贡献①，而且随着“掌握学习”理论的进一步研究与运用，必然进一步推动单元教学理论的建构与发展。

国内对单元教学的研究与运用相对较晚，不过，就大概念及其教学组织的一致性而言，也有着一定的课程改革实践支撑与教学研究的基础。1920 年，杜威等人访华，把实用主义等教育思想带到我国。比如，梁启超、陈鹤琴等人在学习杜威、克伯屈等人所倡导的教学法基础上开展了单元教学的实验，其中，梁启超所提出的“分组比较教学法”常被认为是我国单元教学的雏形。② 梁启超认为，教师可以先按照教学的内容进行分组教学，然后再进行分组比较教学，这种教学本质上突出时间单元和连续性教学，对我国后来的单元教学设计研究有一定的影响。20 世纪 80 年代以后，有许多学者结合自己的学科教育教学实践对单元教学理念提出了自己的认识。有研究者认为，单元整体教学是一种全新的备课与教学形式，顺应了学生对教师所教学科的认知规律，是教师解构教学文本、设计教学、提高效率的有效手段，可以丰富我国的教学模式。③ 有研究者提出并实践了“掌握学习法”的课堂教学模式，认为“掌握学习法”教学模式的设计需要对现行教材进行单元划分，即将每章教学内容按照知识的内在联系与相对独立性，划分成若干个单元。④ 有研究者认为，在中学诸多的教学改革中，单元教学改变了旧有的教法，创造了新教法，不仅有利于教学系统性的加强，而且有利于学生自学能力的培养，切合了新型人才培养的需要。⑤ 有研究者认为，单元教学是以单元主题为线索，聚焦单元目标，遵循学生学习的一般规律，设计相关的教学内容、作业内容、评价内容和教学资源等，并保持这些要素之间的一致

① 吴文婕.基于深度学习理论的“圆锥曲线与方程”单元教学实践研究[D].南昌：江西师范大学，2021.

② 李芹，李俊扬.我国数学单元教学研究的文献综述：基于 2011—2021 年研究文献的统计分析[J].内江师范学院学报，2022，37(4)：7-11，22.

③ 江志勇.单元整体教学中的有效整合探微[J].小学教学参考(语文版)，2010(7)：17-18.

④ 朱立峰.实践“掌握学习法”的教学模式与存在的问题[J].西南民族大学学报(人文社会科学版)，1995，16(增刊 3)：80-83.

⑤ 覃可霖.单元教学漫谈[J].广西师范学院学报(哲学社会科学报)，1995(1)：81-85.

性，开展连续课时、循序渐进的教学模式。[①] 在课时限制、升学率考核等多重影响下，许多教师只把教学精力放在学生表层知识结构的培养上，对所学知识之间的联系缺少应有的关注。学生基于孤立的知识点难以从全局把握所学的内容，不利于核心素养的培养。为了有效落实学生核心素养的培养，需要强调单元教学的研究与实践。研究者指出了单元教学对于学生核心素养发展的价值，视单元教学为介于现代教学和传统教学的中间道路，为学科教学落实核心素养培养非常重要的路径，指出要用好现行教材、上好“三堂课”：在起始课上，要整体规划全单元的学习，让学生“见木见林”；在分解课上，要上联下延、一以贯之，让学生在结构和联系中学习每一个新知识；在小结课上，要梳理结构、明晰思想，让学生把书读薄、读透。[②] 无论是大单元教学还是其对应的设计与落实，难点与核心技术主要是依据单元目标规划好学生的学习内容和学科实践活动，推进并落实学生的学习进阶。[③]

总的来说，单元教学融合了克伯屈“设计教学法”、布鲁姆“掌握学习”、桑代克“学习迁移”、格式塔心理学“整体论”等思想。目前，国内外对单元教学研究的范围越来越广，对单元的划分也已经超越了“小单元”，转而以内在的逻辑性为依据对相关教学内容进行整合形成“大单元”。在数学学科的单元教学研究中，有研究者提出了 4 层面、13 子维度的数学单元教学研究维度框架（表 6-1），并指出“单元教学就应当是一种有效的教学方式，因为一个单元就是一个思想体系、方法体系、知识体系”[④]。从实践层面看，这一研究具有一定的启发意义，比如，为了更好地落实单元教学，应当注意深挖单元教学的学理层面，完善单元教学的理论体系，夯实单元教学设计的功底，拓展单元教学的理论研究，推进单元教学的案例开发。[⑤] 更一般地，为了将学生的核心素养培育落实到位，应注意以大单元整合课程与教学的小单元，以大观念、大概念、大问题统领课堂教学内容，化“碎片化知识”为“整体性结构”。

---

① 陈丽缘. 上海市小学语文教师对单元教学的态度调查研究：以上海市 C 区为例[D]. 上海：上海师范大学，2020.

② 石树伟. 传统与现代之中间道路：数学学科单元教学落地的应然选择[J]. 上海教育科研，2023(6)：84-88.

③ 吕映. 大单元教学实现学习进阶的三个要点[J]. 语文建设，2023(10)：15-20.

④ 喻平. 数学单元结构教学的四种模式[J]. 数学通报，2020，59(5)：1-8.

⑤ 王磊，陈建明，杨博谛，等. 回顾与启示：近四十年中国基础教育数学单元教学研究[J]. 数学教育学报，2023，32(4)：21-27.

表 6-1 4 层面、13 子维度的数学单元教学研究维度框架

维度	子维度
概念层面	数学单元的内涵及分类
	数学单元教学设计的内涵
	数学单元教学的相关概念
学理层面	依据和基础
	原则
	策略和方法
	特征
	价值
	发展趋势
设计层面	数学单元教学设计的课堂类型(范式)
	数学单元教学设计的实施路径
	数学单元教学设计的具体案例
应用层面	实证研究

二、关于单元教学设计

20 世纪 80 年代,教学设计因将心理学、学习论等理论有机结合,关注了学习者、学习目标、学习任务、学习情境等不同心理因素的相互影响,在动态发展中有效引导了教师的教学实践。① 研究者通过抛锚式教学设计促进教师在专业或教学上的发展,强调设计真实的师生互动支撑教师更有效的教学参与、教学反思。在数学学科的单元教学设计中,有研究者强调要“聚焦学科素养、优化课程结构、把握数学本质”,并在此前提下合理高效地规划好教学模块。② 有研究者指出,单元教学具有“彻上彻下”的功能,因为往上可以依据课程的总体目标构建比较完备的知识架构,往下可以合乎逻辑地进行课程的配置。在落实学科核心素养的教育教学过程中,单元教学是非常重要的基本单位。为了进行单元教学的设计,重点是对教学的单元进行设计。③

较之于传统的教学设计,单元教学设计是基于单元教学的新型教学设计模

① 宋耀武,崔佳.心理学发展与教学设计的演变[J].教育研究,2018,39(7):95-101.

② 李健.例谈单元教学设计下的变式教学探索[J].数学通报,2020,59(12):45-48.

③ 杨玉琴.核心素养视域下的单元教学设计:内涵解析及基本框架[J].化学教学,2020(5):3-8.

式，具有整体性、分层性、程序性、生本性、创造性等方面的特征。为了形成高质量的单元教学设计效果，并据此发挥单元教学在三维教学目标落实、课程整合与开发、核心素养培养等方面的独特优势，教学设计者应在吃透所用教材的基础上，科学运用系统的方法论进行课程与教学内容的重组，形成逻辑结构更清晰的学习单元。① 立足于单元教学的理据与目标，有研究者指出，为了捕捉教育教学目标与大多数儿童认知现实之间的落差，单元设计前应学会记述“教师的意图”与“儿童的实态”。前者可从“教学内容”“指导概略”“儿童面貌”进行描述，后者要从“培养的面貌”角度来分析教学实践中的问题实态，紧贴单元教学要求和儿童生活的背景性问题来进行更加深入的描述。② 为了构想好学习活动，单元设计首先要探讨学习的教学内容，布局单元教学计划的格式与编制要领。③ “目标、教学、评价”三位一体的关键在于“整合性”，是“单元设计”最重要的指标。因此，应关注单元设计中的三个重心，即应通过明晰教学目标做好目标设计，通过聚焦知识建构做好方法设计，通过有效反馈信息做好评价设计。④

在数学教学中，单元不仅是核心素养培养目标达成的教学单位，有着特定的情境、问题、活动、知识、方法和评价，而且是一个超越传统课时教学的体系，有着结构化的数学活动内容、整体性的知识学习目标和关联性的数学教学资源。在当前强调学生核心素养培养的教改背景下，大概念引领的学科教学是实现学科知识学习与学生核心素养培育这两者有效对接的最佳选择，单元教学也因此成为促进学科大概念理解的基本教学样态。⑤ 有研究者指出，目前我国的初中数学教师不仅在单元教学设计认识上尚不到位，而且在单元教学设计实施方面还有许多情况有待改善。⑥ 从知识建构的角度审视单元教学设计，需要处理好课堂教学中知识的层级结构、单元的教学目标、问题解决的过程与方法以及教学过程的评价等关键环节⑦，应坚持“以学论教”“以学定教”“以教引学”“教

---

① 吕世虎，吴振英，杨婷，等.单元教学设计及其对促进数学教师专业发展的作用[J].数学教育学报，2016，25(5)：16-21.

② 钟启泉.单元设计：理据、目标、课题[J].基础教育课程，2017(21)：86-87.

③ 钟启泉.单元学习活动的设计[J].基础教育课程，2017(23)：84-85.

④ 钟启泉.单元设计：撬动课堂转型的一个支点[J].教育发展研究，2015，35(24)：1-5.

⑤ 占小红，刘欣欣，杨笑.基于学科大概念的单元教学设计模式与类型化研究[J].上海教育科研，2022(9)：75-81.

⑥ 杨小丽.初中数学教师单元教学设计的“现状”“问题”及“对策”[J].数学教育学报，2023，32(2)：24-29.

⑦ 刘振南.知识建模视域的单元教学设计[J].中学政治教学参考，2022(2)：15-17.

学协同”，在教学的全程贯穿、落实好“教—学—评”的一致性①。

三、大概念视角的数学大单元教学

以大概念统领数学教学活动的单元设计，是在科学确定大概念之后、围绕大概念对数学教学单元进行的精心设计，是基于大概念对数学课程与教学目标、内容、评价、过程的系统整合。如果说数学大概念反映了数学教学内容的本质，集中表现了特定数学教学单元的内容结构，那么数学的大单元教学就是基于大概念对特定的课程与教学内容进行的重构、重组，是对相关课程与教材内容进行的二度开发和整体性设计，是把原本碎片化的数学知识点有机地串联。这种二度开发和整体性设计意味着数学教师教学站位的自觉提升。这是因为，在这样的教学设计中，立足点不是某一个知识与技能学习行为，也不是某个片段性的数学学习活动，而是要求数学教师能系统审视学生数学学习中的知、情、意、行，关注学生从数学活动参与、数学知识习得到数学思想理解、数学方法迁移应用的全貌。这种二度开发和整体性设计，要求数学教师能跳出仅仅串联在不同时间段所教不同知识点的微观思维，将学生数学学习历程作为一个系统、整体来通盘考虑。既分析采用何种方法、手段突破某一个局部的教学难点，又注意揭示不同知识点、不同阶段数学活动经验间的相互勾连和纵横贯通，使不同内容的学习、不同阶段的学习和不同主体的学习能够相互借力，更自然、更有效地突破教学难点。可以认为，数学大单元教学的理念与实践将有利于教师更深入地理解数学大概念，有利于教师走出旧有的、单一性教学模式和各种形态的碎片化教学，成为数学大概念教学的新型样态。

自《义务教育数学课程标准(2022年版)》颁布后，数学教育教学的新理念被进一步推广与施行，在这种背景下，越来越多的数学教师开始重视自己教学理念或教学观念的转变，自觉地改变长期存在且已被证明片面化的教学关注或不当倾向。这种片面化的教学关注或者不当倾向，虽然有多种表现形式，但最主要的还是体现在考什么就教什么，强调具体知识点的授受、掌握，强调升学率为教师考评的硬性指标。在寻求改变的过程中，部分数学教师会敏锐地认识到单元教学对于学生深度学习、整体性学习的重要性。比如，有一些教师在现代教育教学理念的影响下，形成了个人关于单元教学的信念，即单元教学可以打破我国长期盛行的课时主义对师生课堂教与学的束缚，有利于教师发挥主观能动

---

① 雷浩，李雪.素养本位的大单元教学设计与实施[J].全球教育展望，2022，51(5)：49-59.

性，通过更深入的教学研究将教学的内容置于单元的整体中进行教学内容的设计与教学活动的组织、实施。有一些教师认为单元教学更加关注教学内容的学科本质。

然而，囿于多种多样的原因，一线教师对单元教学还存在着理解与实践上的不足。比如，较之于大单元，许多数学教师在教学实践层面更倾向于将自己对于单元教学的关注聚集或停留于小单元教学的层面，在数学教学实践中针对一些局部的知识点进行课时性的教学设计与实施。

如果说单元教学是相对于课时安排的教学，体现了教学内容与教学主题的整合，那么也应当承认小单元相对于大单元的不足。小单元教学不仅缺少了大概念的统摄，而且受到课时零散性的局限，不利于学生大概念的建构、理解和核心素养的培育。对于类似的情况，威金斯和麦克泰格基于数以千计教师教学工作的多年跟踪与分析，他们发现单元为设计过程提供了恰当而实际的切入点，单课相对简单、时间太短，以至于无法考虑大概念的深入发展，也无法探究本质问题和实际应用，当一堂课被包含在更大的单元和课程设计中，通常才会有目的性和联结性。①

为了提高大概念教学的效果，大单元教学更多是基于“逆向设计”的大单元教学。逆向教学设计是以目标为导向、聚焦学生学习结果的单元教学设计，设计过程可以分为“确定预期结果”“确定评估证据”“设计学习体验与教学”三个主要的阶段。在确定预期结果的阶段，教师需要明晰教学重难点，研制学习目标，围绕大概念确定教学单元相关内容的优先次序。图 6-1 是初中一年级“一元一次方程”单元教学内容优先次序的一个具体案例。这是从纵切面将“一元一次方程”教学内容理解为“需要熟悉的知识”“需要掌握和完成的重要内容”“大概念和核心任务”三个层面，或者说数学教师需要从外层“需要熟悉的知识”、中层“需要掌握和完成的重要内容”、内层“大概念和核心任务”三个层面来理解数学课程标准中关于该部分内容的具体建构及相应的教学要求。在确定评估证据阶段，教师需思考学生达到教学目标与要求有着什么样的具体表现，要确定学生深入思考、解决问题的具体表现是什么样的，要确定学生对于大概念习得与理解的可靠性证据。教师需要通过课堂提问、课堂观察、师生对话、随堂测验、开放式问答题及表现性任务等方式搜集有利于评判学生大概念掌握的评估

① 威金斯，麦克泰格. 追求理解的教学设计[M]. 闫寒冰，宋雪莲，赖平，译. 上海：华东师范大学出版社，2017：77，9，18，220-247.

证据。在设计学习体验与教学阶段，教师需要设计具有挑战性、吸引力的有效教学活动，通过活动促进学生理解知识。

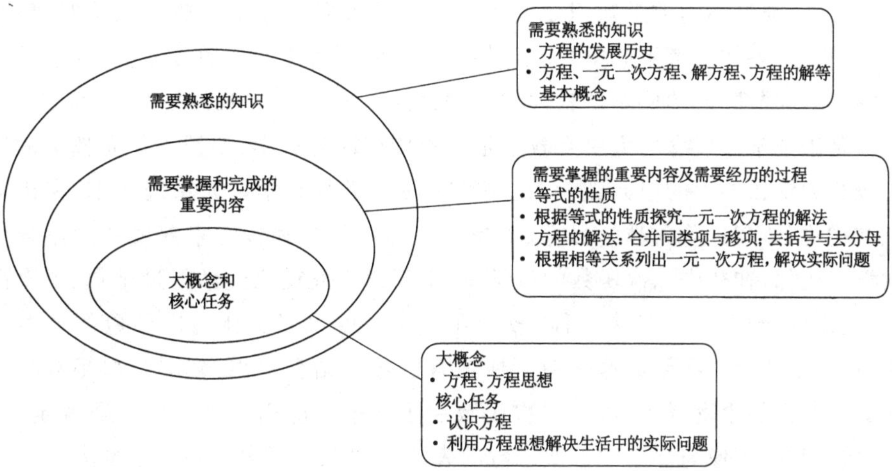

图 6-1　“一元一次方程”单元教学内容的优先次序

为了设计出最佳的教学活动方案，教师需要充分关注教学中的 W、H、E、R、T、O 等几个要素。W 因素是 Where、Why 两个英文单词代表的因素，强调教学中要关注学生学习的方向和目标(学习的原因)，强调学生的数学学习是一个有目标、有任务的需要统筹兼顾、系统规划、整体安排的数学活动过程。H 因素是 Hook、Hold 两个单词代表的因素，强调教学中要体现出吸引和保持的因素，重视课堂中问题情境的创设，重视激发、保持学生的深度学习，不仅有学习的兴趣，而且有持续的求知欲，强调通过挑战性、激励性的问题为锚点更有效地组织学生的学习活动，保证广大学生在学习中的认知参与、情感参与。E 因素是 Explore、Experience、Equip、Enable、Evaluate 五个英文单词代表的因素，强调在教学中处理好探索、体验、准备、使能和评价的关系，重视学生经由丰富的学科活动体验建构大概念，引导学生进行学习的自我评价、自我调整。R 因素是 Reflect、Rethink、Revise 三个英文单词代表的因素，强调在教学活动中突出教与学的反思、二次思维和对教学设计的修改、完善等要素，重视教师对学生学习活动持续的引导，引导学生对先前已有的知识与经验进行反思，强调在有效的活动中不断深化学生对于大概念的理解与认识。T 是 Tailor 的首字母，强调教学要因材施教。O 因素代表了英文单词 Organize，强调教学要致力于最佳的教学效果、注意学习活动中各个要素的有效组织。教学的设计不仅仅要关注教学内容、数学活动的整体性，而且要关注教学内容整体与部分、部分与部分等不同板块之间的内在联系。O因素强调教学内容之间的关联性和数学活动之间的衔接性，强调不同数学知识之间内在的逻辑关联与教学生成的系统对接；基于大单元的整体思考不同学段、不同阶段、不同课时之间的教学安排，强调教学中“整体”与“部分”的协调，“教”与“学”的协同，“学习”与“反思”的相互促进。

基于数学大概念的大单元教学是超越传统课时教学、超越小单元教学的以大概念为统领的大的单元教学，是围绕大概念进行教学单元系统规划、突出知识结构化、体现进阶式教学目标、支持学生深度学习和核心素养发展的整合性教学。比如，在初中二次函数的教学中，由于学生此前已经学习过函数、一次函数、反比例函数、一元二次方程，教师在教学中就可以类比一次函数的学习方法，让学生体会二次函数这一单元所蕴含的数形结合思想，理解二次函数与一元二次方程的紧密联系，体会二次函数在生活中的应用，从“二次函数的定义”“二次函数的图像与性质”“二次函数的表达式”“二次函数与一元二次方程的关系”“二次函数的应用”等不同维度整体感受相关内容（见图6-2）。教师可以按“总—分—总”的结构进行单元教学的具体设计，通过问题驱动和任务分解，层层递进引导，帮助学生建构大概念并形成完整的二次函数知识体系。

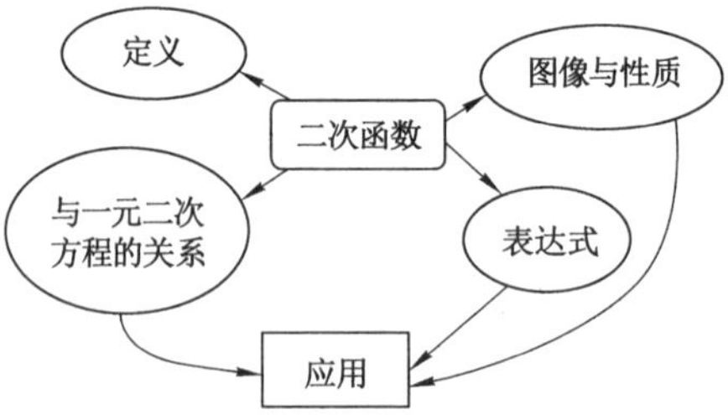

图6-2　初中“二次函数”内容的整体关联

基于数学大概念的大单元教学重视教师对数学课程标准的研读、对数学教材与学习资源的深入分析、对学生学情与学力的准确把握；重视教师对传统的课时教学内容或小单元的教学内容进行二次开发、优化设计和整体安排。例如在初一的数学教学中，“代数式”既是一个非常重要的数学大概念，也是一个具有统整意义的大单元，教师应善于对教材中“代数式”这一章节的内容进行必要的二次开发、优化设计和整体安排。事实上，对比数学课程标准可以发现，“代数式”这一章节的内容包括了“数与式”“方程与不等式”“函数”，这三方面的内容密切相关，互为大概念的支撑，即在“数与代数”领域，代数式、方程、不等式、函数本身就是重要的大概念。代数式是方程、不等式、函数这三个大概念的基础，函数是代数式、方程与不等式三个大概念的集成，结合学生在不同阶段的思维发展水平，数学教师安排了不同的数学教学内容。对初中一年级的学生而言，大多数人概念的形成水平相对较低，教材主要安排了有理数计算、代数式、一元一次方程、二元一次方程组、分式等具有逻辑关联的内容，学习这些内容可为后续学习不等式、函数等内容奠基。由此，在初一“代数式”的教学中，教师要认识这一章节对于相关大概念建立的初始化意义。一方面，要对本章学习中重要的技能进行剖析。要认识到诸如“从问题中列出代数式”“求代数式的值”“学习合并同类项的步骤方法”等具体内容都属于该学习中应当掌握的内容，也是后续对代数式内容进一步学习、探索的基本要求。另一方面，要从大概念建构的角度对相关内容进行整体性的把握。事实上，在数与代数的学习中，一个重要的数学大概念显然是“研究数与代数的过程应该是对立与统一并存的”。在学习与研究“代数式的值”这一具体性知识的过程中，教师要引导学生经历从一个字母到两个字母再到更多字母的数学探究，目的是结合具体的问题体验、深化从特殊到一般的数学思想。与此相关，能否以及如何结合具体的内容进行“已知与未知”“具体与抽象”等思想的积累、感悟也是学习是否深入的重要表征。总的来说，这一部分内容的教学应当自觉地走出长期以来一直局限于“知识点”教学的误区，立足整体，引导学生从不同视角深度理解“代数式”这一有待建构的数学概念，剖析所学知识的结构，更有深度地勾勒出初中阶段与“数与代数”有关数学知识体系的基本轮廓。

就教学观念而言，基于数学大概念的大单元教学更加重视大概念、大单元、大问题、大任务对学生核心素养培养的重要性。大单元教学紧扣学生学习的目标、过程与评价的基本问题，思考“引导学生到哪里去”“怎样才能实现预设的教学目标”“怎样才能证明实现了预设的目标”；“以终为始”“以生为本”“向标而行”展开教学的逆向设计，激发学生投入深层次的数学学习；引导教师关注联结所有离散的数学知识和基本技能，构建更有意义的数学大概念，促进学生对于所学数学概念、数学知识的深入理解和综合应用①；强调寻找、分析不同数学知识、教学内容板块之间的内在关联，强调对大概念、大问题的提炼，发展和深化学生对于数学活动的深度参与与深入理解，重视通过上位概念展开教学的方式

① 吴燕明.追求概念理解的逆向教学设计与思考：以“多面体的概念”为例[J].上海中学数学，2021,(1):21-24.

方法和组织形式的创新。就学生学习方式而言，基于数学大概念的大单元教学更加重视学生认知建构的循序渐进，更加重视学生对于数学大概念的理解、领悟、建构与运用，重视数学活动过程的完整性、连续性和统一性，重视学生数学思想与方法的抽象与概括，关注学生数学活动的体验，强调学生的实践创新、合作探究、综合应用和能力提升。基于学生学习方式变革的要求，基于数学大概念的大单元教学不能以大单元作为数学大概念确定的依据。大单元可以成为大概念教学的载体，却不是大概念确定的依据，数学大概念的确定需要回到对数学科学及相关教学内容的整体思考。大概念是有丰富学科内涵、体现知识整体性与内容统领性的教学要素，通过大概念可以将小的教学单元进行串联、沟通，构成大单元，比如，通过“关系和函数”“方程和不等式”“平面和图形”“可能性与统计”等大概念构建相应的大单元教学。由于问题及问题意识对于学生的学习方式有着重要影响，所以基于数学大概念的大单元教学不仅要重视问题的设计，突出问题的启发性、导向性和逻辑关联性，而且要将相互关联的小问题构建成支撑大概念、大单元的大问题。

第二节　大概念视角下的数学大单元教学设计

《义务教育数学课程标准(2022版)》的颁布，标志着核心素养是义务教育阶段数学课程与教学的重要目标，也是引领相关变革的重要引擎。培养学生核心素养的目标从性质上实现了对以往数学课程与教学目标的超越，目标升级映射出学生所需知识系统建构的需要。与此相关，学生的数学学习样态也需要从浅层次的数学学习走向深度的数学学习。为了在单元教学中凸显学生核心素养培养的整合性、结构性特征，数学教师需要提高教学站位，更深入、更有效地驱动学生所学数学知识、数学技能、数学思维、数学思想方法的迁移，按照学生数学学习的内在逻辑构建相对独立、完整的大单元数学学习活动。

一、关于大单元

大单元是相对小单元而言的，那么，何为“大单元”呢？在以往的教育教学中，教材编排通常都会呈现出一些自然的单元，它们主要是一种局限性的知识结构或非系统、短期性的学习任务序列。大单元与这些自然的单元是有所不同的，这是因为，大单元较之于自然的单元更倾向于一种拓展性的知识结构，表现为达成抽象性大概念的具体的教学内容集合，指向那些具有长期意义的学习活动或者任务序列。大单元“大”的程度具有一定相对性，本质上是强调教学内容的整合，即较之于以往对知识点教学的关注，大单元更加重视知识的“面向”“群落”与“领域”，通过特定主题内容或更广泛知识的联系建立教学内容，所以大单元本身既有观念层面的整合，也有教学操作层面从微观到宏观的聚合与突破。大单元强调通过高站位、高观点实现教学内容的合理分布，促进结构化的学习，大单元教学可以“好高”但不能“骛远”。除了显性的知识学习或任务序列，大单元也可以是隐性的知识学习或任务序列，表现整体的思想或方法。这些内容虽然可以分布在不同的教学时段，没有固定的学时，或者不集中时间进行教学，但是它们通常都会指向同一个大概念。就教学内容选择与组织而言，大单元更加注重打破现有教材在学科之间或学科之内的自然性、简单性的排列组合，通过更有挑战性的教学任务、大问题或探究项目等进行有关知识与技能等内容的重组，引导学习者有意识地进行跨学科、跨领域的学习探究，建立不同学习之间的联结，促进新旧知识、技能、活动、直接经验与间接经验的相互融合。从外部审视大单元，构成大单元的小单元与小单元之间不是完全独立或分割的，而是有着一定的相互联系性。从内部审视大单元的教学内容，不同教学要素之间遵循了深度学习的逻辑，呈现了内容结构化的特征，有着较强的系统性。

大单元教学是“理解为先”的教学，强调教与学的双方要深入地思考相关内容所对应的核心概念，要积极探究相关教学内容所对应的基本问题和相关知识的实际应用，强调教师提高教学的格局和站位。特别地，教师不能只关注学生数学知识、数学技能的习得与考试分数的高低，相反，应强化学生关键性数学能力、必备性数学品格与正确性价值观念的培养，自觉地谋划与大单元教学内容对应的大概念、大问题、大任务的设计。有一些一线的数学教师认为，就日常的数学课堂而言，数学教材中的每一节内容都是非常具体的数学知识与数学技能，要求自己每节课都实施数学大单元教学实在是做不到。这种看似有一定道理的认识其实是错误的。究其原因，是因为教材中的内容都是由一系列具体的数学知识或具有逻辑链条的相关内容构成的，所以日常的数学课堂教学中确实很难要求每节课都体现出“核心”“跨学科”“高大上”等新型的教学要求。但是，这并不是说具体的课堂教学中不能体现大单元的教学理念。

认识的分歧在于对大单元的“大”的理解。教师吃不准、理不清大单元的“大”，就消极地回应并避免了大单元教学的要求，就会在课堂教学中就知识讲知识、就方法讲方法，而不思考知识或方法背后内容的内在意义，所谓的教学改革也沦为表面的形式化应付。事实上，大单元主要是强调教师要以大局观指导并统整教学，强调促进学生获得更加全面、深入、完整的发展，而非片面地习得碎片化的数学知识或数学方法。大单元的“大”，本质上不是强调教学容量的多少，而是教学内容的整合和教学思想的大局观，强调教学内容的前后关联，强调对所学数学知识或数学方法内在意义的分析与挖掘，强调把握原理性的数学知识。即使从教学容量上进行分析，大单元也不完全是指教学内容的多少。说到底，教学内容究竟多少为“大”或者为“小”并没有非常严格的规定。就常识而言，大单元通常是指超过 6 课时、相对较大、逻辑更加完整的教学单元。是不是大单元，可以从教学内容相对的独立性、整体性、关联性和教学目标的统一性等角度进行考量。从时间的维度分析，实践形态的大单元教学更有利于师生理解、把握时间与学习两者之间的关系，自觉地确立“以学习者为中心”“以学生核心素养发展为本”的教学观念。①

二、大概念视角下的数学大单元教学设计

为了深入贯彻《义务教育课程方案和课程标准(2022 年版)》《义务教育数学课程标准(2022 年版)》等国家规定的文件，我们需要关注数学教育教学中学生核心素养培养的可操作性，将隐性形态的核心素养培养进一步显性化。为此，应当强调在数学课程有效教与深度学的整体规划中下足功夫，扎扎实实地做好大单元教学设计。

大概念视角下的数学大单元教学设计是基于大概念的提炼、利用和教学内容的统筹、整合、重组、优化，以大概念引领大单元，将核心素养培养目标嵌入教学单元整体，促进教学过程与要素循环改进、动态优化的数学教学设计。比如，为了在“比”“比率”的教学中落实核心素养的培养目标，教师在教学中可以先引导学生进行两个数间倍数关系的比较，据此揭示两个数间存在的“比关系”，然后过渡到关于“比”知识的探究与学习，体现“比例性”作为一个数学大概念所具有的跨年级联系性特征，使学生通过区分“比”“比率”，回归“比”内在的本质属性——比较，实现由“比”的学习过渡到“比例”的学习。在此基础上，教师可结合一些不同的实例，引导学生识别“比例性”的特征，绘制正比例关系，初步建立比例与正比例函数和直线斜率的联系，体现数学大概念所具有的另一个重要特征——跨主题联系。与此同时，教师可引导学生通过生活中有关实例的选取与分析，提出与比例有关的模型，学习撰写小论文以解决一些实际问题，跨学科建

① 崔允漷.学科核心素养呼唤大单元教学设计[J].上海教育科研，2019(4)：1.

立数学大概念的横向联系。最后，教师可以通过引导学生反思，将相关数学内容与特定的数学思想方法、数学技能和数学问题解决策略相联结，在比、比例等知识的整体学习和深入理解中发展、建构核心素养。

核心素养、整体观念、深度学习和逆向设计是大单元数学教学设计的重要理念，是引领大单元数学教学设计的方向。数学大概念是具有联系、整合、辐射、迁移作用的数学观念，在大单元数学教学中，教师要善于利用大概念把不同的数学内容联系成具有连贯的整体。数学大概念不仅构建了学生关于数学大单元学习的认知框架，而且搭建了教师在数学大单元教学中形成大问题的目标引导。师生基于大概念、大问题、大单元不断增强数学学习的整体结构性，优化数学活动的知识脉络，有利于提升学生数学思维的深度性和数学活动的一致性、连贯性。

数学大概念是大单元教学设计的锚点，大概念视角下的数学大单元教学设计要以更有深度的主动性数学活动与问题探究的任务驱动为载体。对教师而言，应把握相关数学教学内容的重点、难点、本质和关键，以大概念统领相关联教学内容的单元，经由教学内容的优化更好地服务于学生核心素养的发展；强调在逆向设计和整体性教学思维的指导下，更精准地聚焦与相应学习内容有关的大概念；通过教学法的加工，将分散、碎片化的数学知识变得更有情境性、结构性和整体性，形成相对独立的教学单元主题，创设更有层次、递进性的数学学习活动，设计能促进学生对大概念深入理解的数学教学评价。对学生而言，需在教师的指导下形成自己的大问题，通过大问题探究数学概念，串联、整合数学知识，促进学习反思和迭代，以更具整体性的数学思考代替单点性、分散性、阶段性的数学学习。

大概念视角下的数学大单元教学设计不是旧有数学课时教学的拼凑，应高度重视与数学大概念、大单元相匹配的教学目标、教学评价、教学内容和教学过程的设计。对此，应强调制定基于大概念的数学学习目标，整体优化设计数学教学内容，创设问题情境，关联跨学科的数学活动探究，贯通数学学习过程评价，突出数学内容的主线有序性以及知识间的关联性，引导学生深度学习并因此对获得的数学知识产生更加深刻的理解，促进高通路数学学习迁移。

大概念视角下的数学大单元教学设计需要从课时教学思维的方式转变到大单元教学思维的方式，立足于学生核心素养的有效培养建构具体的数学活动教学模型。大单元教学思维的方式是宏观与微观两种视角相互交织的思维方式。宏观视角是一种“向外扩展”的视角，强调在更大的范围内形成教学的迭代结构，通过更高位的大概念引导学生学习、深化数学思维。为此，不仅需要思考单元与单元之间的关联性，而且需要思考单元与学科之间以及单元与跨学科之间的关联性。就单元与单元之间的关联性而言，需要审视的问题包括：相关的单元究竟指向哪一个或哪几个相同的大概念？分置于不同单元中的大概念之间有着怎样的关联性？这些不同的大概念是否可以作更高级的抽象？不同的单元之间究竟是一种偏向并联的关系还是偏向串联或交叉的关系？就单元与学科之间的关联性而言，需要审视的问题包括：不同的单元内蕴着怎样的学科专家思维？如何逐步建立这些专家思维？为了提高学习者专家思维建立的有效性，如何对特定的单元内容进行必要的拓展、补充、优化或整合？就单元与跨学科之间的关联性而言，有哪些不同的单元可以通过进一步的联合实现原有学科的限制？如何实现不同知识之间的融合？如何形成有价值的跨学科大概念？如何运用所建构的跨学科大概念解决现实世界中的有关问题？微观视角是一种“向内深挖”的视角，目的是找到相关内容对应的大概念、相关问题的本质问题，并以此视角对单元内容进行必要的梳理，构建更有价值的认知框架。为此，需要审视的问题包括：通过大单元的学习可以达到哪些预期的成果？对建构的大概念是否有细化、深入的理解？大概念与诸多小概念的关系是什么？所学单元的内容有着怎样的知识结构和问题序列？透过小概念、大概念可以提炼出哪些具有挑战性的大问题、大任务？

合理运用宏观与微观的思维方式审视大单元的教学设计可以提高设计中的理性思维自觉。事实上，有价值的大单元设计既是在教学设计理论指导下，用大概念进行传统课时教学设计解构与重构的过程，也是用大单元教学目标及由此形成的数学教学活动优化设计对应地解构课时教学目标的分析、研制及由此形成的数学教学活动优化设计的过程。在小学阶段，“小数的乘法”与“小数的除法”通常被安排在四年级下学期与五年级上学期的不同单元进行教学，运用大概念可以对这两个不同的单元教学内容进行必要的整合与优化。事实上，学生在正式学习“小数的乘法”“小数的除法”内容之前，已经学习了“整数的乘除法”“小数的性质和意义”等相关的内容，储备了乘法运算、除法运算的经验，为“分数及其运算”“小数及其运算”“分数、小数与百分数之间的转化”等内容的学习奠定了坚实的基础。虽然“小数的乘法”“小数的除法”是两个不同的单元，学习的内容也不同，但是，从学习的结构来看，又有许多相似之处。这是因为，在这两个看似不同内容的数学学习中，学生都需要先学习“整数乘除小数”的知识，并据此进行相关知识的迁移应用，自觉地回归到用“整数乘法性质和除法运算定律”进行与数运算有关问题的解决。此外,“小数的乘法”“小数的除法”这两种计算的本质都是计算单位的倍增和细分。这也表明,教师可以从两个看似不同的单元内容中提炼出一个更大单元所需要的大概念,并据此展开大单元的教学;也就是可以通过整数乘、除法进行小数乘、除法的迁移认知,建构如图 6-3 所示的“小数乘、除法”概念体系,打破原有的单元界限,确定大单元的教学内容,应用多样策略优化教学。

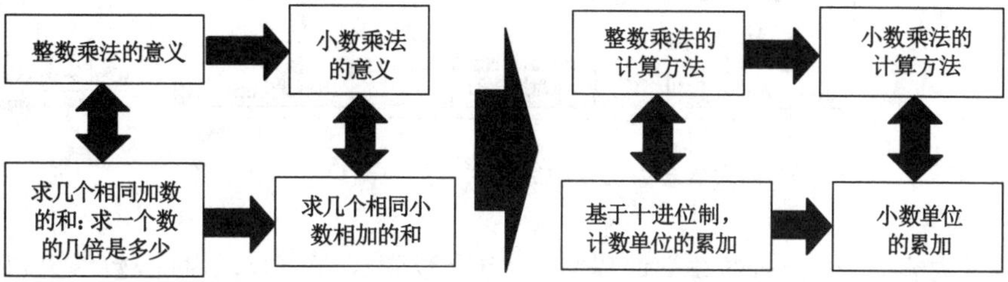

图 6-3 “小数乘、除法”概念体系

为了实现对课时教学设计解构的目的,设计者需要对整个数学教学内容进行总体性思考,以大概念为视角深入分析数学教学内容,设计特定数学教学内容的大单元教学载体,规划相关大单元教学的进阶式目标,确定大单元教学的具体结构,做好教、学、评的一体化设计。图 6-4 以粗线条的方式直观地勾勒了以大概念为统领的数学大单元教学设计与实践流程,该流程突出了数学课程标准的分析和教学单元主题划分的把握,要求教学设计者能深入分析大单元教学要素,科学确立大单元教学目标,精准设计大单元教学流程,结合大单元教学设计的实施,对大单元教学设计进行评价、反思、修改和完善。

总体而言,以大概念为统领的数学大单元教学设计与实践是以大概念、大单元的理论指导教学设计的过程。教学设计者需要厘清蕴含于不同教学内容之中大概念的内在关系以及教学活动的有效演进过程,以单元为模块,统揽大概念教学的全局,按步骤有序开展大概念、大问题、大单元的教学设计,有准备地做好“大概念提炼”“大问题构建”“教学内容确定”“教学要素分析”“单元目标编制”“教学评价设置”“数学活动流程设计”“教学实践反思”“教学设计动态修改”等各个环节的工作。

以上分析也表明,数学大概念教学的大单元设计是解构与建构辩证统一的动态过程,需要跨越传统的教学单元选取数学教材或教学资源,拓展、延伸已有

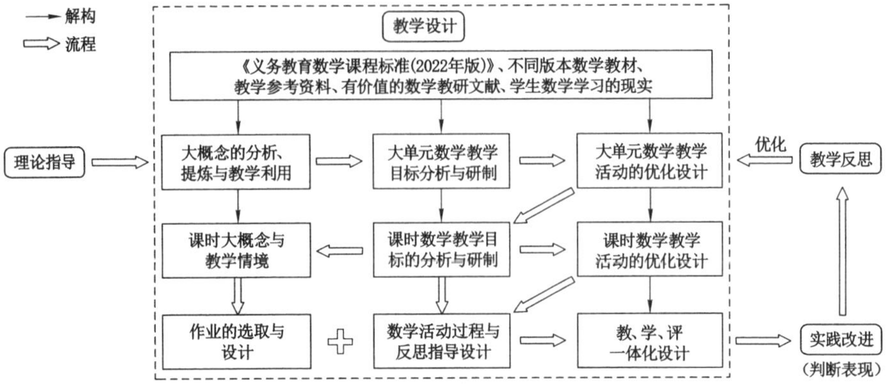

图 6-4　以大概念为统领的数学大单元教学设计与实践流程

的教材内容，形成合适的数学课程模块，整合数学课程内容。由此，数学大概念教学的大单元设计既要对课时教学设计进行合理的解构，也要对大单元数学教学活动进行审慎的建构。应通过以大概念为统领的大单元教学设计的应用和反思，动态优化教学过程，改进教学实践，促进学生在有深度的整体性学习中经由对相关数学知识本质的深入理解更有效地达成问题解决，实现数学理解与学习迁移的协同。

三、大概念视角下数学大单元教学内容的建构

大单元教学内容建构于以系统、整体的思维对相关教学进行的梳理。比如，在义务教育阶段对于数的认识表面上内容很多、很杂，但用系统、整体的思维进行梳理后可以发现，这些分布于不同学段、学期的教学内容主要可以概括为整数、分数、小数、有理数、实数等不同的教学单元，如图 6-5 所示。

在每个教学单元，不仅有着具体的数的概念，而且有着相应的数的运算。比如，在整数的认识中，有整数的四则运算和分解素因数；在分数的认识中，有约分、通分和分数的四则运算；在小数的认识中，有小数的四则运算；在有理数的认识中，有有理数的四则运算、有理数的乘方运算。理解这些不同的教学单元，除了把握显性的数的概念以及与数有关的运算，还要把握蕴含于教学单元内容之中的隐性数学知识。以有理数的单元教学为例，这一内容是初中一年级第一章的内容，教学的关键是“在解决实际问题的过程中，能够理解加和减、乘和除的互逆关系”，据此可分析隐性的数学知识，确定单元教学的大概念，合理开发出相应课时的教学活动。一般说来，分析、挖掘显性数学知识背后的隐性

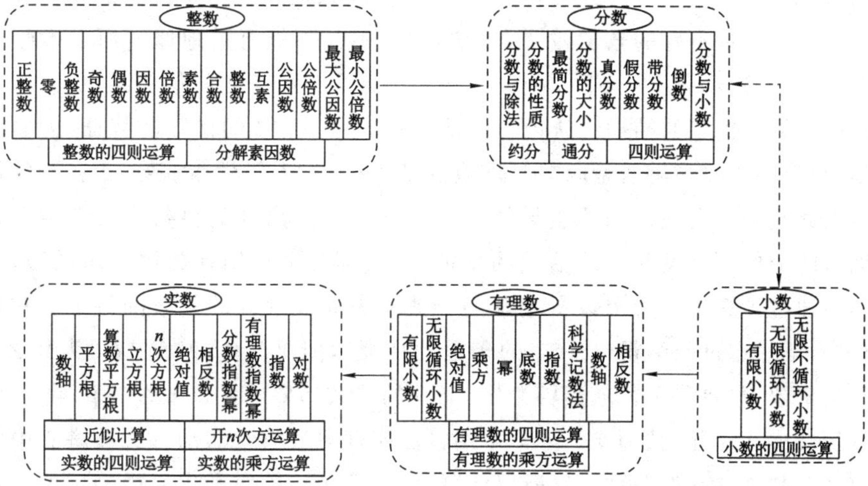

图 6-5　义务教育阶段数与运算的概念图

数学知识，需要从关系、观点和结构的角度进行把握，既可以使用数形结合等思想方法，也可以使用辩证的思维方式或者考量学生在特定阶段的数学思维发展水平。比如，从数形结合数学思想的运用或渗透来分析，“数”与“实物图形”“平面图形”“坐标系”密切相关，借助于“实物图形”“平面图形”“坐标系”，数的认识不断递升；从数学思维发展的角度来分析，学生的算术思维发展水平呈现了“由低到高”的序化特点。

大单元教学内容的建构要抓住相关内容中的主要问题。以小学“因数与倍数”这一单元的教学为例，这一单元涉及“因数与倍数”“奇数与偶数”“质数与合数”等多组的概念，是学生在已经认识了整数知识且能进行整数四则运算的基础上对整数性质的进一步探索，通过这一部分内容的学习，可以进一步积累分析问题、解决问题的数学经验，为后续约分、通分、分数四则运算等知识的学习打下基础。这一单元的教学内容看上去不难，比如教师进行“2 和 5 的倍数”内容的教学时，学生由于有相关的生活经验作为支撑，所以在学习上几乎没有理解的困难，但是，由于本单元会涉及较多零碎的知识点，抽象的数学概念或知识点不仅零散地存在于教材不同的章节，而且也非总是有生活经验作为具体的支撑。这种情况很容易造成学生认知上的混淆，比如，有不少的学生在学习中容易产生概念学习中“类化不足”“类化过度”“概念分离”等问题。

如果认识不到单元教学中存在的问题，教师的教学就不能有效地引导学生就因数、倍数等不同概念的不同特点及其相互联系进行有数学意义的比较和归纳。这就会导致不好的教学效果，比如，学生不仅不能有效地厘清所学数学概念的内涵、外延，而且不能把握相关概念的特点及其相互之间的关系，更谈不上建构所学数学概念的结构化认识。由此可见，在进行“3 的倍数的特征”内容的教学中，教师需要先讲清楚因数与倍数的基本概念，引导学生探究“2 和 5 的倍数”，在此基础上由浅入深地引导学生在百数表中圈出 3 的倍数。当学生发现根据数的个位不能发现 3 的倍数的特征时，教师可呈现用计数器表示的数，启发学生通过计算表示每个数所用珠的个数并因此发现 3 的倍数的特征。在此过程中，虽然通过归纳得出了“3 的倍数的特征”，但是学生却存在着“为什么 2 和 5 的倍数，只要看个位就能够判定，而 3 的倍数却要看各位上数的和”等类似的认知疑惑。对此，教师要引导学生用自己能理解的数学活动方式破解心中的疑惑，实现“既知其然”更“知其所以然”的学习要求。破解学生心中的疑惑需要教师从大单元这一视角进行教学内容的优化处理，引导学生理解因数和倍数的意义。对此，既需要有效区分倍数、因数、质数、合数的概念，对 2、3、5 的倍数进行探究，使学生初步了解并学会使用类比、归纳进行数学探究，又需要对“3 的倍数的特征”进行深入的思考。教师应让学生认识到：多位数可以分拆成几个一、几个十、几个百、几个千……看一个数除以 3 是不是有余数，可以先用其中的一部分除以 3，再把余数与剩下的部分合起来再除；也可以用各个数位上的数分别除以 3，再把各个数位上的数除得的余数加起来再除。在单元教学中，教师要引导学生巧用观察、分析、猜想、归纳与验证等数学方法不重复、不遗漏地找出一个数的所有因数和倍数，正确区分偶数、奇数、质数与合数的基本概念，聚焦相关数学概念的本质属性；帮助学生在主动建构数学知识中建立良好的数感，透过表象，探索规律，叩问本质，发展思维，提升核心素养。

关注教学内容中的隐性数学知识，可以更好地挖掘、分析与运用隐含的教学主线，将大单元教学的内容分成“以重要数学概念或核心知识为主线的大单元教学内容”“以数学核心素养、基本能力为主线的大单元教学内容”“以数学思想方法为主线的大单元教学内容”“以主要情境或主题为主线的大单元教学内容”。由此，也不难看出，建构教学单元重在加工、重组与整合。在教学备课时，教师应立足于整体，对不同学段、不同年级的数学教材进行系统分析，了解不同内容显性与隐性之间的关系，合理确定数学教学的主题或任务，组建具有结构化的学习单元，设计更加合理的学习目标，架构更加主动的学习任务，合理分配数学教学资源。所谓大单元并不是越大越好，更不是为了突出教学单元的“大”

就以内容的包容性取代主题性，忽视相关内容内在的紧密关联性，甚至对一些内容不加区分地选择、组合，不进行教学法的加工。实践表明，这样做有许多危害。事实上，常常有一些教师由于既不注意深入理解数学内容、理解教学对象、理解教学过程，也不注意准确掌握大单元中的大概念、大问题，所以很难理得清蕴含于大单元内容之中的教学主线，所构建的教学单元看起来很大，但不能真正有利于学生的数学学习与理解。这样一来，学生在学习中不能有效建立数学活动和数学知识本质之间的联系，数学活动经验不能有效上升到数学思维本质，不同的知识结构之间不能建立有效的逻辑关联，单元教学常因教师的“贪大求全”“目标迷失”形成了偏离大单元教学本真意图的实践异化。

四、大概念视角下数学大单元教学评价的设计

在评价设计上，应认识到评价不是穷尽所有数学知识点及其应掌握的水平，而是要明确在怎样的情境中实现问题解决及解决的过程，建立连续性的数学教学评价观，并因此能在完整性的数学学习进程中形成综合性的数学学习评价证据。以小学阶段度量内容的学习而言，要评价学生长度、角度、面积、体积等不同单元内容的学习。

就“长度”单元内容的评价而言，应当认识到长度单位是学生正式学习的第一个度量单位。在小学里“测量”内容学习可以为后续学习“质量”“时间”“人民币”“面积”“体积”“角度”等度量做铺垫，是培养学生量感的种子单元。由此，在几何度量单元的教学中需要以长度单位为起点。长度是小学阶段度量学习的第一阶段，要认真理解课程标准的上位教学文件中关于长度单位教学的要求。比如，课程标准明确指出要“结合生活实际，体会建立统一度量单位的重要性，认识长度单位米、厘米，能估测一些物体的长度，并进行测量，在图形的认识与测量的过程中，形成初步的空间观念和量感”。在这里，既有教学方式方法的指导，又有“空间观念”“量感”两个大概念的明示。教师在教学中要创设有效的情境帮助学生感受单位的形成、建立空间观念、发展量感，要评价教师讲授、引导等教学方式与学生几何度量单元结构建构的适切性。好的教学方式有利于学生感知度量对象，建构度量单位，正确使用度量工具，合理选择直接、间接或精确等不同的度量方法。

就“角度”单元内容的评价而言，应当认识到角度是小学阶段度量学习的第二阶段，可以类比长度单位的学习，帮助学生建构新知识单元学习的结构。比如，可以在创设相应的教学情境之后进行角图形与概念的抽象，通过必要的讲

授对角的概念进行描述或界定，引导学生通过类比认识角这一新的感知对象，建构角的大小、单位等概念。与长度单位的学习相类似，角的学习也要与量感的发展相结合。

就“面积”单元内容的评价而言，应当认识到面积这一度量学习从空间层面上分析，已经从一维转向了二维，不仅要评价学生对于面积的感知及相关问题情境的适切性，而且要通过小组讨论等方式方法对单元的结构进行必要的类比与整理，使学生掌握面积的单位、大小以及度量面积的方法。面积是图形的一种固有属性，学习、掌握图形面积的求法有着非常重要的意义。这不仅是要学习、掌握具体图形的面积计算公式，而且要在面积公式的探求过程中引导学生体验、感悟“转化”等数学思想方法，使学生在问题求解等有梯度的表现性数学任务中发展模型意识、推理意识，深度感悟面积度量的本质，让量感与模型意识、推理意识在数学课堂中更加自然地生长。

就“体积”单元内容的评价而言，应当认识到体积这一度量学习的内涵。从空间层面上分析，这一内容的学习已经从二维转向了三维，要借助类比与知识迁移对体积进行探究，通过创设情境，让学生更好地感知体积，并感受到体积知识学习的重要性、必要性和学习的具体内容。这不仅仅指要学习一系列抽象的知识和度量的方法，而且指要包容诸如抽象、转化、化归、建模等数学思想。在教学中，师生可以以面积的单元结构为主线对体积的单位、大小和计算方法等进行具体的探究，通过对不同几何体进行对比，寻找、分析它们之间的异同点。师生不仅可以找到体积度量的本质，而且能形成更加稳定的体积度量知识结构，更有效地渗透数学思想方法，更理智地发展核心素养。

以大概念为基础的大单元教学评价在评价目的上要展示学生对于大单元数学学习内容的理解程度、所学数学知识的综合应用能力以及数学活动情意态度的倾向；不仅要关注学生究竟掌握了哪些具体的数学知识与技术，而且要分析学生抽象与理解数学大概念的能力，分析学生数学化过程与方法的具体表现，尤其是要了解学生是否有发现、提出、分析和解决问题的能力；要从学生核心素养建构与发展的角度，探究学生在大单元教学评价中内在的真实诉求，关注学生核心素养与多元情境中问题解决的双向建构。以大概念为基础的大单元教学评价在评价策略上要从终结性评价走向整合性评价。由于数学理解是一种高级的数学思维过程，没有数学思维的深度参与，就不能实现真正的数学理解，也不能实现数学思维、数学理解与核心素养的相互建构，所以大单元教学中不仅要重视学生对数学知识理解的评价，而且要突出学生对数学知识理解层次的评价，将评价作为学生大单元数学学习的支持性支架。从教师一端来分析，大单元教学中的评价要关注学生基于大概念的数学学习过程、数学学习体验，不仅要评价学生是否“知其然”，而且要评价学生是否“知其所以然”以及他们“何由以知其所以然”，并因此评价学生对于大概念的抽象水平、大问题的分析水平、大单元数学知识的掌握水平，突出对学生基于大概念、大问题进行数学深度思维、不同数学知识内部逻辑关系掌握、大单元教学内容整体把握的综合评价，通过对学生知识过程性评价与知识抽象性评价的双落实，促进学生数学抽象与概括的层次不断提升。从学生一端来分析，引导学生对自己的数学学习结果进行自我监控、动态调节，通过评价提升数学学习的元认知能力。

基于数学大概念的大单元教学过程既是学生大问题探究、大概念建构的学习过程，也是数学教师获取大单元数学教学评价证据、对数学课堂教学效果自我评价与评价运用的过程。为了实现预设的教学目标，确保数学课堂中师生的教学行为不偏离预设的大单元教学目标，基于数学大概念的大单元教学设计应更自觉地将数学课堂教学评价贯穿于整个数学课堂教学过程。传统的数学课堂教学设计虽然也重视数学课堂教学评价，但是教师通常并没有太多地用多种不同的数学课堂教学评价方式对课堂教学的行为与效果等进行评价与反馈。

基于数学大概念的大单元教学设计，应在汲取传统教学评价设计优点的基础上，弥补其潜在的不足。特别地，需要进一步确定以“大单元—大问题—大概念—大进阶”为主线的教学评价思路，预设基于数学大概念的大单元教学评价方案。为了切实发挥评估应有的作用，教师应善于收集证据，像“评估员一样”进行数学教学活动的思考，分析、评判学生是否理解、掌握了相关的数学大概念。教师要突出评价与教学的引导、改进功能，基于动态的评价引导学生更深入地探究大问题，发展高阶思维，通过单元教学落实核心素养的培养。教师要精确确定学生经由大单元学习实现的发展目标，研制需要具体探究的大问题、大任务以及教学目标，在数学教学活动中收集教学能否有效实现目标的评估证据，强调课堂教学评价的适合性、发展性、科学性和多元化，丰富数学课堂教学评价的主体，优化数学课堂教学评价的方式，完善数学课堂教学评价的内容。总之，教学与评价要相互协同，以评促教，切实发挥数学课堂教学评价对大单元教学的引导、管理、监控、激励和改进功能。

第三节　大概念视角下的数学大单元教学设计要点

为了摆脱传统课时教学及其设计的局限性，教师可以从整体上分析、研究大概念视角下数学大单元教学的有序设计。大概念视角下数学大单元教学不仅要求数学教师能深刻地认识、理解大单元教学对于学生核心素养培养的重要性，而且要求数学教师能及时地更新旧有、落后的数学教育教学观念，不断完善教育教学的程序；既注意创新数学教育教学的方式方法，又注意认真梳理数学课程单元内容的教学主线，关注不同数学知识之间内在的本质联系，基于系统化、整体性和结构化的教学内容分析，确定更利于学生核心素养培养的教学单元；系统规划教学的进阶性目标，设计结构化、驱动性的学习任务，通过教法的优化和内容的创新持续改进学生的学习方式，不断增强学生学习的主动性、连续性和深刻性。

一、教学内容的分析与教学单元的确定

教学内容是落实教学目标的载体，以大概念进行大单元教学设计要求数学教师要对各个学段的数学教学内容有着整体的分析与掌握，本质上是要求数学教师能把握相关教学内容的知识结构。教师要从“以学定教”“核心素养培养”的立场对教学内容进行深入分析，并据此探明教师的教如何帮助学生建立数学知识体系，如何通过大概念整合教学内容，如何更好地体现出相关内容的数学学科本质，如何突出相关内容的结构化以更好地支撑学生的深度学习。

分析教学内容不仅要分析教学内容的范围、深度以及相关的重难点，而且要分析教学内容不同部分之间的联系，要从宏观与微观等不同的角度对所教学的内容进行梳理，分析相关数学知识的来龙去脉。为此，教学设计者要坚持问题思维，多问几个“是什么”“为什么”“怎么样”。比如，教学设计者可以问自己：本主题教学内容中相关知识产生的背景是什么？一些抽象的数学概念有没有现实或具体的背景？知识的源头在哪儿？知识的发展方向在哪儿？相关的知识有着怎样的结构与关联？为什么要进行相关知识的深入学习？具体的价值与意义是什么？课程标准对相关内容有哪些规定？教材或相关参考资料提供了哪些教学安排的建议？这些建议的意图是什么？是否可行？可以通过哪些主题对分散的教学内容进行整合？究竟哪一种形式的内容整合对于教学是更合适的？支撑教学内容背后的数学大概念是什么？

大概念能整合零散的教学内容，帮助学生从更本质、更上位的角度审视所学的学科内容知识，大单元教学应注意凝练蕴含于教学内容中的大概念，以大概念为视角进行教学内容的分析并据此确定单元。以初一数学大单元教学设计为例，需要以“数学运算”“数学建模”“逻辑推理”“直观想象”“数据分析”统领教学内容。就“数学运算”而言，初一数学教学内容涉及数与式的领域，包含有理数、实数、代数式、整式等不同的教学单元内容。有理数教学单元既包含相关数学概念，也包含加、减、乘、除、乘方等五种运算（见图 6-6）。实数单元主要包含相反数、平方根、立方根及近似数简单计算等教学内容。代数式单元包含用字母表示数、列代数式、单项式、多项式和化简求值等内容。整式单元包含整式、分式及其运算等内容。就“数学建模”而言，教学内容涉及方程（含一元一次方程及其应用）、方程组（含二元一次方程组、三元一次方程组以及这些方程组的应用）、不等式（主要是一元一次不等式及其应用）、不等式组（主要是一元一次不等式组及其应用）等内容，要求统筹方程、方程组与不等式形成模型概念，学生能根据具体问题中的数量关系找到等量或不等量关系，建立方程和不等式的模型，形成模型的观念，解决实际的问题。就“逻辑推理”而言，教学内容涉及“综合与实践”“几何与图形”等具体的领域以及几何推理、命题证明、实际问题求解、数学活动、课题学习等具体的内容，要求学生经历横向数学化（将现实问题转化数学问题）和纵向数学化（将一个待求解的数学问题转化为另一个可以求解的数学问题），能灵活运用相关数学思维方法分析、推导、求解问题。就“直观想象”而言，教学内容涉及图形的性质与变化、图形的位置、运动与坐标。就“数据分析”而言，教学内容涉及统计与概率领域，包含“抽样与数据分析”“全面调查与抽样调查”，要求学生能理解随机性，能通过数据认识现实世界的意义，发展数据观念，用统计与概率的思维解决实际问题。

就教学内容分析与教学单元确定的基本思路而言，教师应善于立足所教数学内容的整体高度，分析、提炼、挖掘具体数学知识背后的数学大概念，以数学大概念来梳理相关教学内容，密切不同数学知识内容的意义性关联和结构化组织，形成强有力的知识整体。义务教育数学课程标准中所明示的教学要求对教学内容分析与教学单元确定具有较强的指导性，教师要结合学生在不同阶段的教学要求明辨相关数学大概念的教学进程，依据学生实际情况和核心素养发展需要，做好大概念、大问题、大单元的教学设计，优化课时教学及传统单元教学的形态、品质。

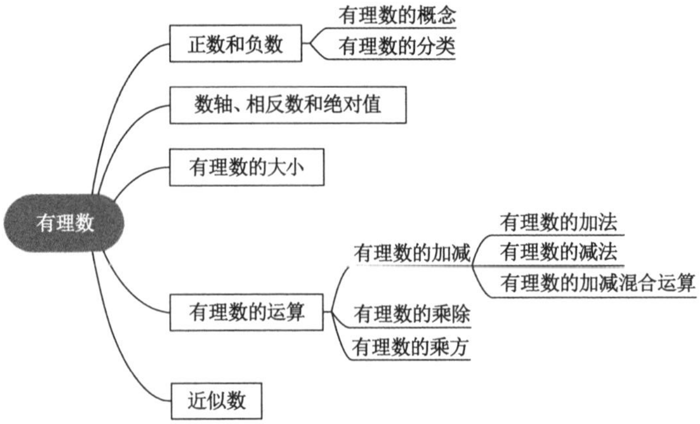

图 6-6 有理数教学单元的内容结构

二、教学进阶目标的系统规划

教学目标是教学设计的出发点和落脚点，是彰显大概念、大问题、大单元及其育人功能的关键。基于大概念的数学大单元在教学目标规划时需着眼于学生的深度学习和核心素养培养，关注学生解决真实情境中新任务、新问题的能力，兼顾数学知识、数学技能、数学思维、关键能力、必备品格和正确价值观等多个层面，明确大单元教学要达到的预期学习结果与发展水平，围绕大单元教学的目标具体细化课时或小单元的进阶性目标。比如，“数与运算”“数量关系”无疑是小学阶段非常重要的教学内容，也因此构成教学中相应的大单元，但这并不意味着不需要分学段、分年级进行相关内容的教学。相反，数学教师要认真把握不同学段、不同年级、不同单元数学学习内容内部的逻辑联系，根据数学学习内容内部的逻辑联系更科学、合理地调配与大单元教学相适配的小单元教学和课时教学的内容与目标。一个具体的例子是，小学二年级学习“乘法口诀”时，可以用“6 的乘法口诀”这一具例的知识点作为单元教学的起点，梳理出与“6 的乘法”有关的“知识树”，描画“6 的乘法”有关的“概念图”，并将此前所学整数的乘法口诀与以后要学整数的乘法口诀进行整合，使不同整数的乘法口诀成为具有整体意义的教学单元知识，以便引导学生理解、确认、运用“乘法表中的规律”，促进数与运算思维的发展，更深入、牢靠地把握“数与运算”知识的本质。

科学合理的教学目标对数学大单元教学具有非常重要的指导作用。基于大概念的数学大单元教学采用大概念统摄知识点，不仅涉及数学教材内容的整合，而且涉及数学教学在知识容量上的增加，教学设计中应注意知识点与教学目标"一致性"的检查程序。所谓知识点与教学目标的一致性，就是要将所教的数学知识与预设的教学目标、评价证据相互匹配，在课时"学习目标"中找到对应的"知识性集合""评价性依据"，从"大概念建构""核心素养培养"等目标维度找到对应的教学结构支撑，让具体的数学教学任务与数学教学活动评价有较好的匹配性。教师在制定教学目标时如果仅仅依附于传统的教学经验，将更具有挑战性的"大单元教学"等同于一步一个脚印的"课时教学""小单元教学"，或者囿于教学的认知偏差，将具有挑战性的"大单元教学"视为显性的"各种各样数学知识或内容的汇聚"，那么就很容易异化基于大概念的数学大单元教学目标，也因此不能有效体现大单元教学应有的"教、学、评"一致性。相反，对一些数学教师而言，由于缺失科学合理的教学目标引领，他们在教学过程中很容易出现教学过程逻辑的混乱。

基于大概念的数学大单元教学设计需要数学教师从大单元的目标出发，制定具有可操作性的课时目标，提取所教内容中大概念和次级概念之间真实存在着的关联性，将大单元的宏观目标在具体的课时教学中具体化。为了系统规划基于大概念的数学大单元教学的进阶目标，帮助数学教师形成更加清晰的数学课堂教学逻辑，可以合理运用目标的矩阵分析方法分解教学内容中概念的层级，将大概念逻辑层次关系进行可视化表达。就具体的实施而言，基于大概念的数学大单元教学进行目标矩阵分析时，可按图 6-7 所示的六个步骤展开。

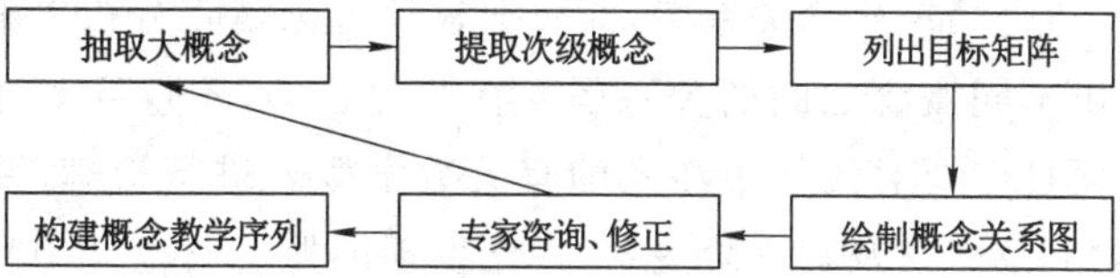

图 6-7　目标矩阵分析法的实施步骤

第一个步骤是抽取大概念，即在梳理出相应学段必备的数学知识与关键的数学能力基础上，根据数学课程标准、实际使用的数学教材、所教班级的学情等因素提取出能统摄单元教学内容的大概念。以小学三年级"长方形和正方形"这一单元的教学为例，研读课程标准可以发现，这一部分的课程目标有三点：认识常见的平面图形；体会平面图形周长与面积的测量过程；探索长方形与正方形周长、面积的计算方法。那么，相应的教学内容中包含的大概念是什么？它们与课程目标有着怎样的关联？通过比较与分析可知，课程目标的后两个目标中蕴含"测量本质是度量单位累加”“周长是图形特征的刻画”“周长与图形的要素存在着一定的关系，分析这种关系可以获得周长计算的公式或方法”三个大概念。这三个大概念在教学目标上分别对应着“体会”“领会”“洞察”三个层次的要求。

第二个步骤是提取次级概念，即根据重组、整合、拓展的数学教材内容明确需要教授的数学知识与技能，结合教材或教参对相关单元知识点的划分建议和编排要求，提取出能统摄事实性或事理性数学知识与技能的次级概念，将所提取的大概念、次级概念编号，根据大概念、次级概念分解出教学中的基本问题，形成具体的教学单元或专题。例如，在小学三年级“长方形和正方形”这一单元的教学中提炼出“测量本质是度量单位累加”“周长是图形特征的刻画”“周长与图形的要素存在着一定的关系，分析这种关系可以获得周长计算的公式或方法”三个大概念后，可以进一步具化、确立相关大概念对应的基本问题。比如，所说的图形周长究竟指的是哪一部分？为了准确测量周长，可以怎样做？对特殊的平面图形来说，它们的周长为什么能用公式来计算？

第三个步骤是列出目标矩阵，即通过概念间直接关系的明确，以矩阵的形式列出大单元的教学目标。例如，在小学三年级“长方形和正方形”这一单元的教学中，我们可以列出如下一些教学目标：理解周长的含义；体会长方形和正方形这两种平面图形周长计算方法的形成过程，发现并掌握长方形和正方形周长的计算方法；在探究活动中感悟和发现长方形、正方形周长计算的特殊性，渗透集合思想，培养推理意识、模型意识，发展空间观念。

第四个步骤是绘制概念关系图，即根据教学目标矩阵分析出不同概念的目标层级，绘制出不同概念之间的关系图。在此过程中，不仅要对教材中的知识点进行梳理，而且需要对教材中涉及的有关数学概念进行梳理，要厘清蕴含在知识点背后的上位概念及其进阶关系，在已发现的概念与范畴中找到核心的概念与范畴，并在此基础上梳理出相关下位概念间的关联性，构建知识框架，贯通概念上下与左右之间的联系，建立数学知识体系。

第五个步骤是征求专家教师的意见或建议，通过咨询进一步修正教学目标，更准确地把握学生经由数学教学需达到的核心素养标准。在此过程中，要认真检验以大概念为导向的大单元教学目标能否达到预设目标与效果，并以此为重要的衡量标准，由点到面，逐步铺开教学目标的修订与完善，并力求从更大范围内得到符合大概念、大单元教学标准的教学目标体系。

第六个步骤是构建基于大概念的数学大单元教学序列，即根据所构建的概念关系图，构建数学大单元教学任务与具体数学活动的顺序，形成能体现“教、学、评一致”的大单元教学目标。基于大概念的数学大单元教学评价强调单元教学评价标准与数学单元教学目标的一致性，既注意将评价活动有效贯穿于大单元教学活动的整体过程，又强调将大单元教学活动设计以及教学方案的实施作为大单元教学目标达成的重要手段和大单元教学评价的具体情境。在大单元数学教学活动中，前一个教学活动的目标达成可以成为后续数学教学活动的基础，做好大单元数学教学活动序列化递进设计有着非常重要的意义。教师可根据教学内容的类型、特点以及学生认知基础、核心素养发展的需求，合理丰富教学序列，增加内容维度，提升认知深度和数学活动的复杂性，改善大概念的呈现方式，以持续、递进、主动的教学引导深化学生的数学理解，促进学生的高通路学习迁移与应用。

三、结构化学习任务的设计

以大概念为核心的数学大单元教学设计是一个基于结构化学习任务的“抛锚”过程，教学设计应重视学习任务的结构化和数学活动的组织化，以统领性的学习主题或者问题驱动学生的深度学习。为了更有效地开展以大概念为导向的大单元数学教学活动，数学教师应善于设计结构化的数学学习任务，不仅要努力建构具有逻辑关联性的数学教学组织体系，使“数学教学主题”和“结构化数学学习任务”具有清晰的脉络，而且要将大单元数学教学目标分解成可以具体探究的小单元或课时数学学习任务，围绕大单元的教学任务设计具体结构化的课时教学活动，将所有的数学学习任务和课时教学活动转化为结构化的数学问题序列。设计数学问题序列不仅要重视数学问题本身的设计，而且要重视数学问题情境外的设计，在此过程中，不仅要防止所设计的数学问题情境与学生已有的数学活动经验或数学知识技能未能充分衔接，而且要防止所设计的数学问题情境与数学大单元教学目标未能有效地融合，与数学大概念及后续的知识拓展应用未能形成真正意义上的相互贯通。

只有不断增强大单元数学学习任务的整体性、结构化和数学问题的可探究性，才能使学生在大单元整体结构有序性的具化下把握大单元数学学习的目标，实现以大概念建构、核心素养发展为导向的整体性数学学习。以小学数学中“数的认识”“数的运算”为例，该部分教学内容在知识体系上是一个逐步结构化的逻辑展开过程，学生的数学学习过程也应是一个有着相应结构化的数学活动过程。为了提升数学知识的结构化程度、数学学习的任务化组织和数学思维的外显化表达，教学设计时可以用“多少个计数单位”这一大概念为统领，使“整数的认识与运算”“小数的认识与运算”“分数的认识与运算”的学习与理解构成前后关联、体现序列的结构化学习任务。具体地，第一学段重点进行万以内数的学习，教学的重点和关键是让学生理解“数位的意义”，明白“数位的顺序”，理解万以内数的“读写方法”“运算法则”，能比较万以内的数，能对万以内数的大小进行估计，理解不同数位上数的加减本质是按照“个位”加减的方法求“多少个单位”，教学不需要告诉学生“计数单位”这个概念。在第二学段，教学的重点和关键是学习十进制计数法，让学生进一步理解数位，并在分数、小数的初步认识中感悟分数单位，体会整数、小数、分数都是表示“多少个单位”的表达。在第三学段，既需要引导学生进行相关知识与技能的整合，又需要及时转向数学活动任务的整合。这一学段教学的重点和关键是通过归纳、概括，引导学生领会不同数及运算之间的关系，更深入地理解自然数、整数、分数、百分数的意义，更清晰地把握不同数之间可能的区别和联系，更系统地掌握“十进制计数法及分数单位”“分数与除法之间的关系”“分数的基本性质”等知识。

上述关于“数的认识”“数的运算”的学习主题，以数学大概念为统领，贯穿于不同年级具体的教学内容，可以构成螺旋式发展、内化数学活动意义、前后贯通一致的数学教学任务序列。在具体的教学中，教师可以进一步设计具有内在逻辑关联、结构化的问题组，以结构化的问题引领学生的数学思考、探究，以大问题搭建数学深度学习的框架，提高学生数学活动的有效参与度，构建数的认识与运算体系。如果数学问题、教学任务设计缺乏应有的逻辑关联，学生很容易陷入非结构化的数学问题探究中，不理解所要进行的数学任务，不知道自己需要做什么以及能做什么，并因此使数学教学任务远离了大概念的建构，数学教学活动流于形式，不利于学生数学理解和核心素养发展。

设计结构化的学习任务要与学生结构化思维培养结合起来，也就是既要注意从整体上分析、研究大单元的数学学习任务设计，使大单元学习任务与小单元学习之间能够相互关联、贯通、支撑，又要注意引导学生将结构化思维方式延伸到结构化的数学学习中，把所学的数学知识点进行串联。对于一些复杂的大问题、大概念，教师要进行结构化思考，从多个角度对学习任务进行探究，从整体上认识教学的内容，完善数学认知结构。以小学“长方形和正方形”这一单元学习任务的设计为例，教师可以用单元大概念作为教学的重要引导，将相关内容学习设计成三个进阶的过程。

在第一阶段，重视学生对周长概念的理解。在此阶段的教学中，要认识到学生对周长的理解有认知上的困难性。一方面，学生日常所见多为三维之

“体”，所触摸到的也多为二维之“面”，而周长所聚焦的则是一维之“线”。学生如果不能经历“指边描线”的活动，就不能明确周长所指的度量对象；如果不能经历从二维之“面”到一维之“线”的“剥边取线”“翻边量线”等活动，就难以从几何意义上深刻地理解周长的内涵。另一方面，学生对周长概念的建构不能仅仅满足于思维表象的建立，而是需要经历由表及里的对周长本质特性的感悟。比如，学生可以在教师指导下“描一描封闭图形的一周”，认识方格图形的周长，说出“封闭”“一周”的实际意义，明白一个图形一周的长度就是周长，理解周长是可以测量和计算的，初步理解周长的本质是对图形或者事物一周长度的累加和刻画。

在第二阶段，让学生根据周长的意义自主地探究长方形周长的计算问题。在这一阶段，要对学生所呈现的个性化的算法进行评议，为抽象出周长计算的“通法”积累丰富的感性经验；通过长方形对边相等这一特征建立周长与其计算公式的本质联系，引导学生关注图形中边与边之间的特殊关系，领会所度量的属性与图形要素之间的关系，并据此推理出一些常见图形周长的计算公式；让学生从具体图形周长计算公式中抽象出具有一般性的周长计算公式，为形成图形度量的模型意识积累数学活动经验。

在第三阶段，做好长方形周长公式的迁移运用和类比推理，引导学生在相互交流、结论比较中优化正方形周长计算方法，将具体化、形象化的数学活动经验发展为模型化、抽象化的数学活动经验。英国学者安妮·沃森（Anne Watson）等曾指出：“在数学学习的环境中，变式设计很有可能促进了学生学习的不断进步，这是那些非结构化的数学任务所无法达到的”①。结合变式练习和后续的评价活动，可以引导学生进一步深刻理解图形周长的数学本质和一般性意义。

---

① LIPOWSKY F, RAKOCZY K, PAULI C, et al. Quality of geometry instruction and its short-term impact on students' understanding of the Pythagorean Theorem[J]. Learning and instruction, 2009,19(6):527-537.

第七章 大概念与数学问题解决学习

第一节 问题本位的学习

一、关于问题本位的学习

早在19世纪60年代，加拿大的麦克马斯特大学(McMaster University)医学院里有一群教师在教学中发现，学生在医学院所获得的许多知识与技能无法有效应用于实际的工作情境。[①] 是什么原因导致这种情况的呢？经过一些调查与研究，他们认识到：医学院的学生虽然在学校里获取了许多知识，但知识获取的主要渠道是书本阅读和课堂听讲，学生通过记忆习得了一堆答案一成不变的医学知识并且在考试中获取了高分，但当他们走出校门后，一旦遇到一些具体的问题时，却无法进行有效的思考，无法将所学的知识用于真实的情境。这种现状已经并将继续影响医学院学生从事医学职业的专业能力与实践品质。为了改善医学院学生在学习中遇到的问题，巴洛斯(Barrows)通过倡导问题本位学习(problem-based learning，PBL)改进医学领域的教学。在巴洛斯看来，在学生的学习过程中，问题应是最先出现的，问题本位学习是一种不同于以往的新的学习方式，学习是由问题驱动的，学生的学习离不开自身的自主性，新知的获得离不开问题，学生主要在了解问题与解决问题的过程中形成新的学习结果；教师的教要以学生的学为中心，教师在教学中主要扮演促进者的角色，要着力于学生问题解决能力的提升。[②] 问题本位的学习不再以教师为中心，学生不是被动地接受机械式的知识灌输，而是学会主动、积极地解决问题，努力成为主

---

① ALBANESE M A, MITCHELL S. Problem-based learning: a review of literature on its outcomes and implementation issues[J]. Academic medicine, 1993(68):52-81.

② BARROWS H S. Problem-based learning in medicine and beyond:a brief overview[J]. New directions for teaching and learning,1996,(68):3-12.

动、自我导向的问题解决者。显然,问题本位的学习与传统的讲述式有着明显的不同(见图 7-1)。[①] 较之于传统讲述式的教学模式,问题本位学习的教学模式更加强调把学生的学习设置到具有一定复杂性和有意义的问题情境中,鼓励学生通过合作进行具有挑战性或真实性问题的解决。

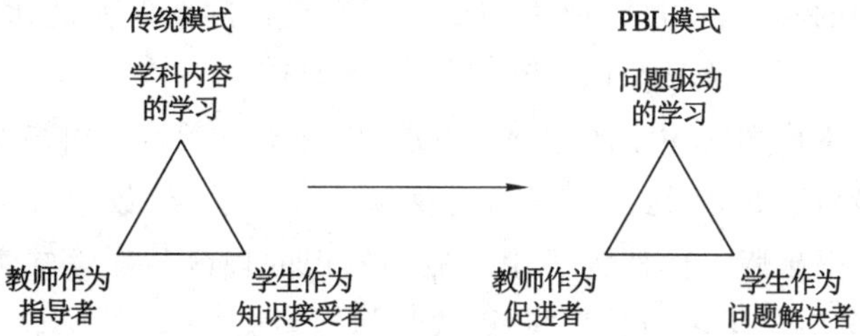

图 7-1　问题本位学习与传统讲述式的差异

19 世纪 70 年代,巴洛斯等人进一步倡导、推广问题本位学习的主张,并应用于信息教育、特殊教育以及法律等不同于医学的专业领域。[②]

20 世纪 20 年代,克屈伯在杜威"从做中学""问题教学法"等理论的影响下,提出了"设计教学法",将问题本位的学习进一步具体化和流行化。克伯屈认为,学生的学习应当是"热诚的自愿活动"(hearty purposeful act),"如果学生失去了自己提出的目标但教师仍然要求去完成,那么项目就成为单纯的任务和苦差事"[③]。他强调学生的学习应当是自主性而非教师强迫要求性的活动。相应地,教学活动也可以划分为"确定目的→制订计划→执行操作→评判结果"这四个关键的环节,经由这样的学习,学生可以获得独立性、判断力、美德践行的发展。通过问题分析与解决,学生不仅能习得隐含于问题背后的知识,而且能形成解决问题的技能和自主学习的能力。[④] 可以认为,设计教学法关注学生对于问题的理解与学习,增强了生生、师生之间的互动,增进了学生的分析与思考的能力,是问题本位学习主张的进一步具化和实践,许多具有代表性的教学方案

① EKHAML L. The use of PBL in a library course via online distance learning[J]. Journal of educational media & library sciences,2001,38(3):241-249.

② BARROWS H S. Problem-based learning in medicine and beyond: a brief overview[J]. New directions for teaching and learning,1996(68):3-12.

③ KILPATRICK W H. Foundations of method: informal talks on teaching[M]. New York: The Macmillan company,1925:348.

④ 黄爱华,林炜. 基于"问题本位学习"理论的"大问题"教学[J]. 课程·教材·教法,2017,37(7):38-42.

(project method)即使在今天看来也有一定的借鉴意义。①

相对于一些事实性知识,问题本位学习更为关注学生对于所学概念的深刻理解,并因此强调所学知识的应用。就知识学习与知识运用的关系而言,问题本位学习者认为知识的应用是一种非常重要的知识学习,应倡导将所学知识运用于具体问题的解决,通过将所学知识运用于具体问题解决的水平和层次,可以分析问题解决者对所学知识的理解与掌握程度。

随着问题本位学习主张的进一步发展,问题本位学习也由最初的主张成为重要的教学策略。20 世纪 40 年代,美籍匈牙利数学家、数学教育家波利亚的《问题解决》一书出版。他认为学生对数学知识的理解与数学知识的应用密切相关,将学生的数学学习与数学问题、数学问题解决挂钩,重视学生数学问题解决能力的培养,重视学生数学思维的价值,引导学生投入到数学问题分析与解决的实践中来。这本质上也是将问题本位学习的教学策略具体运用于数学教育教学领域,并使问题解决成为一个影响久远的数学教育理念。②

二、问题本位学习的特征

问题本位学习重视问题对学生学习过程的引领与指导作用,通过问题的探究调动学生学习的主动性、积极性,其主要的学习特征可以归纳为五个方面。

第一,以真实问题的解决为学习的起点与动力。问题本位的学习是基于现实世界中问题的解决且以学生为学习中心的教育方式,问题解决可以在不同的情境中展开,但是这些问题情境应当是具有教学意义的真实性问题情境。之所以说是具有教学意义的真实性问题情境,是指不同于原始性、本原性的未进行教学加工的问题情境。根据杜威的观点,问题可以促进学生思考能力的发展,尽管学习中的问题并不总是出现于经验已经存在的情况,但是教学中的问题应当"是在学生能力范围内可以应付的,可以激发学生产生积极的追求"③。问题本位学习注意学生投身的实践及其与情境问题的转化,呈现真实的案例对学生的学习具有十分重要的作用。为了分析与解决问题,学生需要积极参与问题的讨论,需要激活已有知识与经验,需要创新思维的方式方法,需要练就解决问题

① ALBANESE M A, MITCHELL S. Problem-based learning: a review of literature on its outcomes and implementation issues[J]. Academic medicine,1993,68(1):52-81.

② PÓLYA G. How to solve it:a new aspect of mathematical method[M]. Princeton,New Jersey: Princeton University Press,1945.

③ DEWEY J. Experience and education[M]. New York:Macmillan,1938.

的本领，这样的教学过程可以调动并维持学生的学习积极性。

第二，问题本身与待探究的专业知识有内在的关联性。尽管需要分析与解题的问题与待探究的专业知识之间并非总是“一对一”的对应关系，因为也有可能存在“一对多”“多对一”“多对多”等其他关系，但是从教学的角度来看，问题及其分析、解决所内蕴的内容应当与待探究的专业知识有着某种关联性。这种关联性对于学生的学习来说不仅是重要的动力，而且是维持学习不断深入的重要诱因。问题本位的教学模式注重从结构不良的问题出发，通过模糊性的情境让学生发散思维，生成一系列有一定相关性的问题，从中进一步形成问题的解决方法或者策略。[①] 问题本位学习设计的一个难点是如何将待学习的内容与现实的问题情境之间进行有意义的关联与互动。真正的学习来自问题解决的过程[②]，将问题引入教学，只有使问题与待教学知识点之间建立适度的关联性才有价值。适度的关联性体现了教师对于学生以及教学内容的把握。对已具备一定知识与经验的学生来说，如果能发现当前待解决的问题与头脑中的知识与经验有着密切的联系，就更能激活思维，更能激发问题探究的兴趣，更能深化问题解法的研究与反思。好的问题可以使学生饶有兴趣地参与问题探究与学习反思的活动，而非被动地去听别人讲解。[③]

第三，倡导合作性的学习。在问题本位的学习中，合作学习是提升学生学习效率的重要方式。巴洛斯曾经指出，问题本位学习要求教师设计出非结构化的问题或者任务，学生为了解决教师呈现的问题或者任务，需要对相关知识进行反复分析，尤其需要以小组合作的方式更深入地讨论问题、搜集资料、分解问题、制定解题规划。这是因为，在问题本位的学习中，合理利用小组合作展开问题的分析、研究，将更“能帮助学生获得有效解决问题的技能、自我导向学习以及团队合作技能”[④]。就问题解决过程而言，如果能深入合作问题与任务的本质内涵，投入问题解决参与者深度的思维互动，不仅能增加学生更加多样化的知识与经验，而且也能在建构知识与技能的同时，进一步增强学生学习的主体性、内聚力和问题解决的群体思维，获得合作性认知的进步以及良好的问题分析、

---

① 王宽明.“问题解决”教学模式的比较研究[J].基础教育，2016，13(1)：33-40.

② DELISLE R. How to use problem-based learning in the classroom[M]. Alexandria, VA: Association Supervision and Curriculum Development，1997：5.

③ JOHNSON D W，JOHNSON R T. Learning together and alone：cooperative, competitive，and individualistic learning[M]. 2nd ed. Englewood Cliffs，New Jersey：Prentice Hall，1987.

④ BARROWS H S. The essentials of problem-based learning[J]. Journal of dental education，1998，62(9)：630-633.

求解的情感体验。

第四,问题本位学习是一种自我导向的学习方式。在问题本位学习的过程中,学生是自我导向的学习主体,他们具有主动、自觉、自发、自我学习的潜能,具有自主性、能动性、目标意识和强烈的学习愿望,是能自我计划、自我控制、自我评价、自我反思的学习者,是问题的提出者、发现者、分析者和解决者,是知识的建构者、实践者和创新者,是探究活动的参与者、合作者、责任者和反思者。学生不是对他人的学习负责,而是对自己的学习负责。在教师的指导下,他们不仅制订、执行经由问题探究实现学习任务的计划,而且能通过自我控制优化自己的问题探究策略,维持自己学习的动机。自我反思、自我导向是问题本位学习中的核心。由于学习是以问题的分析、解决为主,所以学生需要动态地诊断自己的学习需求,需要学会分辨问题、表征问题,需要制定自我导向的学习目标,设定逐步推进的问题求解计划,需要主动检索与问题求解相关的知识,需要在解题的过程中优化自己的学习策略,建构更具包容性、整合性的知识。问题本位学习之所以吸引学生,一个重要的原因是学生经由问题分析、解决的学习,有可能会创造出一种令自己无法忘记甚或改变一生的学习经验与体验。①

第五,教师需要扮演引导者、协助者的角色。在义务教育阶段,学生学科能力的提高与学科水平的提升尽管有本人自我导向的重要因素,但从总体上讲主要是依靠后天开展的学科学习,这本身是一个以间接经验掌握为要点、体现文化继承的实践过程,教师应发挥非常重要的引导和协助作用。相较于传统的教学模式,在问题本位学习中,学习的方式、教师的职责、学习者的角色都发生了根本的转向。② 问题本位学习是以学生为主体的学习,应当强调教师作为引导者、协助者的角色,通过有效的引导、协助,让学生更主动、更自觉地投入到问题分析、解决的任务中,探究问题背后所隐含的专业知识、思想方法。较之于直接讲授知识内容,教师需要善于提出一些有探究价值的问题,需要鼓励、引发学生解决问题的信心,需要引导学生尝试寻找包括知识在内的、有用的解题工具,启发学生思考更加合适的解题方案、方法,更需要让学生进一步明确自己的问题探究方向和反思自己的问题解决方案、方法。教师作为学生学习的引导者、协助者,需要在创设积极的教学情境、设计有价值的问题、组织有深度的探究活

① CONKLIN T A. Making it personal: the importance of student experience in creating autonomy-supportive classrooms for millennial learners[J]. Journal of management education, 2013, 37(4): 499-538.

② TAN O S. Problem-based learning innovation: using problems to power learning in the 21st century [M]. Boston: Cengage Learning, 2003: 101.

动、促进生生交往互动、激励学生自我定向等方面发挥自己的主观能动性。

第二节　数学问题解决的学习

早在20世纪80年代,美国全国数学教师理事会(NCTM)就在其指导学校数学教育的纲领性文件《行动的议事日程》中指出:"把问题解决作为学校数学教育的核心"。此后,问题解决不断被视为衡量个人和国家数学水平的一个重要标志,并因此成为许多国家数学教育教学改革的重要目标。1988年,在第六届国际数学教育大会(ICME-6)上,问题解决是大会七个主要研究课题之一,在课题报告中明确提出了解决和应用应成为从中学到大学所有数学课程的一部分。在我国,问题解决是数学课程标准中"过程与方法"维度的重要内容,并且与学生核心素养培养的目标紧密相关。在义务教育阶段,为了更好地聚焦学生核心素养培养和大概念运用,在数学教育教学及其研究中需要对数学问题解决做进一步的审视。

一、问题及数学问题

问题虽然与目标有一定的关系,但并非完全基于目标。这是因为,问题也会取决于主体所面对的困难及其内在的不确定性。当主体意识到已出现的问题,会通过确立目标来消除给其带来繁重感觉的困难和不确定性。

对主体而言,是否是问题,与学习要达到的目标、面对的情境、遭遇的冲突都有一定的关联性。由此,可以看到问题的本质,即问题更多的是某个给定情境状态与所要实现目标状态间的差距,或者说是个体尚未能直接达到其预设目标所处的情境。① 作为一种情境状态,问题指向主体想要弄清楚、想要说明或者想要解决的困惑、疑难。作为与所要实现目标状态之间的差距,问题指向当前状态下主体已有认知结构内部有一定的矛盾冲突性,即在当前的状态下,主体尚未能找到易于理解的、完全确定的解答方法或法则。

在实践中,问题激发了人们的探索与求知,推动了人们提升素养、获得发展。问题不仅意味着个体寻求更多发现、更多创造、更好生存的目标,而且是从理论与实践层面进行活动探究的起点。依据问题不同的结构性,问题可分为良

① 袁维新,吴庆麟.问题解决:含义、过程与教学模式[J].心理科学,2010,33(1):151-154.

构和非良构的问题。[①] 良构的问题指已知的条件既规范又明确，正确答案存在且有限，能找到明确的解决方法或规则。非良构的问题与具体情境有紧密的联系，但已知的条件模糊，通常难以找到明确的解决方法或规则，问题的答案有一定的开放性。

根据问题本身的复杂程度，有研究者将问题分为简单问题、复杂问题，里夫(Reeff)曾列表说明了它们的区别(见表7-1)。现代信息加工理论尝试将问题分为客观和主观两个方面。问题的客观方面指向问题的客观陈述，如具体的课题范围或对应的任务领域。问题的主观方面指向问题的主观陈述，强调的是由问题解决"起始状态""目标状态""中间状态"构成的问题空间。

表7-1 简单问题和复杂问题比较

简单问题	复杂问题
静态的	动态的
透明的	不透明的
少量变量，简单联结	许多变量，难解的联结
界定良好的问题状态和目标状态	界定不良的问题状态和目标状态
一个正确解答或结果	可能有一个以上的正确解答或结果

数学问题是主体在一定情境状态下，根据已有数学信息及其之间的关系，经过一系列思维活动而产生的新的问题。[②] 人们在数学活动中常常会面临一些不能用现成数学经验或者方法解决的情境状态。比如，除数是小数的除法，对初学的学生来说就是一个不能直接用除数是整数的除法法则进行计算的情境状态。诸如此类的情境状态实际上就是一个问题。

从信息加工角度来分析，数学问题是数学活动者尚未达到目标状态、有待加工处理的信息。如果把一个数学问题看作一个系统，那么这个系统中至少有一个要素是数学活动者当前状态下还不知道的。假如构成这个系统的全部元素、元素性质、元素关系等都为数学活动者已知，那么这个系统对数学活动者来说就不能构成问题系统了。事实上，这已是一种稳定的系统。

① 斯滕伯格，威廉姆斯．斯滕伯格教育心理学：原书第2版[M]．姚梅林，张厚粲，译．北京：机械工业出版社，2012：280-282.

② 唐斌，聂湘玉．影响小学生数学问题解决能力发展的原因及对策研究[J]．基础教育课程，2020(2)：47-53.

在数学教育教学活动中，数学问题的产生与呈现往往是教育者与被教育者数学活动经验以及相应的活动情境、数学文化直接作用的结果。不仅如此，数学活动者作为具体的数学问题解决者，在问题分析与解决过程或者在问题求解结果反思、过程回顾等环节，也会提出一些新的数学问题。

数学问题作为一种有待加工的信息系统，它主要由以下三种成分构成。

（1）条件信息。条件信息是指问题已知的和给定的东西，它可以是具体的数学知识对象、一些数据、一种关系、一个模型或者问题的状态（最初的表达形式）。如计算题中给定的数据和运算符号、应用题中的已知数量及其相互之间的关系等都是数学问题给定的条件信息。数学问题的条件信息通常不是很明确，存在于一些隐蔽的数学关系中，需要数学活动者分析、挖掘、梳理、探寻。对于相关知识理解的深度、问题求解思路的创新性及条件信息中关系难度、复杂度等方面的认知，反映了数学活动者的核心素养水平。

（2）目标信息。它是指要解决的数学对象或者说一个数学问题求解后所要达到的结果状态，即通常所说的要“求什么”。目标信息源自数学问题的本身以及问题解决者的内部经验，因为不仅数学问题本身包含了“求什么”的信息，同时，也可能需要解题者根据问题提供的信息去发现并提出问题。如问题“A、B两个量杯大小相同，分别装着同样多的蒸馏水、糖水。现用一个汤匙从A杯中取一匙放入B杯，然后充分搅拌，再从B杯中取一匙放入A杯。试问，现在哪一个杯中的纯度大?”中的“现在哪一个杯中的纯度大”就是问题给定的目标信息。数学问题一旦由问题状态转化成目标状态以后，它就不再是一个问题系统了。

（3）运算信息。运算在这里是指条件所允许采取的求解行动，即可以采取哪些操作方式把数学问题由问题状态转化成目标状态，它是问题求解的依据。如56.28÷0.67，可以利用除法商不变性质把除数是小数的除法转化成除数是整数的除法，然后按照除数是整数的除法法则进行计算，这就是问题给定的运算信息，没有这些信息就无法计算出结果。运算信息不仅可以构成逻辑运算、数学推理和数学推导的依据，而且可以帮助数学活动者改变所探究数学问题的状态，通过把相关的数学运算运用于问题求解的不同状态，实现由问题求解的初始状态向问题求解的目标状态转化。

较之于其他学科的问题，形式化是数学问题非常重要的特征。这是因为，当实际情境问题变成数学问题后，会抽去具体情境的物质性，变成具有纯粹意义的形式化问题。形成形式化的数学问题是数学化的重要方面，也是数学模型建立的必要过程。为了能运用数学的概念、理论、性质或方法解决已有的数学问题，需要将数学问题抽象为形式化的数学问题。

二、问题解决与数学问题解决

问题解决（problem solving）是一个探究的过程，该过程具有问题的情境性、目标的引导性、尝试的序列性、计划的操作性和实践的创造性等特征。

问题的情境性是指问题解决者要结合具体、复杂的问题情境，理解情境中的问题，探索问题可能的求解办法。

目标的引导性是指问题解决者的探究活动不能脱离问题求解的目标，表征问题、思考问题、分析问题与求解问题等一系列的探究操作活动都是基于问题求解目标的达成及相关任务的完成。

尝试的序列性是指问题求解中的尝试不是简单的一次性外部操作，而是一系列具有复杂性、动态性的内部思考、心理操作，并据此寻求问题求解的方法与途径。

计划的操作性是指在理解待求解问题和问题解决者认知成分参与的基础上，制订出详细、可操作、逻辑有序的问题求解的行动计划，解题者可按此计划寻找问题求解的方法、途径。

就实践的创造性而言，问题解决是一个需要不断创造的实践活动，它不仅涉及问题解决者的认知、实践技能，而且涉及问题解决者的创造能力和相关的心理社会资源。由此，国际学生评估项目（PISA）曾在2012年的问题解决测评框架中强调了创造性思维的重要性，认为问题解决能力远远不止于对积累知识的基本再现，创造性思维是其重要的成分。

对于义务教育阶段的学生而言，问题解决体现了探究实践的经历，是学生通过探究实现知识获得和知识应用的过程（见图7-2），学生在特定学科中的认知活动为该学科问题解决及相关能力发展提供了结构性的知识载体和推理路径。以核心素养培养为导向的教育教学改革强调在具有真实性、挑战性问题和任务的探究过程中培养学生的问题解决能力。学生通过问题解决实现知识的同化、顺应以及核心素养的建构与发展。

问题解决有许多值得关注的性质特征。其一，问题解决是以目标定向的，目的是求得问题的答案。因此，那些无目标的行为（幻想、尝试等）不是问题解决。其二，问题解决是在头脑内部与认知协同进行的一种活动，是通过吸纳新知识来调整、重构图式，建构概念、原理与规则，深化所研究问题与知

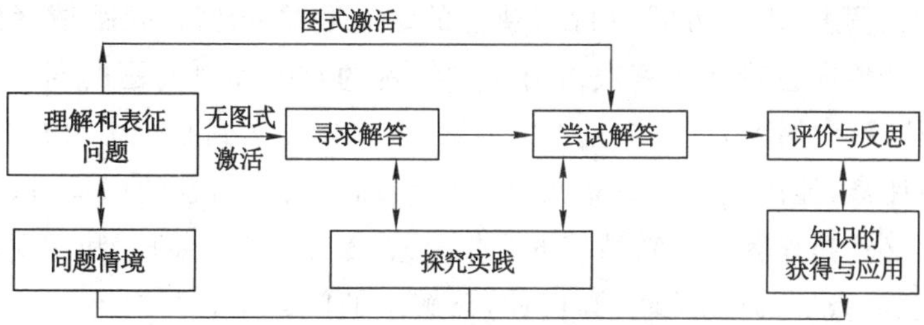

图 7-2　以探究实践为核心的问题解决过程

识的关系性理解。问题解决不是对概念或规则的简单性应用,单纯的外部技能操作(如削一根牙签等)不是问题解决。其三,问题解决包括一系列的心理运算活动,比如,为了进行某种数学的构造,解题者要结合所面临的问题情境将外在的数学化信息形成相应的数学知识点,要从已有的数学知识与经验出发,寻求问题求解的路径、方法、策略和方案,这本身就是一项综合性的数学心理活动过程。因此,一个简单的心理活动(如回忆一个电话号码等)不是问题解决。其四,问题解决具有个人化的活动过程。一方面,同一个问题,相对于不同的人,其解决的性质是不同的。如回答“9＋2＝?”对一个低年级的小学生来说,可能是一个问题解决过程,而对一个中学生来说就不是。另一方面,问题解决需要解题者在发现问题、确定问题、分析问题、运用策略、结果推广与运用等方面具有独特的创造力,内嵌个体解题思维的深刻性、广阔性、精密性、批判性、灵活性、敏捷性、独创性等智力品质以及个体在探究问题时的动机、效能感、自信心、坚韧性、情绪性等独特的非智力因素。个人化的特征可以为问题解决者赋予与生俱来的个性化问题解决特质,使问题解决表现为个人化的一系列心理运算,问题解决作为一种过程也是从个人化的具体问题情境出发探寻问题求解之道的过程。

问题情境是问题解决的前提,为了经由问题解决教学促进学生核心素养的形成和发展,应重视创设基于真实任务、有挑战价值的问题情境。在以核心素养为导向的教学设计中,问题情境常与知识衔接、目标引领共同构成教学引入的三个要素。有研究者依据问题解决过程的差异和学习难点的不同,将问题情境分为设计类、探究类、决策类、鉴赏类,并且真实性问题情境的框架包括情境、人物、任务三要素。① 从学业评价的角度来分析,问题本身的复杂程度、知识技

① 刘徽.真实性问题情境的设计研究[J].全球教育展望,2021,50(11):26-44.

能的结构化程度、思维方式或价值观念的综合程度可视为问题情境的重要要素。问题情境内蕴着问题解决者对认知结构的召唤和对问题的回应。从认知角度看，构成问题情境有三个基本的要素：个体试图达到某一个目标；个体与目标之间有距离；能激发个体凭借思考达到目标。从对问题的回应看，一个新问题的提出必然是作为一个新情境的自然呈现，又由于提出问题和解决问题是串联相生、互动激发、彼此关联的，因此，已解决的问题也容易自然地成为新的问题情境。解决问题有利于激发问题解决者从更深层次上思考、分析问题，构成具有新挑战意义的问题情境。

数学问题解决是指学生在新的情境状态下，运用所掌握的数学知识，对问题采用新的策略和方法，寻求答案的一种心理活动过程；是一种培养和发展学生知识技能、方法过程、情感和价值观的学习方式。较之于一般性的数学问题，数学问题解决中的问题主要是指一些非常规性的数学问题，其中许多属于条件不充分、结论不确定、开放性、探究性的数学问题。从心理学角度分析，数学问题解决是一类有众多认知因素参与、高级形式的数学学习（见图7-3），其外延比“学习解题”广，本质上，它是指以独特方式选择多组规则并加以综合运用的数学学习，是一种以数学问题为目标定向，以数学思考为内涵的探索活动。具体地说，数学问题解决是指学生面临新的数学问题情境，发现它与主客观需要有矛盾但又缺乏现成对策时所引起的探究处理问题方法的心理活动。

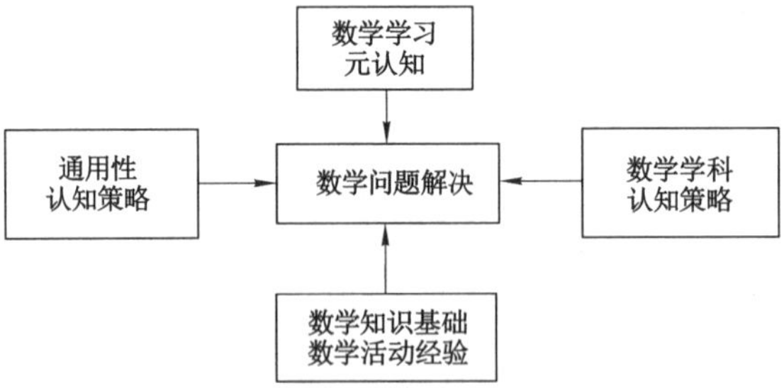

图 7-3　数学问题解决的认知成分

就义务教育阶段的数学学习而言，数学问题逐步走向多元、开放，学习者已从对数学问题的聚焦、分析、求解，逐步过渡到对数学思想方法的提炼、升华与运用。问题解决首先存在于获取数学知识的过程中，表现为凭借已有的知识、经验去完成新的学习课题；其次存在于应用数学知识的过程中，表现为将学过的数学知识、原理、技能迁移到新的问题情境中去。

数学问题解决对于激发学生的数学思维，促进学生对所学的数学知识进行深度理解，培养学生的探究实践能力，助推学生形成正确的数学情意价值观具有积极的意义。数学学习中的问题解决既有一般意义上的情境问题化、目标高阶性、过程序列化、认知综合性等一些过程特点，也有一些具有数学教学特点的特征：① 数学问题解决指的是学生初次遇到的新问题，也就是说，主体必须具有解决该问题的意愿，并且是第一次解决这一问题。如果是第二次、第三次解决同类问题，那么这样的活动只能说是一种练习。② 数学问题解决是一种积极探索和克服障碍的活动过程。它所采用的途径和方法是新的，至少其中某些部分是新的，这些方法和途径是已有数学知识和方法的重新组合。这种重新组合通常构成一些更高级的规则和解题方法，因此数学问题解决的过程又是一个发现和创新的过程。③ 数学问题一旦得到解决，学生通过问题解决过程所获得的解决问题的方法、策略就成为他们认知结构的一个组成部分。导致问题获得解决的已有规则（包括概念、命题等）的独特组合，往往生成一种更高级的规则或解题策略，因而具有发现与创新的成分。基于真实任务的数学问题解决可以为培养学生的数学素养提供一条基本途径、一种可资借鉴的参照。[①]

三、数学问题解决的基本过程与策略

问题解决不仅是有意识的选择过程，更是一个有目的的主动搜索过程。美国学者诺克斯（Nokes）等[②]将专家解决问题的过程概括成如图 7-4 所示可以反复迭代的顺序：① 对问题进行分类；② 建构问题的心理表征；③ 搜索适当的问题解决算子（策略或程序）；④ 检索和应用算子；⑤ 解决问题的进度和解决方案的评价；⑥ 如果不满足目标那么重复①～④；⑦ 存储结论。这些不同的阶段只是一个参考性的框架，在实际的问题解决过程中可以不严格地按此进行。由于复杂性、动态性、不透明性是一些非良构问题重要的特点，所以问题解决需要与复杂、动态的任务情境进行必要的互动。由此，问题解决的过程也是问题解决者如何与问题、任务、情境相互作用的过程，问题解决的复杂性是内部和外部因素之间的相互作用。

① 徐兆洋，魏佳. 基于真实任务的数学问题解决[J]. 教育科学研究，2009(4)：55-57.

② NOKES T J, SCHUNN C D, CHI M T H. Problem solving and human expertise [J]. International encyclopedia of education, 2010: 265-272.

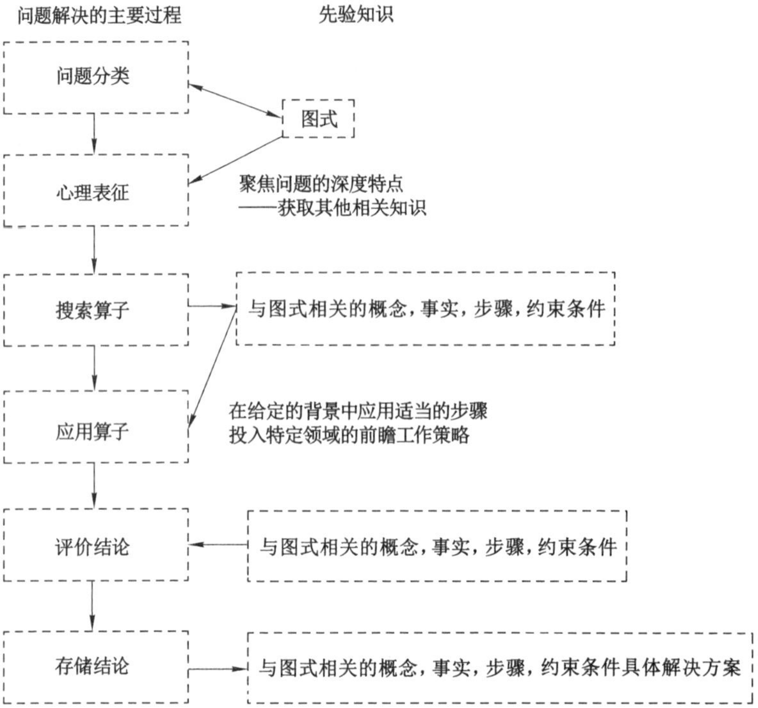

图 7-4 专家知识在问题解决各个阶段中的作用

数学问题解决过程有不同的划分，比如，有研究者将其划分为“形成问题初始表征”“制订问题解决计划”“寻找解决问题方法”“重构问题表征”“执行计划或检验结果”等阶段，也有研究者将数学问题解决过程划分为“问题的表征”“解决计划的执行”的阶段①。在美籍匈牙利数学家波利亚(Polya)看来，参与数学问题解决在一定程度上就是参与发现的过程，数学问题能否被有效地解决取决于猜测、顿悟和发现。为此，波利亚在《怎样解题》一书中将数学问题解决划分为“理解问题”“拟定计划”“实施计划”“反思修正”四个阶段。研究者虽然对数学问题解决及过程划分有着不尽相同的描述，但是，基本上都关注到了数学问题解决本身的发现心理过程。

① MAYER R E. Different problem-solving strategies for algebra word and equation problems [J]. Journal of experimental psychology: learning, memory&cognition 1982, 8(5): 448-462.

问题解决是一个动态化的非线性过程，格拉斯(Class)曾建构了如图 7-5 所示的问题解决模式①，据此可从认知角度分析问题解决的过程，问题及问题的表征、解题的计划及计划的执行显然是问题解决过程中的核心要素。数学问题解决本身也是一种认知性的数学活动，在认知性的数学活动中能否有效地识别问题、分析问题是求解问题的关键，与此相对应，数学问题解决过程也可分为"指向""形成""执行"三个阶段。指向阶段，问题解决者在基本弄清并理解问题情境的基础上，能初步辨认出问题的本质所在，清晰地构造出问题表征。在这一阶段，解题者初步习得解决数学问题需要的一些概念和规则。成功的问题解决需要具备问题表达和符号运算能力，与此相对，数学问题解决过程也是解题者结合问题进行数学语言阅读、理解、转译、加工和表达的过程。② 在这一阶段，解题者虽然能部分地形成一些可操作的数学对象，但并没有形成对整个问题求解的本质认识。形成阶段，问题解决者在有目的、寻找相似形以及和谐开放的原则下，能对多种途径与方法进行遴选，并在此基础上从总体上对问题的解决形成一种本质的和似真的领悟。执行阶段，问题解决者根据所形成的总体认识(策略)，采用边尝试探索边调整前进的方式由问题情境的初始状态逐渐向目标状态逼近。结合解题反思，问题解决者形成数学问题解决的结构化认识，并将相关的知识、方法和策略在其他问题求解中进行迁移。

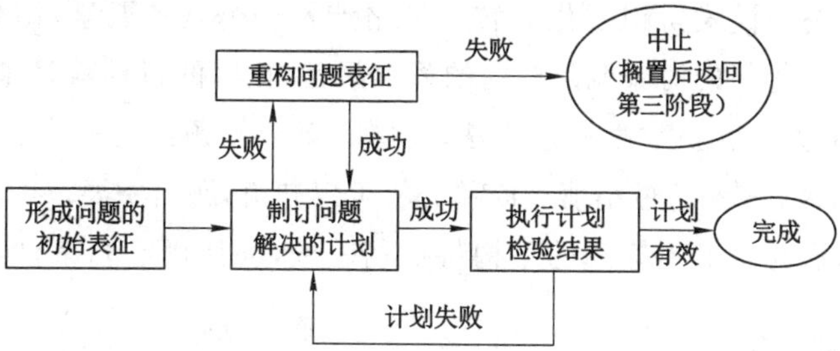

图 7-5　格拉斯的问题解决模式

模式辨识、化归转化、模型还原是数学问题解决过程的几个重要特征。模式的本质是一种数学结构，在数学问题解决过程中，有关的概念、命题、定理、性质、法则、公式、算法、解法、特定的思想方法都是数学模式。所谓模式辨识，是

① 刘儒德. 论问题解决过程的模式[J]. 北京师范大学学报(社会科学版)，1996(1)：22-29.

② BRENNER M R，MAYER R E，MOSELEY B，et al，. Learning by understanding：the role of multiple representations in learning algebra [J]. American educational research journal，1997，34(4)：663-689.

指当问题解决者在开始感知数学问题时，首先会辨别问题的类型，将问题进行必要的归类，以便与自己原有的经验与认知发生某种联系，实现待求解的问题与认知结构中的某种数学模式匹配，并因此有可能较迅速地寻找到问题解决的途径与策略。例如，有这样一个问题：聪明的一休在 9 点到 10 点之间开始解一道数学题，当时的钟面时针与分针正好成一直线。当他解完这道题时，时针与分针又恰好重合。问一休解这道题用了多少时间？如何解这道题呢？通过模式辨识可知，这是一道钟面上的行程问题，更具体为追及问题。从分针与时针成一直线到重合，可以看成分针追赶时针的问题。钟面上行程问题的特点是：两针转动的速度及距离都是以角度来表示的。两针成一直线就是两针夹角是平角即两针相差 $180°$，两针重合就是夹角是 $0°$，即分针赶上了时针。分针与时针每分钟始终相差 $6°-0.5°=5.5°$ 不变，由公式：钟面上的追及时间＝差距(度)÷5.5°(追及时间＝追及距离÷速度差)得：$180°\div5.5°=32\frac{8}{11}$(分钟)。

所谓化归转化策略，是指通过变化原问题，将原问题进行“等价变形”或称“建立等效命题”，使新问题便于检索，方便从变形后的数学问题中检索到相关的知识。化归转化与模式辨识是两个密切相关的策略。根据波利亚的问题解决模式，数学问题解决过程是化归转化构建新的等效命题，并因此使待求解的数学问题更易于模式辨识。化归转化策略涉及三个基本要素，即化归的对象、目标和方法。化归的对象就是当前的数学问题，化归的目标就是某一已知数学模型，化归的方法就是数学思想方法。例如，对于问题：“若 $a,b\in R^+$，且 $ab-(a+b)=1$，求 $a+b$ 的最小值。”简单分析可以知道，题目中要求的是“正数的和的最小值”，这与均值不等式的结构特征相一致，为使用已知条件，只要把其中的 ab 转化成 $a+b$ 。于是，可由 $\frac{a+b}{2}\geqslant\sqrt{ab}\Rightarrow ab\leqslant\left(\frac{a+b}{2}\right)^2$，代入上式，得 $\frac{(a+b)^2}{4}-(a+b)\geqslant1$，这样就把原问题进行了转化，归结为一个探求解一元二次不等式的问题了。

所谓模型还原，是指解决模型化问题后，要将获得数学模型的解再还原到原来的问题情境中进行讨论、确认。数学问题并不全是模型化了的常规问题，还有大量的非常规问题和客观实际问题，从普遍意义上说，实际问题比模型化的纯数学问题更符合问题的本质，重视模型还原的解题策略有利于更好地解决实际问题。就义务教育阶段的数学问题解决教学而言，教师应善于根据学生数学思维发展的水平和现有数学知识的学习状况，有意识地将数学模型还原为具体、直观的实际问题，引导他们从不同角度理解所建构模型的意义和特点，使他们学会在新情境中进行更有序的数学思考，勇于探索并合理运用模型，经由数学问题解决不断丰富、完善数学模型的构建与运用。①

数学问题解决过程中常常要运用一些策略。例如，海上有甲、乙两岛，一天中午 12 时，A、B 两条渡船同时从甲岛出发驶向乙岛。A 船航速每小时 10 千米，B 船航速每小时 8 千米。如果它们连续不停地在两岛之间往返航行，那么正好在第二天中午 12 时同时返回甲岛。请求出两岛间的距离。对于这一问题的解决可以运用如下一些策略。① 算法策略，即采用一定的计算步骤，而没有抽象出一般关系。比如，可这样考虑：在 24 小时内，A 船共航行 $10\times24=240$（千米），B 船共航行 $8\times24=192$（千米），A 船比 B 船多航行 $240-192=48$（千米），A 船比 B 船多航行的距离应是甲、乙两岛间距离的倍数，设甲、乙两岛间距离为 x 千米，则 $2x$ 应是 48 的约数，即 x 可以为 1，2，3，4，6，8，12，24。A、B 两船正好在第二天中午 12 时同时返回甲岛，即指 A、B 两船第一次在甲岛相遇。当 $x=24$ 时，A 船共来回 $\frac{10\times24}{24\times2}=5$ 次，B 船共来回 $\frac{8\times24}{24\times2}=4$ 次，24 小时，A、B 两船恰好第一次在甲岛相遇，符合题意。在 24 小时内，A 船共来回 5 次，B 船共来回 4 次；但在 A 船来回第 5 次且 B 船来回第 4 次时，即在第 12 小时后，A、B 两船第一次在甲岛相遇；在 24 小时后，A、B 两船已经是第二次在甲岛相遇，不符合题意。其他类似，所以甲、乙两岛间距离为 24 千米。② 抽象关系分析策略，即通过分析一般关系进行问题的解答。如可这样考虑：设甲、乙两岛间距离为 x 千米，在 24 小时内，甲船共航行 $10\times24=2^4\times5\times3$（千米），共来回 n 次，则 $2^4\times5\times3=2x\times n$；乙船共航行 $8\times24=2^6\times3$（千米），共来回 m 次，则 $26\times3=2x\times m$；当 A、B 两船第一次同时返回甲岛，即 $2x$ 应是 $2^4\times5\times3$ 与 $2^6\times3$ 的最大公约数，即 $2^4\times3$，所以 $x=2^3\times3$，即甲、乙两岛间距离为 24 千米。③ 直觉策略，即凭借直觉获得结论。如可这样考虑：将 A、B 两船看成相对运动，相当于 B 船静止，A 船以每小时 $10-8=2$（千米）的速度航行，24 小时后第一次返回甲岛，则两岛间的距离为 $\frac{(10-8)\times24}{2}=24$（千米）。在数学问题解决的具体过程中，还有诸如猜测、尝试、作图、操作、列举、简化等策略以及试误、逆推、逼近等

① 孙保华. 找准时机，渗透模型意识[J]. 教育视界，2023(14)：22-25.

方法可供选择。

四、影响数学问题解决的主要因素

分析影响学生数学问题解决的因素，有助于有针对性地进行数学问题解决的教学干预，探索更有效的教学模式、教学策略。许多数学教育研究人员花费了大量精力对数学问题解决的影响因素进行了研究，比如，美国数学教育研究的学者舍费尔德(Schoenfeld)基于波利亚解题策略的研究，以解题记录这一独特的方式研究了数学问题解决的影响因素。① 在早期的研究中，对于数学问题解决影响因素的分析涉及学生对问题的表征、模式的识别、策略的选用以及课堂的生生互动、师生互动等不同的方面。在数学问题解决过程中，模式识别是值得关注的影响因素。一方面，模式质量构成了模式识别的重要基础与先决因素。另一方面，解题者的自我监控能力与其内在的数学思维品质被认为是问题解决过程中模式识别的条件因素。② 研究同时表明，不仅解题者的元认知、视空间能力、思维品质等一般认知因素以及投入、情绪(如焦虑)、动机等非认知因素对数学问题解决具有一定的调节作用，而且解题者所拥有的数学知识、数学语言、数学思维、数学理解等特殊性认知因素对其数学问题解决也有着非常重要的影响。在众多影响因素中，数学问题解决的影响因素大致可分为内部和外部两类因素。从数学问题解决的过程着手分析，数学问题本身的特征以及问题解决者自身的特征均有可能成为制约问题解决质量与速度的变量。

问题表征是数学问题解决的起点。解题者的问题表征能力及其对问题表征的质量是影响数学问题解决的两个重要因素。③ 数学问题的表征方式可分为外部表征和内部表征两种方式。外部表征主要指问题的呈现方式，内部表征是问题解决者对问题所形成的心理表征(一种内部的、主观的表征)。同样的数学问题，不同的人可以有不同的表征方式，不同的表征方式对数学问题的解决有不同的影响。以小学一年级学生数学问题的外部表征为例，纯文字叙述问题与图文结合叙述导致问题解决的正确率是有明显差异的。更多的情况下，如果问题外部表征方式发生了一定改变，人们对问题的理解常常是不同的。正因为如此，在小学低年级数学教学中，数学问题更多的是以图文形式或图表形式进行

---

① 黄加卫.学生"问题空间"转换的展示平台:解题记录[J].数学通报,2006,45(8):53-56.

② 于文华.数学问题解决中模式识别的影响因素研究[D].南京:南京师范大学,2012.

③ 胥兴春,刘电芝.问题表征方式与数学问题解决的研究[J].心理科学进展,2002,10(3):264-269.

呈现，并且逐渐向纯文字类型问题过渡。发展学生问题表征能力对数学问题解决有着十分重要的意义，在日常的数学教育教学中，教师可以问题表征的具体方法指导为引领，使学生学会分解问题情境，抓住问题中的关键语句，理解问题中整体与部分的关系，开展模型建构、原理联想等方面的尝试，结合具体问题的分析与求解经历深度表征数学问题的过程，在有计划、有目的训练中提高问题表征能力，提升数学问题解决的信心和能力。

学生已有的知识背景和经验对数学问题解决有着非常重要的影响。数学问题解决本身就与解题者的知识和经验密切相关，这是因为，解题者不仅要利用已有的知识或经验解决其所面对的未知问题，而且要通过问题解决获得新的知识与经验。数学问题解决的关键在于问题解决者从自身经验中构建待探究问题的意义，探索问题解决的办法，得到多样化的问题解决思路和相关的结论。① 作为新知生长点的知识背景和经验在数学问题解决过程中会起相当大的作用，这种作用不仅体现在对学生数学问题解决过程的有效帮助上，也体现在对数学问题解决过程的干扰上。李斯特(Lester)和柯勒(Kehle)强调数学问题解决是协调以往经验、知识的创造性活动，在此过程中，解题者要熟悉表征和推理的模式，产生新表征的直觉，解决紧张的或者模糊推理的模式。② 因此，知识和经验是数学问题解决的基础性因素。对义务教育阶段的学生来说，数学问题能否解决不仅受问题本身的影响，而且受学生已有的数学知识或数学活动经验的影响。义务教育阶段的学生常常因知识背景和经验的不充分或匮乏，影响问题解决的正确性。因为，如果学生缺失了知识背景和经验的支持，常常会在理解问题情境过程中，无法将原问题还原为原有的图式(数学观念、规律和性质等)。例如，在解答“将 96 朵小红花和 73 朵小白花分给若干小朋友，要求每个小朋友分得的红花朵数和白花朵数分别相同。每个小朋友各分得几朵花?”这一问题中，学生可能因为对“分别相同”在经验的干扰下误解为“每个人分得几朵红花就分得几朵白花”，于是造成问题解决的失误。有研究表明，在解决问题过程中，具有专门知识的“专家”与“新手”相比，在知识的数量上，以及知识的组织方式上有所不同，这可能是造成问题解决效率不同的主要原因。

思维定式对数学问题解决的影响。这里的思维定式是指学生在数学问题

---

① 林炜，尹弘飚. 多元学习理论中的“鸡兔同笼”问题解决教学[J]. 广东第二师范学院学报，2021，41(5)：72-82.

② AI J，LESTER F K. Solution representations and pedagogical representations in Chinese and U. S. classrooms[J]. The journal of mathematical behavior，2005，24(3-4)：221-237.

解决过程中做了特定加工方式的预先准备状态，它是由学生原有的数学知识、数学解题与活动经验、数学思维方式和认知习惯造成的。思维定式在数学问题解决过程中常常表现出一种习惯性的“迁移”。在数学教学中，很多时候会要求学生用同一方法解答问题，长期求同思维的训练容易使学生养成遇到问题就从头脑中搜索解决办法的模式。例如，对于“一幢 6 层楼房，从下一层到上一层均有 12 级楼梯台阶，试问从一楼到六楼共有多少级楼梯台阶?”学生可能因经常解答类似“已知每份数和份数而求总数”的问题，而形成定式解法：12×6，这种错误解法主要源于思维定式的“负迁移”。思维定式之所以对学生的数学问题解决产生负迁移，是因为在学生遇到了与原有题目相类似信息时，头脑中原有题目解题经验被激活，并因此产生问题解决的错误思维导向和错误的策略、错误的结果。当然，思维定式不一定都对问题解决产生负迁移，在许多情况下，也会对学生数学问题解决产生有效的正迁移作用。在问题解决教学过程中，既要通过有效的教学方法帮助学生打破起负迁移作用的思维定式，抛弃一些已经习惯了的、旧的、无效的问题求解思路，又要通过有效的教学方法帮助学生建构新问题的解决思路并进行计划的落实，形成问题解决过程中的新旧联系。

认知策略对数学问题解决的影响。问题解决中的认知策略，主要是指在问题解决过程中用以思考、形成假设、选择方法和步骤等的规则和方式。认知策略服务于数学问题解决过程，是有助于问题解决者提高数学问题解决效果与效率的技能，引导着问题解决者的数学思考方向，从其认知结构中选择、提取出解题所需的知识、经验，并进行必要的排列、组合。例如，“已知圆 $C:x^2+y^2+6x+2my-59=0$（m 是实数），圆上任意一点关于直线 $l:x-y-2=0$ 的对称点也均在圆上，试求 m 的值。”解题者可以抓住题中“圆上任意一点关于直线 $l:x-y-2=0$ 的对称点也均在圆上”所呈现的对称关系来制定解题方案，因为圆本身不仅是中心对称图形，也是轴对称图形，根据这种特殊的对称性，结合题目已知的条件可以推断出作为对称中心的圆心一定在直线 $l:x-y-2=0$ 上，据此可以得出待求参数 m 的取值。这样，通过分析题中隐含的对称特性可以简化许多不必要的计算，问题求解就显得很顺利。

根据布鲁姆所建立的认知目标分类学，数学问题解决涉及解题者的数学知识、智慧技能与认知策略，是解题者运用认知策略，选择并组合解决问题所需必要技能的过程。[①] 不同的策略在数学问题解决过程中发挥着不同的作用。高阶性数学学习是指运用提问、分析、综合、实验、决策、评价等认知策略实现数学知识建构和数学问题解决的学习。例如，如图 7-6 所示，已知$\triangle ABC$是等边三角形，如果点D位于$\triangle ABC$边BC上，以AD为边构作等边三角形$\triangle ADE$，该三角形的边DE与原$\triangle ABC$的边AC的交点为F。试探究点E是否在$\triangle ABC$外角的平分线上。

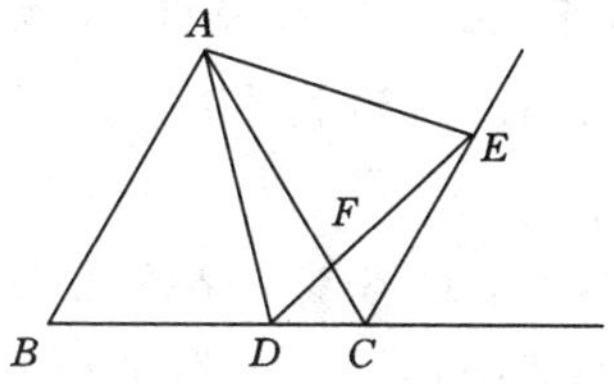

图 7-6　案例图示

当学生凭直觉说“点E好像在$\triangle ABC$外角的平分线上”“点E应该在$\triangle ABC$外角的平分线上”，教师可顺势问学生“能否证明自己的观点”。于是，原来的问题就变成了一道证明题。那么，究竟如何证明呢？当学生根据$\triangle ABC$、$\triangle ADE$均为等边三角形，得到$\angle CAE=\angle DAE-\angle DAF=\angle BAC-\angle DAC=\angle BAD$，$AB=AC$，$AD=AE$，得到$\triangle BAD\cong\triangle CAE$，得到$\angle ACE=\angle ABD=60°$，得到$CE$平分$\triangle ABC$外角，并最终获得答案后，教师可不必就此结束本题的研究。教师可在问题解决的基础上对问题进行必要的变化和拓展，引导学生提出值得进一步思考与分析的问题，在新问题的解决中促进问题教学和学生思维的进一步深入、融合。比如，教师可在学生获得证明之后对学生说：“你们都是初三的学生了，让你们证明点E在$\triangle ABC$外角平分线上确实不算难，你们事实上也已经做到了。那么，我们能否来挑战一下自己，有谁能根据刚才这个题目提出一个新的问题？”接到类似的挑战，学生就会运用提问、分析、综合、实验、决策、评价等认知策略进行新问题的建构与分析。比如，有学生问“如果题目中点D是在射线BC上时，原问题中结论是否存在？”“如果题目中点D是在直线BC上任一位置时，原问题中结论是否存在？”当学生发现原问题中的结论仍旧存在时，教师可进行追问“为什么题目的条件改变了，结论却没有改变

① 陈刚，皮连生. 从科学取向教学论看学生的“核心素养”及其体系构建[J]. 湖南师范大学教育科学学报，2016，15(5)：20-27.

呢?”通过引导学生深度思考认识到“变化中有不变”的数学道理。有的学生有可能在教师的启发下,主动要求进行与本问题相关的新探究,比如,他们会问:“老师,如果把原问题中的条件与结论进行互换,结论是不是还成立呢?”当老师及学生要求提问的学生具体地阐明他所提问的含义时,提问的学生就有可能会说:“我的意思是其他条件不变,如果点 E 位于 $\triangle ABC$ 外角平分线上,那么 $\triangle ADE$ 是不是一定是等边三角形?”由于时间关系,教师可在肯定学生爱动脑的基础上将问题的探究延伸至课外。实践表明,数学课堂中类似的递进式提问可以促进学生的数学思维不断提升,学生通过求解、分析一道题目,学会举一反三,丰富解题策略。

解题策略是元认知策略的基础,基础策略的元认知策略在学生数学问题解决中的作用大于一般策略的元认知策略。① 不同人在问题解决过程中所用的认知策略会有所不同,美国学者凯・甘(K. Agan)通过归纳将它分为“慎思型”和“冲动型”两类。研究发现,“慎思型”的特点是:反复思考,直至在对自己的假设有效性反复审查之后才做抉择,问题解决的虽长,但错误较少,同时,创造性的问题解决较少;“冲动型”的特点则是:思考欠周密,仓促抉择,问题解决的时间虽短,但错误相对较多,同时,创造性的问题解决也较多。一般认为,问题解决的反应时间大于中数且错误少于中数的属于慎思型;反之,问题解决的反应时间小于中数且错误大于中数的属于冲动型。

学习动机、情绪等非认知因素对数学问题解决的影响。数学问题解决是复杂性的问题解决,需要问题解决者与其所在的任务环境进行动态的交互,解题者的认知能力、元认知能力、动机和情绪等心理因素均在解题者复杂的问题解决过程中发挥着重要作用,影响着解题者问题解决的质量。② 数学问题解决过程不仅涉及数学推理、数学思维、数学记忆和信息加工等认知性因素,而且受到问题解决者元认知调节、知识背景、学习动机和情绪等非认知因素的影响。在心理学研究中,有一些非常值得关注的结论:① 在一定范围内,学生数学问题解决的动机强度太强、太弱都会阻碍问题解决,降低数学问题解决的效果,难以有效地寻找出相关信息进行数学问题的策略分析;② 在数学问题表征时,学生往往将注意力集中指向自己熟悉的那部分,而忽视整体性,对熟悉的事物容易产

---

① 李清,王菡.元认知策略、解题策略对不同层次学生数学问题解决影响的实证研究[J].教育理论与实践,2017,37(35):41-43.

② 李一茗,黎坚.复杂问题解决能力的概念、影响因素及培养策略[J].北京师范大学学报(社会科学版),2020(5):36-48.

生共鸣，对不熟悉的事物则可能草率了事；③ 情绪状态饱满、乐观、平静和积极将有助于数学问题的解决，反之，消极紧张、压抑则会阻碍数学问题的解决。

数学问题解决不仅仅是信息加工的过程，也是解题者数学知识获得和新知识建构的过程，在互联网、多媒体和人工智能以及大众化数学教育的背景下，数学问题解决更是有着不断更新的内涵。由此，以上所讨论的影响学生数学问题解决的因素并非是全部的影响因素，这些因素与学校教育中的数学文化、数学问题本身的品质、问题解决的教学者、智能化的网络媒体、数学问题解决的程序等因素共同影响着学生问题解决的过程。

不同的影响因素之间存在着动态的关联，教师应当自觉地关注不同学段、不同层次的学生在数学问题解决过程中的群体性差异，既要重视智力因素的影响，又要重视情感、动机等非智力因素对于不同学生在数学问题解决过程中的调节作用。面对不同学校、不同班级学生在数学问题解决教学中的现实情况，数学教师要采取更合适的问题解决方法与策略，灵活而又有针对性地开展数学问题解决教学，优化数学问题解决教学模式，多渠道、多手段地培养学生的问题解决能力，促进学生经由数学问题解决能力的提高实现核心素养的有效发展。

第三节 大概念与数学问题解决教学

大概念是数学问题解决的基础，将数学问题解决的教学建立在大概念的分析与利用上，不仅能促进问题解决者更深刻地理解待解的数学问题，而且能促进学生将相关大概念转换为数学问题解决的策略、方法和思路。在日常的数学教学中，聚焦并强化学生的大概念学习，不仅可以促进学生对所学数学知识的深入理解与高通路迁移，而且可以通过提供数学问题解决的关键性概念框架促进、引导学生更主动、积极、深入地进行数学思考，成为强有力的问题解决者。在数学问题解决教学中，教师设计数学问题时注意以大概念为载体，可以通过数学问题解决不断深化大概念的认识，并因此促进学生大概念学习与数学问题解决的良性互动。

一、大概念是数学问题解决的基础

一道待解的问题有许多信息，但是，纷繁复杂的信息本身通常不会自动地拼成问题解答的方案、策略。如果说理解题意、拟定解题计划是数学问题解决的前提工作，那么，如何才能实现这些前提工作？或者说，这些前提工作有没有一个非常重要的基础？对问题求解者而言，面对一个待解的数学问题，他们需要对问题进行表征，都需要弄清求解可能的关键点，无论是表征问题还是解题关键点的分析，需要解题者有着清醒的头脑。头脑是否清醒以及清醒的程度，取决于解题者头脑里所装的内容。大多数解题者的头脑并非是空空的，而是会装着与问题解决有联系或者没有联系的“知识”，其中，某些与待解问题有直接或间接联系的“大概念”对问题的表征以及求解计划的拟定通常会有根深蒂固的影响。这是因为，大概念是解题者头脑中反映相关问题、方法、策略、活动的更本质化的思维形式，是能将相关的问题信息、解题知识联系成解题者头脑中结构化的解题知识或与解题相关的方法性、策略性内容，它们会不知不觉地构成解题者有问题求解的“大局观”，并因此使问题求解者透过纷繁复杂的信息，从较高的观点审视要求解的问题，思考问题求解的方案、策略，支持解题思维持续地发展。

解题者一旦拥有并合理运用与问题求解相关联的大概念，将有利于提取与问题求解相关的知识，发展问题求解的想象力和创新思维，将大概念内化为问题求解的策略，构建问题求解的方案与方法。本质上，为了求解问题，问题解决者需要拥有与问题求解相关联的大概念，找到了相关的大概念就会从纷繁复杂的信息中找到将问题内容及其求解方案、策略逐步聚焦或者有效拎起来的一根丝线。这也表明，大概念是问题解决的基础。

在数学问题求解过程中，专家与新手有一个非常重要的差异就是他们对于概念拥有的程度与合理运用的层次不同。曾有这样一道数学问题：星期五下午放学后，小平同学在步行回家的路上，接到了爸爸老凌的电话。老凌说，自己也刚好下班，可以开车在中途带小平回家。假如你是小平，为了快一点到家，是往回走快点坐上爸爸老凌的车，还是在原地等待，或者是继续朝着家的方向走呢？为什么？有的新手认为小平同学最快到家的方式是“行走”“坐车”，然后父子“同时回家”，这种回答并没有直面三种走法究竟哪一个到家快些。有的新手认为，小平应当朝着家的方向继续走才是最快的。因为，这种走法保证了小平同学既有目标又没有停止行走。这种貌似富于哲理的回答其实是没有依据的感性思维，没有抓住问题求解的关键。有的新手认为，老凌的车比小平走路快，小平同学先朝着目标走，离家会越来越近，等老凌的车接到小平的时候，开车回家时用的时间自然少，所以小平同学应继续朝着家的方向走。这个解法基本上是基于表层现象进行问题的求解与思考，想当然的成分比较多。毕竟，车走、人走都要耗费时间，而且汽车要比人的速度快。

专家在分析该题时更愿意紧紧抓住时间、速度与路程的关系,因此与新手有着明显不同的解题思路。比如,他们会这样想:"小平同学要尽快到家,要以小平同学为研究对象,小平所走的路程 S 和小平的速度 v 的比值就是时间 t。所以,要研究小平同学所走路程和速度之间的关系。作为一个运动的模型,小平同学接到爸爸老凌的电话时,由于到家的位移应当是一个定值,所以到家的时间就只能由速度决定。小平同学的速度需要考虑两个阶段的值:一是小平步行的速度,二是小平坐上爸爸老凌的车后汽车的速度。假如爸爸老凌的车一定能接到小平同学,那么就可以以汽车为运动的模型,时间就由汽车行驶的路程、速度来决定,与小平同学是往回走还是继续朝着家的方向走没有关系。"实践表明,对于数学问题求解的新手而言,他们更多的是侧重于小概念的运用,他们坚信,不仅数学知识建立于具体的数学概念之上,而且解题中的公式、法则和方法也孕育于数学概念之中,为了求解问题,需要准确把握待解问题中相关概念的内涵和外延。对于数学问题求解的专家而言,他们更多的是侧重于大概念的运用,他们坚信,大概念是问题求解的源,操作性方法是问题求解的流,对待解问题深刻的理解与表征是问题求解的泵,问题求解的方案、方法、策略寓于解题者已掌握的大概念之中。专家对大概念的运用导致了他们在问题解决中的大概念思维,比如,他们会分析待解问题与以前曾经求解问题的相似性,能主动寻找与问题求解相关的知识及不同知识之间可能的内在联系,能用肯定、否定或等价等不同的形式对待解的问题进行必要的变通与比较,能从更高层次上概括待求解的问题,能将待解的问题做特殊化与一般性的思考,能从思想方法层面关注解决问题求解的具体策略。

数学问题解决中会涉及数学规则、数学命题、数学公式、运算法则等内容的掌握并且离不开数学概念的运用,因为,数学概念是解题者数学思维的基本单位,是数学问题求解过程中数学规则、数学命题、数学公式、运算法则等内容形成的逻辑基础。数学问题解决会涉及与数学概念相关的大概念,它们可以归结为规则的获取和规则的应用。数学问题解决中的规则是问题求解者进行问题分析、求解或将相关背景激活的程序,是指导问题求解者解题行为或实践行动的原则。数学问题解决中规则的获取涉及数学问题解决环境中相关知识的获取。数学问题解决中规则的应用则涉及应用数学问题解决中的知识来控制数学问题求解的环境。由此可见,大概念不仅帮助问题求解者更好地理解数学问题求解过程中数学概念、数学规则等具体的解题信息,并因此使问题求解者在数学问题解决中能更灵活地应用数学概念、数学规则、数学命题、数学公式、运算法则，提高数学问题求解的效率、准确率，而且构建了问题求解者解题思维的起点，促进了问题求解者通过联系寻求更深入的数学理解，并更好地突出关系运算、变换、概括与抽象等数学化要素在数学问题求解中的核心作用。

数学问题解决不仅有可能与数学运算、数学关系、组合、概括、抽象等有关，而且有可能与空间形式、空间结构、测量、变换、概括等有关，问题求解者需要从各种可能的关联中确定实质性的联系。① 问题求解者对于待求解数学问题理解的程度通常取决于问题求解者建立待求解问题与其他事物联系的能力，这种联系的能力不仅涉及联系的数量，而且涉及联系的强度。大概念促进了问题求解者的整体性思维、关联性思维、情境性思维，有助于问题求解者联系能力的提升并因此将问题解决的相关知识更好地统整起来。事实上，大概念通常联系着许多具体的数学概念、数学方法和知识主题，理解大概念就意味着能更深刻地理解待求解的数学问题，能洞悉待求解数学问题与其他事物之间可能的联系，能动态地调整问题求解的策略，实现问题求解者所学数学知识的高通路迁移。以大概念为核心进行问题解决的过程，不仅是问题求解者知识整合的过程，而且是问题求解者在解题实践的全身心参与中学习、建构、运用大概念的过程。这一过程本身就是一个层次较高的“真实实践”(authentic practices)，是使问题求解者经由数学问题解决成为深度数学学习者的有效路径。②

二、大概念教学提高学生问题解决方案的优化能力

大概念不是孤立的数学知识，不是庞杂的概念认知，而是具有内在联系的数学观念，反映了数学知识背后的理念，是具有层级结构、充满生长活力的“概念树”，是高度形式化、能高通路迁移的学科精髓，兼具认知论和方法论的功能。大概念教学关注学生学习的情境，关注学生对于所学知识的纵横联系、深度理解，关注学生模块化知识架构的形成以及基于模块化知识架构的核心素养培养，以整体眼光、系统思维着眼于课程与教学的改革，提升学生问题解决所需的学习力、决策力，为学生的终身发展奠基。

大概念教学能从不同侧面促进学生形成问题解决所需的学习力、决策力。大概念教学通过大问题引领、进阶性探究任务驱动、可操作的实践创新、高通路

---

① SMITH K J. The nature of mathematics [M]. 13th ed. Boston, Mass.: Cengage Learning, 2017.

② 索耶. 剑桥学习科学手册[M]. 2 版. 徐晓东，杨刚，阮高峰，等译. 北京：教育科学出版社，2021：5.

的知识迁移、表现性的评价体系，不断提升学生的学习素养，使学生在学会思考、学会分析、学会判断、学会决策、学会拟定并落实解题计划中不断提升数学问题解决所需要的学习力、决策力。学生作为普通的学习者在完成学习任务或做出决策时常常会受到一些根深蒂固的、旧有的思维方式或模式的负面影响。在大概念教学中，学生在教师的帮助或指导下，不仅学习了如何提炼大概念、如何统整学习内容，而且通过学习核心内容、数学思维方法，建构了与特定内容密切相关的大概念、塑造了深度学习的价值观，学会了如何透过一些表面的现象问题，发现隐藏在所学知识背后的默会知识和具有本质意义的数学观点、数学方法。

大概念教学提升了学生数学问题表征和数学问题解决方案考量的能力。数学问题解决是一种创造性的数学活动，数学问题解决能力是包含了多项实践与创新能力的高阶认知操作序列。对学生而言，为了正确地求解问题，不仅要能发现待解的数学问题究竟是什么问题，而且要能对存在于数学问题中的各种关系有着清晰的认知，能科学合理地表征待解的数学问题，设计出具有可操作性的问题解决方案，能从不同方案中选择出进入实施层面的方案，能对问题求解的过程与结果进行有深度的评价，能对所获得的答案进行必要的改良、优化或拓展。在大概念教学中，学生不仅需要学会选择学习主题、制定合理的学习目标、选择更适合深度学习的情境、确定数学探究等核心任务，而且需要不断转换学习的视角，积极思考、研判各种各样积极性或干扰性因素对问题表征、解题计划制订、问题求解方案实施等可能造成的一些影响。因此，大概念教学可以培养学生的数学探索精神，提高学生的知识应用能力、系统性进行思维和解题方案比较求优以及持续改进的意识。学生在问题解决过程中有哪些积极的表现，不仅映射学生自身的数学学习观念及解题的元认知，而且也再现了数学教师教育教学的理念及教育教学的行为。在以大概念为导向的数学教育教学中，生成大概念是从诸多的事实性知识中提炼、抽象出大概念，迁移大概念是利用所提炼、抽象的大概念去分析、解决一些新情境中的数学问题。对数学教师来说，他们基于大概念进行数学教育教学的逆向设计，不仅引导学生借助所学的事实性知识，更深入地探究、发现更具价值的概括性知识，而且通过大概念解释了所学数学知识背后的本质、规律，使所学的数学知识拥有了稳定的附着点。总之，大概念教学不仅整合了学生的事实性数学知识、事理性数学知识和事用性数学知识，而且帮助学生建立了不同知识之间的横纵联系，建构了层级化的数学认知结构和事体性的数学知识，提升了学生对具体知识和数学问题的理解力以及所学数学概念、数学规则、数学命题、数学公式、运算法则的迁移与应用能力，提升了学生数学问题表征和数学问题解决方案考量的能力。

大概念教学提升了学生优化数学问题解决方案的能力。一般说来，大概念更能反映所学学科的知识本质，将大概念应有的抽象、统领、深化、迁移等功能运用于数学问题解决，可以更好地透视数学问题解决的关键与主线。如果大概念教学的方法得当，那么教师就可以更有效地引导学生将事实性的数学概念、方法性的数学概念递进、拓展至更能体现知识本质性、主题关系性和结构网络化的大概念，及时渗透对数学问题解决有指导意义的数学思想方法，优化数学问题解决方案。以小学与初中方程的教学为例，方程思想的核心是数学模型，强调从问题中的数量关系入手，将待解问题中的已知条件转化为含有未知数的等式，然后通过解方程使问题获解。不过，这种最基本的数学思想被学生深入理解与灵活运用需要一个过程。对于小学五年级的学生来说，他们有可能是第一次正式地学习用字母表示数。虽然他们能够感知到含有字母的式子既能表示一个数量或者两个量间的数量关系，并且能通过分析具体的问题情境，抽象出不同数量之间的关系，列出方程解决一些简单的实际问题，但是，由于受到先入为主的算术思维定式或者诸如“难以找到隐藏于数学问题的数量关系”“觉得用方程解题在书写格式上比较烦琐”等原因的影响，有一些学生在最初的方程学习中通常不喜欢、不愿意或者不习惯用方程进行相关实际问题的求解。为此，教师需要通过大概念教学让学生认识到以前所学的算术解法与现在学习的方程解法有联系，也有区别。从区别来说，方程解法中的未知数能参加列式与运算，是一种顺向思考的数学思维方式，表面上有点烦琐，不过并不难。算术解法的待求解量不能参加列式与运算，所用的数学思维方式是一种逆向、倒推式的数学，表面看列式简洁、明了，不过思维难度有点大。对于问题“太湖路小学五年级有两个班，五(1)班有 38 人，五(1)班的人数是五(2)班人数的 2 倍少 14 人，求太湖路小学五(2)班有多少名学生?”五年级的学生可以通过画线段图，找到待解数学问题中隐藏的数量关系。由于作为“标准量”的五(2)班人数的“1 倍数”不知道是多少，所以用算术方法求解有点难。但是，用字母 x 表示五(2)班人数后，可以很容易列出方程解决问题。那么，什么样的问题更适合选用算术方法或者方程方法来解呢? 通过必要的小组交流与讨论，学生可以发现，如果标准量已经知道，那么用算术方法来解更适合一些；如果标准量不知道，通过设标准量为 x，找数量关系，列出含有 x 的等式，用方程求解在思维上有一些明显的优越性，特别是可以克服一些学生“大脑绕不弯”的现象。学生到了初中，会进一步深入学习一元一次方程、一元二次方程、分式方程、二元一次方程组和列方程(组)解应用题等知识，将方程思想运用于数学问题解决，其中，既包括方程在内的一些代数问题，也包括几何在内的一些非方程问题。将方程思想用于几何问题的解决，是指利用三角形内角和、三角形相似及勾股定理等数学知识将一些几何条件代数化，建立代数方程，通过化简求解代数方程对待解几何问题进行解答，实质是用代数方法分析、求解几何问题。从总体上看，通过大概念教学提取初中方程教学中的方程思想，构建方程求解的数学模型，不仅将方程的本质归结为模型，而且将数学问题解决的过程化归为模型思想的运用，有利于学生在数学问题解决的实践中检验、修正、运用模型思想的同时优化问题解决的方案。

大概念教学有利于学生利用整合、辩证的数学思维方式研究待解的数学问题，反思数学问题解决的方案、方法，并因此有利于提高学生问题解决方案的优化能力。事实上，大概念教学不仅重视学生事实性、事理性、事用性数学知识的掌握，要求学生能用自己的语言阐述所学的数学知识，解释自己对于所学内容的理解，建构知识体系，而且要求学生基于所学知识及其体系的掌握，结合具体数学问题的分析、求解，对不同类型数学知识在问题求解中的运用进行更加深入的理解和更加充分的关联，并因此发现所学知识与待解数学问题的共通之处，从原理与理论层面描述、分析数学问题的解决方案。在大概念教学中，教师不仅要求学生掌握本质性的数学知识和数学知识的本质，用大概念研究、构建知识的框架，透过不同数学知识、数学方法、数学问题的表面性差异，发现内在本质的关联性与一致性，而且要求学生结合数学问题的解决进行大概念的塑造，结合所塑造的大概念进行数学问题解决方案的反思(reflect)、再思(rethink)与修改(revise)，在现实、复杂的情境中运用所学的知识解决问题，在解题的实践中学会数学问题解决方案的优化以及大概念在数学问题解决中的融入与进阶。

大概念教学通过影响学生的数学信念进而提高他们问题解决方案的优化能力。数学信念不仅对学生的数学思维方式有深层次的影响，而且对学生数学问题解决的行为方式有深远性的影响。比如，信奉探究、合作与交流的学生更善于将个体的数学问题解决实践性经验转化为合作小组这一学习共同体的数学认知结构，通过深度的数学探究、数学思考、生生互动与认知交流，将学习共同体内部的数学活动认知思维向外转化为具体数学问题求解中的解题方案或方法，实现数学问题解决能力由个体到群体的迁移。在数学活动中,学生纯粹的认知行为其实是较为罕见的,因为与认知活动相伴的是学生对于数学活动任务与性质的看法,后者构成了学生的数学信念,是学生在数学活动中的认识论信念(epistemological beliefs),对学生的数学问题解决能力有着重要的影响。① 学生在数学学习能力与水平方面的差异往往会与其所持有的数学信念有紧密联系。智力相差不大的一些学生,会由于持有数学信念的不同产生特定问题情境下不同的智力表现(intellectual performance),数学信念作为学生认识信念系统的重要成分,对包括数学问题解决在内的实践行为发挥出既根本又微妙的作用。某种意义上,数学世界观(mathematical worldview)会塑造数学问题解决者运用数学的方式。② 大概念教学在重视数学基础知识教学的同时,能彰显所学数学知识的本质,进行数学思想方法的渗透,展现数学内容的魅力,引导学生从实质层面思考所学的知识,由此从更高的格局建构学生关于数学和数学学习的信念,强化学生在数学活动中的自我认知。比如,学生能结合数学问题的求解不断地重新审视自己所从事的数学活动,能对个人某些习惯性的本能信念及其不足之处进行反思,能由个人数学解题的经验性空间引出数学化的解题思维,能权衡出那些看似合理但需要进一步优化的问题解决方案,能阐述或解释自己对于问题求解的基本立场或主要想法,能从批评者、优化者的角度分析、评价、改进由其他人提出的问题解决方案,落实方案优化的决策。

三、以大概念为载体设计数学问题

理解大概念的数学教师,能将大概念与不同学段、不同年级的数学学习主题进行密切联系,关注数学概念、数学技能等数学知识学习的前后联系,重视隐藏于数学知识背后的大概念,以大概念为载体逆向设计引导学生深入思考、探究的数学问题,通过有深度的数学问题解决教学帮助学生强化关键性的数学学习内容、建构大概念。

以小学一年级“物体的形状”的教学为例,这一部分内容是第一学段“图形与几何”这一领域的起始内容。该部分内容的学习旨在引导学生通过操作(如触摸、滚动、描绘)实物或者模型对正方体、长方体、圆柱体、球进行识别,通过描

① SCHOENFELD A H. Beyond the purely cognitive: belief systems, social cognitions, and metacognitions as driving forces in intellectual performance[J]. Cognitive science, 1983, 7(4): 329-363.

② GROUWS D A. Handbook of research on mathematics teaching and learning[M]. New York: Macmillan, 1992: 334-370.

物体表面对平面、曲面进行初步的认识，识别正方形、长方形、圆。通过该部分内容的学习，学生不仅能体验“面在体上”，而且能为空间观念的初步形成积累一定的数学活动经验。以往的教学基本上是分两课时进行，其中第一课时是认识立体图形，第二课时是认识平面图形。教师在教学时，常设计的问题包括“同学们，老师今天带来了好多形状不一盒子，你们能将它们分分类吗？请各个小组分别试一试。”“同学们，你们认识这些物体吗？你能画出它们表面的样子吗？”通过这样的教学，学生可以得出不同几何体的名称，并能画出不几何体各个面的形状，对平面与曲面的概念进行了初步的体会。从学生课后的作业情况来分析，学生好像也掌握了许多具体的知识点，比如，大多数学生不仅能正确地区分哪些物体的形状可以滚动、哪些不能滚动，而且能找出长方形、正方形分别是由哪一个物体所描出的。然而，在判断圆是由哪一个物体的形状描出时，许多学生对“球的表面能不能描出圆形”出现了争论，并且有相当一部分学生觉得自己“不怎么清楚”。有许多学生认为“球的表面应当能描出圆形”，说明他们并没有在认知建构中有效建立“面”与“体”之间整体性的内在联系，“面在体上”这一关键性的数学概念没有形成。从大概念出发，为了学习“物体的形状”，关键是要建构“形状”“立体图形”这两个大概念。“形状”之所以是“物体的形状”内容学习中的大概念，是因为“图形与几何”领域的研究无一不是对于形状的研究。同样，由于“点动成线，线动成面，面动成体”，所以“线不离点，面线不离线，体不离面”，立体图形是“点、线、面、体”的集大成者，所以必然也是“物体的形状”这一学习内容中的大概念。教师知道大概念与学生建构大概念是两回事。那么，如何引导并促进学生发现、探究“物体的形状”？如何让学生获得平面与立体两类图形的概念并建立“平面图形”“立体图形”“物体的形状”这三者间的联系呢？对此，应强调教师要以自己分析出的大概念为载体进行数学问题的设计与教学运用，通过必要的数学操作活动与活动情境思考，让学生有效理解“面在体上”的数学含义，初步体会、建构“形状”“立体图形”这两个重要的大概念并形成初步的空间观念。比如，有一线的数学教师给出了“搭积木”的数学问题情境：国庆节，昕昕同学邀请乐乐、熊熊和旺旺三个小伙伴来家里做客，正碰上昕昕5岁的小弟弟在室内搭积木。弟弟一边搭积木，一边不停地嚷嚷：“坏积木！坏积木！”这时，昕昕、乐乐、熊熊和旺旺听见了，忙问小弟弟：“积木可是好好的呀，怎么就是坏积木呢？”小弟弟非常气愤地说：“我想搭一个大楼房，可我刚搭了三层，积木就倒了，这些积木不听我的话，真的很坏呀！”四个小伙伴听到后，不禁笑了起来，他们围坐在一起，准备帮助弟弟搭一个很高很高的大楼房。那么，昕昕、乐乐、熊熊、旺旺哪一个帮助小弟弟搭的大楼房最高呢？如果你是他们中一个，你会用怎样的积木搭楼房呢？最后提出了具有挑战性的问题：如何用所给的积木搭出既高又奇特的建筑物或者生活中的一些事物呢？这一问题包裹着要体会、理解的数学核心知识——“形状”“立体图形”。学生通过认真观察、动手操作、动脑思考、多感官参与探索、思悟并举等一系列数学活动过程，可以加深对与“物体的形状”相关大概念的理解，这一教学设计引导了学生根植于真实性问题情境及问题解决进行深度学习和知识迁移。

数学课堂中的大概念教学要求师生“活化”大概念的学习与建构，非常重要的一个路径就是将大概念转化设计成更具思维价值、更有挑战性的大问题或相关的子问题群，以驱动学生的数学思维、知识提取，通过问题解决的学习深入对新数学教学内容的理解与运用。大问题具有“触及数学本质”“有一定难度”“有较强繁殖力”等特点①。以大概念为载体设计大问题非常重要的一个原则就是整体性。这是因为，关系性是大概念最重要的特征，面对复杂性的系统，有效地解决局部性问题需要确立整体性、关联性的思维。由此，以大概念为载体设计数学教学中大问题的整体性原则就是指从整体的角度深刻地把握局部性的问题，将具有同一模型或者相近类型的局部问题进行必要的归类以形成问题链或者更能指向所学数学知识本质、涵盖教学重难点的重要问题。例如，在小学五年级“小数乘法”这一节课的教学中，教师可设计“为什么要进行小数乘法运算”“怎样进行小数乘法运算”两个大问题，顺应学生已有的数学知识和计算能力，帮助学生打通待学“小数乘法”知识和已学“整数乘法”知识之间的联系，更好地抓住“小数乘法”计算的本质与规律，促进未知向已知的转化，经由小数乘法的计算提高核心素养。事实上，学生学习“小数乘法”内容之前，已经学习了“整数乘法的笔算”“整数乘法中积的变化规律”“小数的意义与性质”“小数的加减法”等知识，由于小数、整数都是遵循了“十进制位值”的原则，所以在小数乘法中无论是竖式的形式还是乘的顺序、积的对位与进位，都可以通过已学整数乘法相应规则的迁移实现。结合数学问题解决的教学可以使学生体会到将小数转化为整数进行相乘的关键是先计算计数单位的个数，然后进行相应的转化，学生能在此过程中体会数学知识内在的整体性、一般性。大问题设计中的整体性是内嵌了探究性的整体性，强调要让学生通过探究解决问题，通过探究学习数学知识。以小学五年级“长方体的认识”这一节课的教学为例，教师可以设计“长

---

① 杨利瑛. 小学数学“大问题”的特征与设计(提问)原则[J]. 广西教育，2015(1)：25-26.

方体具有哪些特征"这一"大问题"。为了解决这一大问题，学生可以利用各种各样的学具，动手进行长方体模型的拼搭，通过仔细认真的观察、反复的验证、相互的交流来认识长方体的棱、面、角等方面的特征。

以大概念为载体设计数学问题应当有明确的目标。教师要善于将"对大概念的理解和建构"转化为目标明确的数学问题设计，以数学问题解决为核心优化数学活动过程。为了实现这一教学目标，数学教师在教学过程中应注意问题提出的形态，特别要避免一些机械形态的问题提出。比如，有的教师在小学"圆"这一主题的知识复习中，常在出示一些圆形的图形后问学生："同学们，这是什么图形呀?"这种提问只是让学生辨认，没有太多的数学思维。如果转换一下提问的形式，比如，"同学们，你们已经学过了圆的有关知识，那么，请你想一想，你还记得哪些关于圆的知识？你能进一步解释圆的特征吗？你是怎样理解圆与其他图形的相同点、不同点呢?"这样的问题的提出就有利于学生激活圆概念中的核心知识与相关的思维，使学生不再停留于表层，而是思维层面由浅入深、概念层面由小到大。波利亚是数学问题解决及数学问题设计的倡导者、践行者，他认为问题对于学生的学习有特别重要的意义，因为"问题是数学的心脏"。对学生而言，解决问题就意味着"寻找适当的行动，以达到一个可见而不立即可及的目标"。因此，以大概念为载体设计数学问题不仅要强调通过问题的包容性、本质性来体现问题"大"的特征，将学生的数学活动指向有价值的数学活动经验和数学思想方法，而且要强调通过问题的目标性、明确性来体现问题"导"的特征，将学生的数学思维导向数学新知识学习与探究的目标，引向新旧数学知识之间的联结，建立大问题与子问题及其与待学数学知识之间的联系。目标明确的问题可以激起学生更加积极的学习心理状态，相反，目标不明确的问题则会使学生从知识理解与思维发展的角度失去定向，数学活动也会因此变得被动、盲从，不少学生不仅不知道为何、如何探究相应的问题，而且会因学习目的性不明确而进一步固化学习的惰性并造成数学思维的混乱状态。

四、在数学问题解决中深化学生大概念的建构与理解

数学学习最终的目的是要解决问题，数学问题解决是深度数学学习重要的落脚点，是一个高阶性、创造性、连续数学化的思维活动。由于大概念能把相关数学知识联系为一个具有连贯的整体，并呈现抽象性、概括性、高阶性、迁移性的思维特征，所以大概念对于数学问题解决具有一定的锚点作用，不仅可以引领数学问题解决的走向，而且可以激活数学问题解决者的思路，筛选、整合解题者可能需要

的数学知识，优化数学问题解决的方案、方法。比如，在小学与分数有关的数学问题解决中，数数、位值等大概念可以成为分数的上位数学概念，等价类思想可以为分数运算、分数大小比较、分数表征做铺垫，通过大概念可以建构更加完善的分数认知结构，形成更加丰富的“分数”知识包（见图 7-7）①。具体而言，小学阶段学生对于分数的学习需要以对分数单位的深入理解为中心，教学的展开可以围绕“分数的认识”“分数的表征”“分数的运算”“分数的意义”这四个大概念逐层、逐级地推进，不断深化这四个相对独立又相互联系的大概念，并使它们与“分数单位的理解”这一认知关键点共构学生在小学阶段进行分数学习的知识包。② 将与分数有关的数学问题解决嵌入由大概念与认知关键点共构的知识包，可以增强学生数学问题解决学习的关联性、结构性和实效性。更一般地分析，学生在数学学习中积累大概念，可以促进对所学数学知识的关系、结构、本质和脉络的理解。在数学问题解决中合理运用大概念，可以促进解题者解题思维的不断深化与有序进阶，诱导解题者更深入地洞察待解数学问题中的本质与核心，更有效地寻求问题解决思路突破的路径与方法，切实增强解题者已有数学知识与待解数学问题之间的关联性。因此，在数学教学中加强大概念的建构，显然是提高学生数学问题解决能力和数学问题解决活动效率的必然要求。

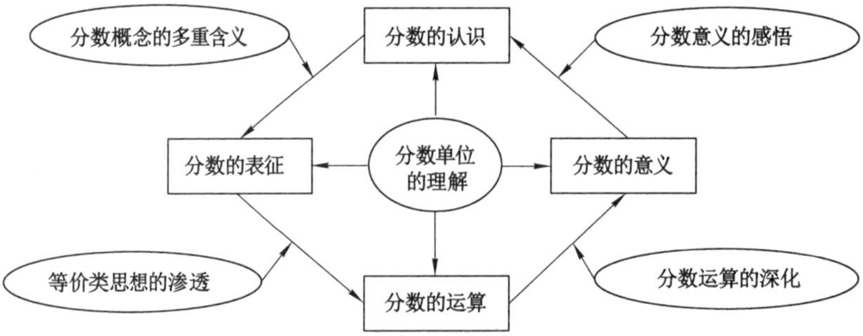

图 7-7　以分数单位为大概念的小学分数内容知识包

为了提高学生的数学问题解决能力和数学问题解决活动的效率，数学教学应善于以大概念为载体设计数学问题。由于大概念本身具有高度的抽象性、综合性，所以建构大概念需要学生有深度的数学活动体验。在数学问题解决活动

① 张文宇，张守波. 海峡两岸小学数学教材分数内容例题的比较研究[J]. 数学教育学报，2015，24(3)：68-72.

② 田明月. 基于大概念的小学数学分数单元教学研究[D]. 金华：浙江师范大学，2022.

中，教师不仅可以引导学生提炼出相关的大概念，将大概念合理地应用到具体的数学问题分析与求解中，经由解题的反思而习得更具一般性的数学问题解决策略，而且可以通过解法优化、模型建构、问题推广等后续的数学反思，引导学生更加深入地理解源于、寓于数学问题解决的大概念。因此，有效的数学问题解决教学可以让学生的大概念建构更符合数学认知过程的需要，在有深度的数学问题解决中强化学生大概念建构与运用的意识，更有深度地理解大概念建构与数学问题解决的互动关系。

为了说明上述的观点，现以初中阶段与图形旋转有关数学问题解决的例子进行说明。图形旋转是与图形运动密切相关的内容，初一上学期作为新授课内容出现过，在初二、初三的学习中也会偶尔涉及。对初一学生而言，虽然学习了图形旋转的内容，但总体上并未深入，部分同学更是呈现出学习弱项的特点。究其原因，是大多数初一的学生在几何上的学习经历不丰富，逻辑推理、数学表达、空间想象等数学能力也是处于较对低水平的阶段。那么，如何提高初中学生对于图形旋转的深入理解与灵活运用呢？一个可能的办法是初三学习了相似三角形、锐角三角比等知识后，对与图形旋转相关内容进行必要的复习与巩固。但是，这种复习不是简单地将从初一到初三已学过的一些内容再讲授一遍，因为这种简单的重复并不真正有利于学生的深入理解，很难取得理想的教学效果。因为，即使学生在初三时已学习过相似三角形、锐角三角比等数学知识，且基于“图形与几何”“数形结合”等知识的积淀，对图形旋转的内容也有了一些新的理解与认识，部分学生甚至在综合“图形旋转”知识解题方面也有一些明显的进步，但是就大多数学生而言，还是缺少用“图形旋转”“图形运动”等观念、方法对具体数学问题进行深入的思考与研究，部分学生甚至不能将一些复杂性图形有效地分解为简单的几何图形。面对这种现实，怎么办呢？一个更可行的办法是结合数学问题解决进行相关内容的复习与巩固，并据此帮助学生构建相关的大概念，深入对所学数学知识的理解。比如，可以设计出一些以基本图形为背景的旋转问题，引导学生抓住图形的“静动联系”，透析图形运动中的“不变关系”，在具体数学问题的求解中学会旋转或基本图形性质的综合运用，梳理与基本图形旋转相关问题解决的方法和策略，建构图形旋转运动的大概念，并据此更深入地研究一些相对复杂的图形，不断提高问题分析、逻辑推理、空间想象、数学表达等能力。

表 7-2 是以矩形旋转为背景进行数学问题解决并据此进行数学大概念建构的一个教学案例。

表 7-2 矩形旋转的大概念教学案例

序列	问题及教学引导描述	教学意图	备注
问题 1	教师运用“几何画板”演示图形变化：矩形 $ABCD$ 绕着顶点 B 进行 360°的顺时针旋转；然后提出要求：请同学们先认真、反复地观察矩形 $ABCD$ 的旋转过程，然后边说出图形旋转的定义、性质	一是激活学生关于图形旋转的基础知识。让学生通过反复认真观察由“几何画板”演示的图形，回忆初中阶段所学的图形旋转知识。 二是结合学生的回答，梳理相关知识的结构图。 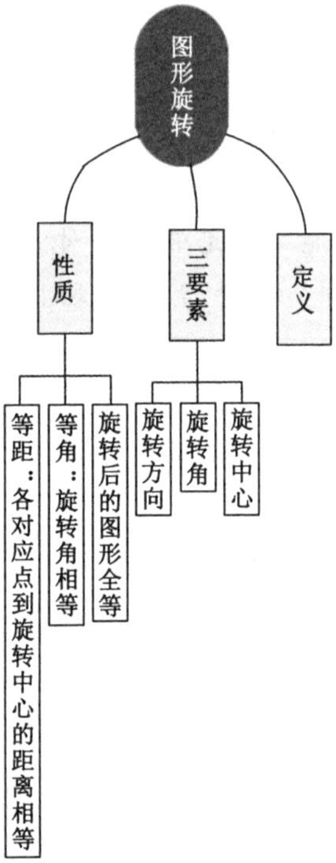 三是让学生体会图形旋转的三个要素以及图形旋转过程中哪些量发生变化，哪些量保持不变，分析、思考图形旋转的本质，深化对图形旋转的理解。 四是为后续的数学问题解决做好知识、技能、情意和态度等方面的准备	

表7-2(续)

序列	问题及教学引导描述	教学意图	备注
问题 2	已知矩形 $ABCD$，$AB=4$，$AD=3$，将矩形 $ABCD$ 绕点 B 顺时针旋转 60°，点 A、D、C 分别对应点 A'、D'、C'，边 $A'B$ 与边 DC 交于点 E，计算 DE 的长度。 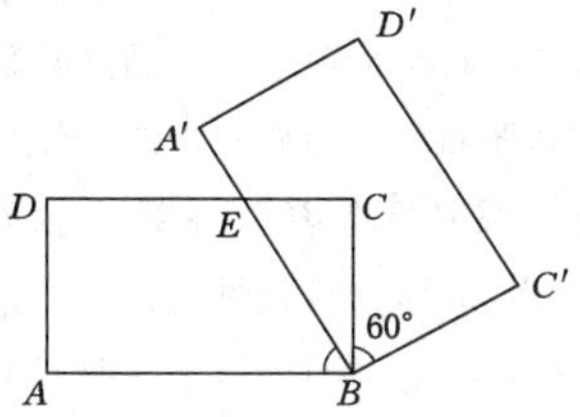 教师引导学生思考：如果将矩形 $ABCD$ 绕着顶点 B 顺时针旋转且角度为 α，使旋转后的边 $A'B$ 与原矩形的边 DC 交于点 E，那么，你能否求出线段 DE 的长？能否用含 α 的三角比表示线段 DE 的长？旋转角大小与线段 DE 长度两者之间有什么关系？	该题的解决主要是经由问题 1 复习、巩固图形旋转的性质。学生可以根据给定的条件“将矩形 $ABCD$ 绕点 B 顺时针旋转 60°”得到边、角、图形之间相对应的关系，如 $\angle ABE=\angle CBC'=60°$，$AB=A'B$，$\triangle BEC$ 是 Rt△，$\angle CBE=30°$。学生发现相应的关系后可通过 Rt$\triangle BEC$ 中的边角关系求得 EC 的长，然后用 $DE=DC-EC$ 求得问题的答案。 本题涉及由旋转角大小进行旋转后位置的确定。在求 DE 长度的过程中，学生可提炼出线段长度计算的方法，据此将特殊的旋转角一般化为 α，用含 α 的三角比来表示线段 DE 长度。问题求解中既有字母表示数的思想，又有函数思想	本问题的解决可让学生再次体会图形运动过程中一般与特殊的关系，积累用图形旋转性质解决相关问题的数学活动经验

表7-2(续)

序列	问题及教学引导描述	教学意图	备注
问题3	在矩形 $ABCD$ 中，$AB=4$，$AD=3$，现将矩形 $ABCD$ 绕点 B 顺时针旋转，点 A、D、C 分别对应点 A'、D'、C'，且点 A' 落在对角线 BD 上，你能否确定出旋转角的大小？ 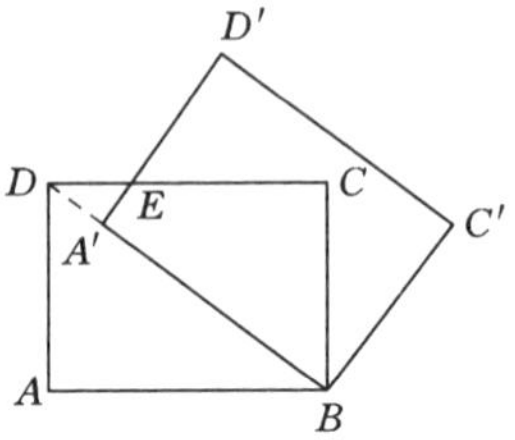 教师引导学生思考：如果点 A' 不是落在 BD 边上，而是落在边 DC 上，那么你是否也能确定出旋转角的大小？ 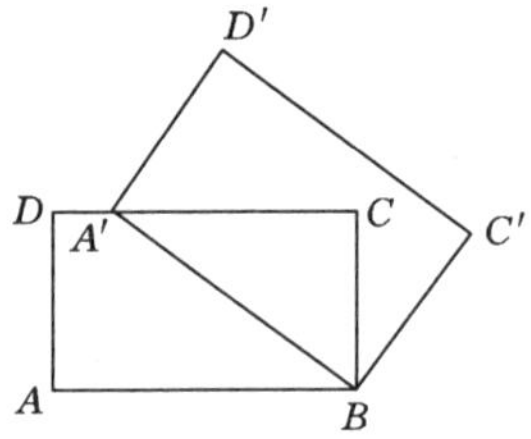 	本题是通过旋转后的位置来确定旋转角大小，并据此进一步理解旋转要素间的关系。教学过程中可要求学生结合画图和图形的分析来发现当点 A' 落在对角线 BD 上时，旋转角 α 与 Rt$\triangle ADB$ 边长间的关系。为了确定 α 的大小，可让学生计算锐角 α（$\angle ABD$）的正切值或者余切值。 当点 A' 落在边 DC 上时，虽然没有非常明显的直角三角形，但是可以通过合理添加辅助线来构造直角三角形，并据此进行旋转角大小的确定	本问题的解决，可使学生再一次体会到图形旋转过程中旋转角大小和旋转后位置间的关系，进一步理解图形旋转的数学本质，体验画图及数学想象对于图形运动类问题解决的作用，积累求解图形旋转类数学问题的经验，提高数学问题解决能力
问题4	围绕矩形 $ABCD$ 的旋转，你能设计一些有挑战性的新问题吗？如果将矩形 $ABCD$ 换成三角形或者平行四边形，你也能设计一些有意思的数学问题？请把你设计的问题和对问题求解的思想方法以适当的方法与班内同学进行交流	本问题属于开放性的课后作业，目的是让学生结合课内旋转问题的解决自主设计相关的数学问题，在变化问题情境下（如旋转方向及旋转角大小发生改变，旋转后图形顶点的落点位置有变化，旋转中心有变化）对相关线段长度、角度或封闭图形面积等度量进行计算，使探究性数学学习由课内向课外延伸	深化旋转类数学问题的理解，丰富问题求解的方法

大概念不是孤立的事实或者命题，而是专家知识，这种知识有条件地指明了可使用的情境，支持理解、迁移到其他情境①，这种知识反映了应用的情境，受到环境的制约②。在学习和迁移能力的研究中，有一个重要的发现是，将信息组织成概念框架更便于学习者在更大范围内进行所学知识的迁移③。学生对于大概念的建构与理解，主要不是由简单、机械、重复地进行数学练习或者死记硬背数学概念、数学公式、数学法则来完成的，更不是表现在被“分数”遮蔽且缺少综合探究的书面考试上，而是与学生主动、积极的数学活动有关，体现在数学问题解决等项目化的数学活动中，体现核心问题的提出、分析与解决。在数学问题解决等项目化的数学深度学习中，学生需要深入理解与表征问题，需要深入思考，需要统整已有的解题知识并进行有效的迁移应用，需要透视解题方法或策略的本质，这些做法不仅形成了具有整体性、抽象性、关联性和情境性的数学解题思维，而且可以促进大概念的建构。在上述的教学案例中，教师不仅在课前聚焦了与相关内容对应的大概念，而且在教学过程中引导学生通过数学问题解决建构了大概念，深化了图形运动的理解。从数学教学活动中学生数学问题解决与学生数学大概念建构的关系来看，学生对于大概念的建构是其基于数学问题解决活动的数学高阶认知过程，学生在数学问题解决中的行为反映了学生头脑中的大概念。学生对于数学问题解决的程度，数学认知探究活动任务完成的好坏，不仅是学生已有大概念在认知活动中有所外显的表现，而且是学生对于与数学活动任务密切相关的大概念理解与运用直接或直观的反映。学生所拥有的大概念激活了学生的数学问题解决知识，给学生以方法性的提示或者方向性的引领。好的数学问题解决教学活动可以有效地成为学生数学大概念建构与发展的重要途径，学生在数学问题解决中新建构的大概念可为后续的数学活动提供优化的策略或方法，也可以成为学生所习得策略或方法背后的“所以然”。数学问题解决与大概念建构具有相互成就、良性互动的活性因子：大概念要依附于具体的数学问题，也要超越具体的数学问题；学生需要经由数学问题解决的实践与反思，感悟、抽象、提炼数学大概念及其内在的价值。离开数学问

① 布兰思福特，布朗，科金，等. 人是如何学习的：大脑、心理、经验及学校[M]. 程可拉，孙亚玲，王旭卿，译. 扩展版. 上海：华东师范大学出版社，2013：8.

② 布兰思福特，布朗，科金，等. 人是如何学习的：大脑、心理、经验及学校[M]. 程可拉，孙亚玲，王旭卿，译. 扩展版. 上海：华东师范大学出版社，2013：27.

③ 布兰思福特，布朗，科金，等. 人是如何学习的：大脑、心理、经验及学校[M]. 程可拉，孙亚玲，王旭卿，译. 扩展版. 上海：华东师范大学出版社，2013：17.

题解决的过程，学生难以有效地建构、发展大概念。

第四节 数学课堂中的大问题教学

大问题是能够启发学生进行大概念建构的可迁移性问题，是与大概念相互配套、值得持续深入探讨的教学问题，是在大概念基础上形成更加开放、更具有可教学性、启智性、反思性、整合性的本质问题。数学课堂中的大问题教学将学生的数学学习嵌入到更有意义的数学大问题解决学习情境之中，这种以大问题驱动学生数学认知的教学取向不仅代表了数学课堂中教与学范式的转变，而且从教学实践层面谋求了数学活动中学生的高阶思维培养、训练与大任务探究学习、大问题引导学习的有机结合。

一、从大概念到大问题

在核心素养时代，数学教育教学改革非常关键的任务就是在教学实践层面改变囿于“一个定义、三项注意、几个例题、大量练习”的数学知识点教学和双基训练，将广大师生习以为常的“知识与技能训练”转向“核心素养培养”，以大概念为支点和要点，推进单元整体教学。对此，《义务教育数学课程标准(2022年版)》在“教学建议”中有非常明确的要求，此即“改变过于注重以课时为单位的教学设计，推进单元整体教学设计，体现数学知识之间的内在逻辑关系，以及学习内容与核心素养表现的关联。单元整体教学设计要整体分析数学内容本质和学生认知规律，合理整合教学内容，分析主题—单元—课时的数学知识和核心素养主要表现，确定单元教学目标，并落实到教学活动各个环节，整体设计，分步实施，促进学生对数学教学内容的整体理解与把握，逐步培养学生的核心素养”。碎片化、点状式的数学知识教学不仅割裂了数学知识的内在联系，而且损害了学生在数学活动中应有的整体性、复杂性思维能力发展，所以推进大概念教学的意义十分明显。事实上，大概念教学强调了数学教学中知识的抽象性、概括性、结构化、整合化和迁移性，教师贯彻、落实大概念教学理念，不仅有利于学生在解决综合性、复杂性、开放性、实际性问题时，学会从数学的概念、观念、思想、方法等不同角度出发，准确地理解、分析所要探究问题的核心要素，串联已学的知识，合理迁移运用，更有效地解决问题，而且有利于学生在数学学习中学会举一反三、归纳提升、触类旁通。

尽管大概念教学对学生核心素养培养具有许多的好处，但是，由于大概念本身是超越具体事实、特殊事理以及学科界限的观念性知识，所以大概念也很容易具有抽象性或者过于宽泛等方面的不足。在这种情况下，如果脱离了具体的情境与问题，不能充分考虑学生对于数学抽象主题认知等方面的前期经验不足，不能基于学生已有知识和数学能力进行相关概念的进一步抽象、概括，那么，大概念教学的理念在日常的数学教学活动中就难以得到完全有效地贯彻。如此，不仅不能整合好相关的知识，提升学生思维的能力与水平，甚至一些具体、关键的概念也不能被准确地理解和有效地掌握。

一般而言，大概念教学未必就是一节课的学习目标。这也表明，在具体的课堂教学中不仅要关注大概念，而且要注意基于大概念组织大问题的研究和关键概念的学习。大概念指向关键概念，关键概念的建构离不开问题。大问题不仅驱动了关键概念和小问题的学习进程，而且具化了大概念建构的路径，校正了大概念、关键概念学习的方向。有效的大概念教学不仅强化了大概念作为教学活动的核心目标，而且具化了以大问题驱动的各个教学环节，引导学生充分利用现有教学资源、教学设备，开展问题研究，提高综合能力和核心素养。大问题不仅是大概念和关键概念相互沟通、紧密联系的桥梁和驱动因素，而且是概念认知思维建构或问题解决思维发展的统合力量。

学生核心素养的培养是数学教学活动主体从聚焦大概念到自觉建构大问题的核心价值的过程。在明确大概念之后，以问题优先代替知识优先，以问题教学系统设计代替碎片化知识教学，密切抽象大概念与具体小概念之间的关联，通过大问题引发学生对于关键概念的深入学习，有利于学生核心素养的培养在常态化的数学教育教学实践中更有效地落地。

二、大概念与大问题的相互转化

尽管掌握大概念并非是一件容易的事，但是，如果一个学生有效地掌握了相关的大概念，那么他所拥有的数学知识、数学概念也必然会有利于他从目标知识或者探究思维的整体高度进行相关问题的分析。特别地，掌握了大概念的学生会更理性、更自觉地引导自己的思维从大情境的角度进行大问题的描述，通过思维转换实现问题情境描述方式的转换。在教学实践中，这种做法将有利于学生进一步简化、抽象、概括自己的问题，从而尝试性地提出基于大单元、大任务的大问题。

如果说大概念促进学生对于所学知识本质和结构的理解，密切了所学知识的横向联系和纵向联结，并因此实现了对琐碎、零散知识的整合功能、迁移功能，那么无论是围绕大概念确定大问题，还是通过大概念衍生出大问题，或者先以大概念驱动大问题再以大问题驱动小问题，本质上都是大概念与大问题的相互转化以及学生基于大概念、大问题进行深度学习的内化。尽管大问题有着较强的指向性并且比较灵活，发现、提出或者建构大问题必然会有一定的认知难度和思维挑战性，但是，由于大概念与大问题两者之间毕竟存在着一定的对应关系，所以又可以通过重视大概念对于大单元、大任务、大问题的引领性化解大问题发现、提出或者建构的困难性。为此，在日常的数学课程与教学中，师生一方面需要基于大概念、大任务提出大问题，另一方面需要指向大概念进行大任务、大问题的聚焦。在确认大问题之后，可以对大问题进行进一步的分解并因此具化问题本位的学科学习(见图 7-8①)。在某种意义上，将大概念转化为大单元、大任务，将大单元、大任务转化为大问题，到将大问题解决的过程内化为大概念的建构过程，就是通过大概念、大问题引导学生进行深度学习的过程，就是让学生经由大问题解决和大概念建构获得核心素养发展的过程。

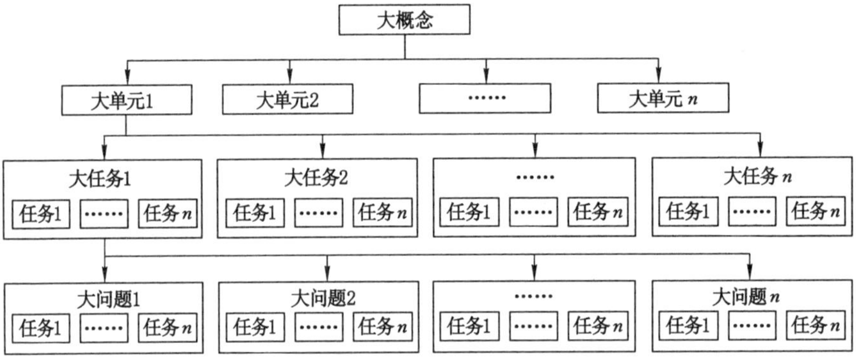

图 7-8 大概念引领大单元、大任务与大问题的结构图

在教学活动中重视大问题对学生学习的引领以及通过大概念对学生学习的定向，既可以强化学生的学习目标定位和知识本质理解，又可以凸显教师对于教学内容的统领以及教师对于提升学生学习的深度性、整合性、迁移性的努力。

学生在教师指导下，经由大问题的理解、分析、探究和反思，必然促进其对

---

① 孙铭珠，贾晨昱，尹志华.体育与健康核心素养背景下的大概念要义阐释、提取路径与内容框架[J].首都体育学院学报，2023，35(1)：21-31.

于大概念的有效建构和所学知识内涵的不断丰富。一方面，教师通过将大概念转化为大问题，可以更好地驱动学生的学科思维，学生在学习中的深度思考也可以变得更有持续性。另一方面，教师引导学生将大概念对应的下位概念转化为相关大问题对应的具有内在逻辑关联性的子问题链，学生可以更有针对性地进行知识探究，并因此使以问题为本位学习的目标变得更具体，活动变得更细化、更深化，问题解决的过程与方法也变得更有体系性。

三、数学课堂中大问题的特征

数学课堂中的大问题不仅指在时间上要先于其他问题的重点问题，而且指从内容上或方法上看具有核心作用、能涵盖其他问题的主问题，是触及数学本质、能激活学生数学思维过程、引导学生深度数学思考、提升学生核心素养的高阶思维问题，是面对真实、复杂的情境需要大思路才能解决的综合性问题，是学生对数学学习或问题研究具有较强引领性、驱动性、统摄性和本原性功能的高质量问题。大问题有较强的繁殖力，其他的问题可以由大问题驱动或派生出来。大问题是核心问题、主问题、重点问题、高阶思维问题、综合性问题、高质量问题的统一体。

（一）引领性

大问题是牵一发而动全身的核心问题、主问题、重点问题、高阶思维问题、综合性问题、高质量问题，具有对接大概念、指向深度学习目标、带动核心素养发展和维持数学活动动力的特点。从目标与动力层面来分析，大问题鼓励、启发学生进行深度学习，结合问题的发现、提出、分析与解决把知识与技能的来龙去脉想得更清晰、更深入，把数学活动的推进过程及数学方法的实践运用想得更全面、更合理；超越传统的课时学习或者特定的数学学习主题，达到更系统、更深入理解相关学习内容，更有力地推动所学数学知识、数学思想、数学方法的高通路迁移。从价值与情意层面来分析，大问题激发了学生数学学习的兴趣，诱发了学生对于旧有数学学习方式的自主改进。大问题对学生的思维方式、互动方式和具体的数学活动行为所产生的引导性、指导性作用，能使学生在聚焦数学问题解决的实践中更有深度地体验数学问题、数学思考、数学思想、数学思维的价值，能够对学生数学学法改进、思维方式优化产生积极的价值引领，并因此可以更有效地服务于学生的大概念建构和核心素养发展。

大问题的引领性还表现在对教师核心素养教学理念的引领，特别地，通过大问题教学可以对“满堂提问”“琐碎问题”等长期存在的现象进行纠偏。满堂式的提问或以琐碎的问题进行提问，尽管学生在一回一答之间显得很顺利，教师表面上也获得了自己想要的答案，教学体现了所谓的有效性，但是，这种做法很容易窄化学生的思维空间。事实上，在这种课堂活动机制下，学生不需要认真思考，不需要深度思维，就因回答正确得到了老师或同学的肯定，久而久之，会助长学生数学思维的惰性，形成浅表化的学习。教师在课堂上落实大问题教学，着眼点不是具体的数学知识点或琐碎的小问题，而是基于大问题的数学探究，可以促进学生结合问题进行更积极的数学思考和更有力的知识整合，不仅使学生思维的惰性得到有效防范和克服，而且可以使学生在反思性、迭代性的问题解决实践中更好地感悟、理解数学大概念。

（二）驱动性

大问题的驱动性是指大问题作为学生深度学习的一种重要因素，影响着学生数学知识的自动整合和问题求解的信息提炼，促进学生的浅层记忆、表层知识走向深度理解、深度思考，驱动着数学课堂中数学活动的组织、优化和价值创造。数学课堂中的大问题包含了经验、知识和思想等不同层面的问题①，具有较好的逻辑结构，有一定的难度。大问题的驱动性驱动着数学课堂的变化，是数学课堂指向大概念、向着学生核心素养建构目标积极靠拢的重要力量，是师生在数学活动中感知到的与核心素养培养目标实现紧密相关的教学刺激物。

大问题的驱动性对于数学课堂的师生主体有不同的内涵。对学生而言，大问题是一种驱动性的学习目标，能引起其对于其他重要问题的深入思考，指向学生构建核心素养的自我发展能力。具体而言，大问题会导向本领域其他的大问题或者跨学科的相关问题，学生通过大问题能更好地理解所面对的大任务，检索、提取、运用所学的知识，转换自己的思维，以问题的理解、分析与求解为导向，积极参与知识分享、方法探究、策略研讨，综合运用数学认知与探究的工具，生成既有计划可行性又有目标实践性的问题解决方案，依方案推进问题的解决，并进行问题解决成果的展示。

对教师而言，大问题教学具有推动数学深度教学、具化大概念教学、实现核心素养教育、优化数学课堂思维环境的潜在能力。比如在三角函数内容的教学中，许多学生常困于繁杂公式的记背，不重视三角函数应有的几何意义，教师如果在教学中提出具有应用背景的大问题：设想在不久的将来，你已经成为一名

① 陈薇.教师专业实践的表征：教材理解的层次与解读策略[J].南京晓庄学院学报，2020，36(3)：17-20.

船长,你带队领航出海,在此过程中你要测量你所在船的位置和远方目标的距离。那么,你应当如何利用三角函数的知识来计算自己所在船与目标两者之间的距离?这一问题不仅背景有一定的实用价值,而且有一定的趣味性、挑战性,可以驱动学生将所学三角函数知识应用于具有实际意义问题的分析与求解之中。学生通过对问题的分析与思考,可以加深对所学三角函数知识的理解,领会所学数学知识的价值。更一般地说,通过大问题及由此生成的问题串、问题链、问题组,教师不仅能激发学生的数学认知冲突,更有效地引发学生的学习动机,诱发学生"愤悱""定向"的心理状态,调动学生数学深度学习的兴趣和高阶数学思维的积极性,引导学生进行持续的深入思考,而且能有效增强学生数学学习的一致性、连贯性,更好地建立所学数学知识与现实生活的密切联系,能让不同学习能力的学生在问题驱动下有机会到达大概念和核心素养建构的目标,帮助学生在解决大问题的过程中揭示数学本质①,培养分析问题、解决问题和整合不同学科知识的能力。

(三)统摄性

大问题的统摄性是指大问题居于数学问题、数学概念、数学知识、数学思维及学生核心素养结构的中心,具有较强的思维引导力和问题繁殖力。具体而言,大问题通常覆盖或者贯穿于整个数学教学内容,能统领一些小问题、小概念和一些相关的数学知识,对学生的知识运用具有凝聚力、整合力,对学生的数学思考具有感召力、引导力,对教学内容和数学活动过程具有结构化组织力、驾驭力,对学生的深度学习、高阶思维起到基本的引导作用和整合功效。在数学活动中,大问题可以统摄小问题,通过把大问题拆分为具有逻辑相关的小问题,不仅可以将教材中的一些知识难点、重点转化为可探究的内容,化解思维与探究的难度,而且可以更好地把握相关知识的概貌和数学问题的思维特性,更好地聚焦相关核心概念和知识点的理解、应用。

对学生而言,大问题是自己进行深度思维的主线,是数学活动探究的主题,是大概念建构的载体,对于纷繁复杂的知识学习具有纲举目张、整合提升的统摄作用。比如,在小学方程知识的学习中,学生可以通过向自己提问:什么是方程?为什么要学方程?用方程解题是不是比用算术解题更方便?方程就是等式吗?这些问题既是基本的问题,也是有利于其方程思维建构的大问题。

---

① 王海青,曹广福.问题驱动数学教学的基本原则与思想及其实施步骤[J].数学教育学报,2022,31(1):24-27.

对数学教师而言，大问题具有较强的繁殖力，能引发学生不断提出新问题。大问题可以更好统领数学教学的内容，揭示数学活动本质，直指大概念建构和核心素养培养的教学目标；更有效地培育学生的高阶性思维，让学生的数学活动、数学思维更有高度；能够提升学生问题分析与解决的能力，让学生的数学思考、数学探究更有深度。

（四）本源性

大问题是驱动学生数学活动中问题的问题，是触及相关知识背后的大概念和所学数学知识本质的问题，是虽隐匿于显性数学知识背后却诱发学生对相关数学知识进行深层思考和积极探究的真问题、源问题，具有知识本质性、概念核心性、思维源头性和过程隐蔽性的特点。例如，"为什么异分母加法中分子与分子、分母与分母不能直接相加？"就是一个具有本源性的大问题，该问题可以引发学生对于"计数单位""运算一致性"的思考，使学生认识到加减法是基于相同计数单位的相加减。异分母分数具有不同的计数单位，为了进行异分母分数的相加减要先通分。该问题能建立异分母分数加减法的大概念——数与数的运算是相同计数单位的累积，使学生更深入地理解"数与运算"所具有的整体性和一致性。

对学生而言，大问题蕴含了一些没有经反思的观念、概念或相关假设，分析、求解大问题体现了专家层次的数学思考，可以改变学生对于所学内容的简单化认知。比如，在小学关于四边形面积公式的学习中，许多学生知道长方形面积等于长方形的长乘长方形的宽或者说是长方形相邻两条边的乘积，那么，为什么当把长方形变为平行四边形后，这时平行四边形的面积却不能够用平行四边形相邻两条边相乘呢？为什么一定要用已给平行四边形中并没有出现的高来乘平行四边形的底边呢？与此同时，学生在数学活动中发现，自己将身边的平行四边形教具拉一拉，平行四边形的框架虽然变了，但是先后两个平行四边形的内角和、周长并没有变化，那么，拉动之后的平行四边形的面积是不是也不变呢？通过这些议论，学生就形成了与平行四边形面积相关的两个本源性问题，这两个问题可以推动他们重新回到四边形面积的初始概念，这就引发了他们对于平行四边形面积的讨论。通过讨论，学生可以发现，长和宽确实是决定平行四边形面积大小的两个要素，但是长和宽并不等同于平行四边形的两条相邻边。这是因为，平行四边形的宽其实是平行四边形某方向上两条外边线之间的垂直距离，它与对应外边线构成一个 90°夹角，数学上将这个垂直距离称之为高是为了更方便地进行数学研究，高是隐藏于平行四边形中且能影响平行四边形面积大小的一个核心要素。由于另一个方向上的斜边和已知边夹角不等于90°,所以不能与已知边配成长与宽的两维要素,因此在计算平行四边形面积时,不能够将平行四边形相邻的两条边直接相乘。通过类似的分析与讨论,学生不仅从数学推导层面对平行四边形面积公式有了数学意义上的理解,而且建立了平行四边形面积公式既直观又理性的数学模型,在“知其所以然”中把握了平行四边形面积的“知其然”。经由大问题对相关知识追本溯源,可以更深刻地思考现实生活中所存在现象背后的数学根源性因素,建构“大概念”概念,培养高阶数学思维。

对教师而言,善于发现并合理利用大问题可以避免教学中过度“形式化推理”“情境化引导”“多媒体呈现”“机械化讲解”“碎片化提问”等倾向,催生学生对相关现象背后的数学知识本质进行理性思考,实现少教多学、少教深学、优化数学课堂教学效果的作用。比如,当小学教师向学生抛出“为什么大多数的井盖都要做成圆形的?”这一问题后,学生就可以产生诸多的猜想,有的认为之所以将井盖做成圆形是为了市容市貌的美观,因为圆是一种最美的图形;有的认为圆形井盖不仅“受力均匀”,而且最“节省材料”,行人经过时“不容易掉下去”。所有这些猜想都指向圆形物体的特征,并激发学生用学具对圆的“直径”“半径”“圆心”“周长”“面积”进行探究的欲望,使数学学习源于大问题走向数学本质,学生在数学活动中也因此超越原有认知或经验方面的狭隘。由此可见,大问题不仅是学生深度思维的起始点,而且是数学本质探究的起跑线,通过大问题可以催生学生对于数学知识源头和本质的理解,有利于学生更深入地把握所学数学知识、数学概念的基本关系或者核心问题、核心概念的构架。

（五）开放性

所谓开放性,是指大问题在问题情境、问题解法、问题结论、问题推广等方面具有开放性的特点。大问题不仅结果不唯一,而且思维方式较为多元,大问题的求解并不追求单一、简单、固定和统一的标准答案。大问题既不是封闭性的问题,更不是简单的事实性问题,而是质量较高、外延较大、问域较宽、具有开放性和挑战性的问题。

对学生而言,由于大问题在解法、结论等方面存在着多种可能性,所以需要回归到具体的问题情境之中进行深入探究,要从不同的角度对大问题所包含的子问题及内蕴的数学知识、数学思想、数学方法进行理性的分析和纵横的比较。在课内外或者不同的学段、学期,学生通过对具有开放性的大问题进行持续的追问,可以提高其数学认知和理解的水平,不仅使持续关注的大问题获得更加完善、更体现本质的答案，而且能因此改变自己的学习习惯，良性地促进深度学习。对教师而言，由于许多大问题没有固定、统一的标准答案，所以在教学中应秉持既自由开放又理性深思的态度，引发学生更广泛的探究和更深入的争辩，激发学生既有开放性又有深度性的思考。

（六）综合性

大问题是具有整合性、体现学科间联系和知识交汇性的问题，大问题的发现、提出、理解、分析和解决需要包括运算、推理、证明、想象和反思等能力的综合与发展。

对学生而言，大问题的表征和解决需要综合性的思维方式、数学方法，需要综合头脑中已习得的数学知识、数学方法，需要积极提取、合理运用复杂性数学问题求解的策略，需要使用超越一般问题求解的大思路，需要剖析隐藏于问题之中不同要素间内在的联系，需要打破单一知识和特定专题之间的隔阂，需要融合问题分析与解决的方式，需要探究不同解法之间可能存在的相互影响或者相互制约的关系，需要综合运用不同的学习技术，需要以整体性的数学思考和合作性的数学探究代替单点式的孤立研究和单一性的数学方法，需要强调基于多维度、综合视野的整体性数学认知建构。

对教师而言，教师要善于发现并简化、凝练出需要使用大思路才能解决、带有综合性的大问题①，要通过大问题教学促进学生对所学知识的整合，引导学生学会获取、整合具有广度性、深度性的问题分析与求解信息，需要以具有元认知意义的问题分析与求解提示促进学生问题求解大思维的启动，启发学生基于大问题生成深度学习，引导学生学会多角度分析、分解、求解问题，以大问题的分析与求解导向大概念的学习目标，促进、维持学生的深度学习和高阶思维。

四、数学课堂中大问题教学的模式

数学课堂中的大问题教学不仅要建立好教师与学生、学生与新学知识之间的关系，而且要建立知识与问题、学生与问题之间的关系。教师要通过有效的方式，引导学生提出并整理出有价值的大问题，引导学生基于所提大问题进行相关知识的尝试性探究，引导学生进行知识探究成果的展示与分享。教师结合学生的展示与分享适时进行必要的追问，引发学生进行深层次的学习对话和思

① 胡扬洋.论“杨振宁式提问”对学生作业发展的启示：兼释“大问题”“小问题”“大概念”的相关教育意义[J].教学研究，2022，45(5)：64-71.

维碰撞。师生要围绕所提出的大问题及所提大问题的求解过程，进行“知识与技能”“过程与方法”的共同梳理和提炼概括，并在此基础上对所探究的问题进行必要的延伸，对所建构的数学知识进行必要的巩固、深化和拓展，结合后续学习提出值得研究的大问题。

数学知识与数学思维具有天然、内在的一致性，数学课堂中的大问题教学也必然是以问题与思维为主线的学习。没有一定的思维能力，任何问题都解决不了。大问题解决不仅需要大概念及由其统领的大量的具体性数学概念、数学命题、数学法则、数学定理，而且需要由大思路统领的包括转化、代换、数形结合、几何变换等在内的大量的具体性数学思维方法，以及观察、实验、分析、分类、比较、优化、归纳推理、类比推理、演绎推理等与数学思维密切相关的解题策略。学生的数学思维可以在问题解决的实践中进行培养，学生在与他人进行问题分析与求解的互动中，以及个人与所置身环境的互动中，通过关注已有知识和经验之间的有机联系，可以建构多角度思考、深度思考的数学思维并迁移到具体的数学活动中。在大问题驱动下，学生可以发展并提升自己的高阶思维能力，学生思维的高阶性不仅体现于思维内容的相关性、抽象知识的联通性，而且表现于问题结构的丰富性、解题实践的反思性。问题是大概念学习的起点，思维是解决各种大问题的路径。大问题教学既需要发现问题、提出问题、理解问题、分解问题，又需要回归思维寻找问题解决的突破路径(见图 7-9)。在大问题教学过程中，学习者在问题解决活动过程中的思维特点影响甚至决定了大问题的分析、分解及由此产生亚问题的类型。

第一阶段：提出问题，启发思维。

问题是数学的心脏，是数学活动的关键，引导学生发现并提出问题可激发学生的数学思维进入思考的状态。根据杜威所倡导的“五步教学法”，大问题教学首先的任务是引导学生从情境中发现疑难的问题，并结合自己思维中的疑难提出问题。

以苏教版数学三年级下册第六单元“长方形和正方形的面积”的教学为例，教材中共有 7 个例题，例 1 涉及的内容是面积的含义，例 2 涉及的内容是面积的大小比较，例 3 涉及的内容是单位(认识平方厘米、平方分米、平方米)，例 4～例 6 涉及的内容是长方形、正方形的面积公式，例 7 涉及的内容是面积单位进率及换算。总体上看，教材内容丰富，教学要求高，但是相关的教学情境、教学活动、动手操作不仅显得比较单薄，而且呈现了零散化、琐碎化的特点，如何将它们变成既真实又完整的连贯性教学问题对教师来说就具有很大的挑战性。

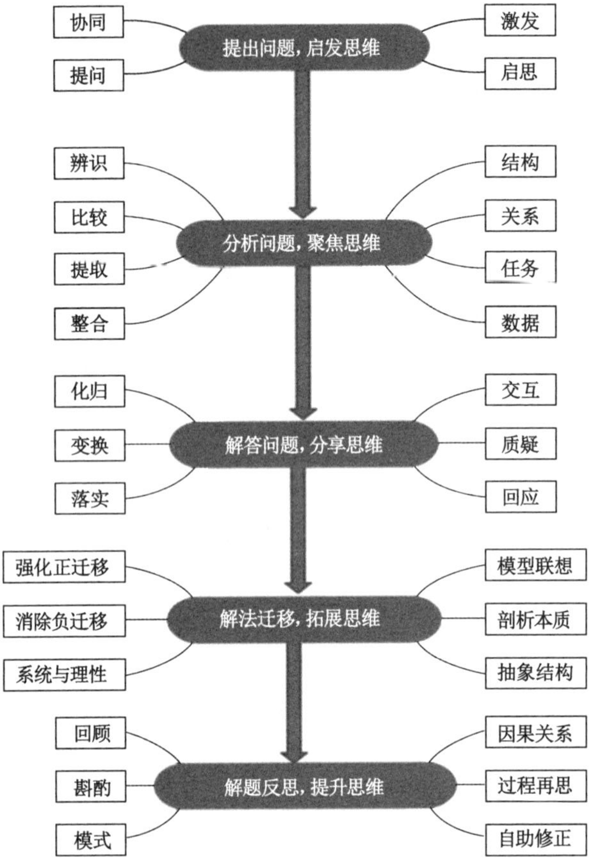

图 7-9　数学课堂中大问题教学的模式

如何突破呢？有些一线的教师常常发现学生向自己的班主任老师诉苦："我们三年级不同班级的劳动卫生区悬殊比较大，我们班干活干得最多，总是吃亏。"这是发生在学生身边真实性的问题，可以将它转化为与面积知识有关的数学问题。比如，老师可通过谈话的方式进行课堂教学话题的引入：我们学校最近又获得全市文明校园的光荣称号了，大家都是主人翁，都有贡献，你们觉得哪个班级的贡献最大？学生通过讨论发现，"哪个班级的贡献最大"这一问题研究难度比较大，这是因为，这一问题不仅涉及卫生区打扫的面积，而且还涉及每一个卫生区的人流量、打扫难度及每个班级学生人数等不同的因素。不过，通过教师引导后，学生认为可以将复杂问题进行必要的抽象、简化。一个值得研究的问题是，如果从不同班级所负责卫生区面积的大小来讨论，那么，大家是否能给出更有说服力的研究结论呢？

在提出问题阶段，不仅仅要提出问题，而是要将问题与思维结合起来。为此，教师需要通过建立“激发—启思—提问”的数学活动机制，创设数学与生活联结的问题情境，引导学生的数学思维，激发学生结合问题情境进行待解问题含义的思考，基于理解进行提问，在质疑问难中进一步健全或增强学生发现、提出和探究问题的思维及与此相关的情感动机。这些做法，不仅使学生的数学思维进入问题探究的准备状态，而且引导学生强化数学活动中问题与思维相互协同、相互促进的意识，更精准地聚焦数学探究的目标与任务。

第二阶段：分析问题，聚焦思维。

引导学生在对待解问题中相关信息进行提取、辨识、分析、比较的过程中进一步理解所提出的问题，挖掘问题中的隐含条件，并进行必要的重新整合，将问题中已有的知识信息与待求信息进行对接，通过将抽象表征为直观、将内隐转化为外显，分析待解问题中的数学本质，有效确认问题中所包括的结构、关系和任务，明确问题中需要计算求解的数据，分析问题中相关信息或要素之间可能的联系，分解蕴含于大问题之中的小问题及与此相关的不同数量、不同变量之间的关系。

在前述“长方形和正方形的面积”教学中，问题解决的明线是通过打扫卫生区面积的大小确定班级贡献的大小，问题解决的暗线则是弄清楚面积及面积单位、面积计算方法等基本的数学知识。为此，教师可引导学生在对现实问题分析的基础上，从数学角度思考“什么是面积”“教室中黑板的面积是指什么”“教室玻璃窗的面积是指什么”“教室地面的面积是指什么”“如何确认它们的大小”等。教师可通过“说一说”“摸一摸”“看一看”“想一想”“比一比”等活动，让学生初步感受并逐步理解面积的数学含义和身边常见物体面积大小的比较。在分析问题的基础上，教师需将学生的思维向“面积单位”进行聚焦。这是因为，即使学生知道了面积的基本含义以及面积比较的一些方法，在进行不同班级卫生区面积大小的比较时还会遇到一些具体的困难。毕竟，不同班级卫生区的形状、大小都不同，只有建立与面积有关的统一的“标准单位”，才能够做到“以小量大”，测算不同班级、不同形状卫生区面积的大小。由此，教师可择机出示1平方米、1平方分米、1平方厘米等不同标准的纸片或者纸板，让学生通过深入仔细的观察、认真的比较对面积单位进行认识，力求有效落实“理解面积的含义、认识常见的面积单位”的学习目标。

在引导学生聚焦待解问题的同时，应聚焦问题分析与求解的思维，既注意从形式化角度对相关关系进行确证，又注意合理利用图形、图表等工具对待解问题进行描述，在找准问题求解目标的基础上，尝试勾勒问题解决可能的策略，谋划问题求解可行性的实施方案，构建并细化问题解决的目标与任务链。

第三阶段：解答问题，分享思维。

引导学生结合自己的理解与分析，选择较为可行的解题方案和合适的解题方法，通过必要的尝试探究进行问题的求解。引导学生对求解过程与结果进行有效表达，优化数学推理的方式。在问题解答过程中，引导学生运用化归的方法，将大问题化小、复杂问题化简单、抽象问题化具体、繁难化容易。通过合理使用逻辑变换进行问题的转化，既将比较大的问题分解为具有一定思维梯度、逻辑关联的小问题，也将众多的小问题抽象为大问题，在构建层层递进的数学问题链中落实问题求解的目标与任务。

在前述“长方形和正方形的面积”教学中，当学生已经知道卫生区面积的含义以及可以用不同面积单位的纸片、方纸板进行测算，从理论上讲就可以进行不同班级卫生区面积的实地测算了。由于实地测算可能会使用不同的方法，对此，又需要有针对性地做一些准备，学生可通过相互商讨确定自己小组的实施方案，并在全班进行不同方案的比较。比如，有的小组用“密铺”的方法对学校篮球场的面积进行测算，有的小组在对学校楼梯面积进行测算时发现仅用“密铺”的方法还不行，因为在转角平台处可以用 1 平方米的彩布进行密铺，但楼梯台阶的测算则需要同时用到 1 平方分米、1 平方厘米的纸板，否则一些边边角角之处就不能密铺好。在一系列测算面积的数学活动中，学生通过实践与反思也认识到不同的面积单位存在着不同的进率，需要学会不同进率的转换。由于现场测算有可能会遇到一些意想不到的问题，为此，需要小组成员进行现场的思维碰撞，及时分析、解决问题，合理调整测算的策略，优化面积测算的策略。

思维分享不仅有利于学生构建并实践扩展与变构的解题机制，形成同一问题不同的解题方法与思路，而且有利于学生从大问题与大概念相关性的角度讨论问题解答所用数学思想与方法的适用范围。事实上，有经验的教师常常结合问题的求解，引导学生以小组或个体的方式发布自己的解题成果，允许其他小组学生对所呈现的解答进行过程或结果的质疑，鼓励解题成果呈现者对相关的质疑进行积极的回应、答辩。教师多措并举，展开解法求优的思维碰撞，并使学生从解题思维上分享自己对于问题解答方法与结果的理解，整合学生对于大问题解答方案、方法和成果的认知，使学生在分享思维的基础上获得对待解问题及相关数学探究更为全面的理解，完成大问题教学应有的意义建构。

第四阶段:解法迁移,拓展思维。

完成问题的解答并不意味着解题活动的结束。如果想帮助学生通过已有问题的分析、解答发掘出大问题教学中其他有价值的方面,应当重视学生对于已有解法的迁移。在前述“长方形和正方形的面积”教学中,当不同小组学生完成了所在班组“蓝球场”“楼梯”两个典型卫生区面积的测算后,可以回到教室进行评议。在汇报完所在小组室外实地测算研究成果的基础上,师生可以共同归纳、提炼正方形面积计算公式、长方形面积计算公式,分析面积单位及其进率。这些学习结果可以迁移到不同形状几何图形的面积计算,比如,教师可出示其他的卫生区示意图,要求测算卫生区的面积。

根据美国心理学家布鲁纳的观点,无论是原理的迁移还是态度的迁移,都是教育过程的核心,数学解题的活力和价值不仅显现于相关答案的获得,而且彰显于相关解法、思路与学生数学学习活动的联结。通过联结,学生头脑中已有的解题思维、结构图式以同化或顺应的方式参与新问题的探究,旧有的解法、思路可以被应用于数学活动的新情境。只有经过有效的解题迁移,才能使学生通过问题的分析、解答,穿过思维的通道,进入由大问题、大概念引导的的数学学习领域。根据心理学的理论,数学解题中的迁移是已完成的解题活动对于后续解题活动的影响。如果已完成的解题活动对于今后的数学解题产生了积极的促进作用,那么这种迁移就是一种正迁移。如果已完成的解题活动对于今后的数学解题产生了消极的干扰作用,那么这种迁移就是一种负迁移。正迁移能拓展学生的数学解题思维,将解题获得的方法、策略更有效地运用于新的问题情境,解决更新、更多、更大的问题。负迁移能制约学生的数学解题思维,负面影响着学生已获得的解题经验与新问题情境的链接,不利于新问题的认知以及新问题的分析、求解。

为了消除解题中的负迁移,强化解题活动的正迁移,教师需要结合变式训练等教学手段延伸学生数学解题思维的深度,由浅入深、由点到面、由此及彼探索所解数学问题及其解法的衍生点。学生要立足于更高的思想或观念,进行“一题多解”“多解归一”“一法多题”“多题归一”的模型联想;剖析已有解题方法的操作要点、本质内涵和解题中所用知识的内在结构,既挖掘所解数学问题的本质属性,又挖掘隐藏于问题解法背后的数学思想;把相关的解法抽象成具有一般性意义的思维方法,于有意义的解题实践中学会更深入地思考、分析问题,学会更有效地转化、变换问题,学会对相关解法的灵活应用、综合应用,不断增强数学解题活动中系统思维和理性思维的自觉性。

第五阶段：解题反思，提升思维。

在大问题教学中，解题既是手段也是目的。解题中的反思不仅强化了解题手段与目的统一，而且促进了学生思维的提升。解题活动中目的与手段的统一以及思维发展的基本规律，内在地要求着大问题教学的解题反思要求。经由解题经验的积累和解题活动的反省，个体可以凝聚、提升解题者的解题思维，为发现、提出新的问题、解决新的问题、优化解题的方法与策略奠定基础。

解题反思应当是大概念教学中非常重要的关键步骤。如果没有了反思，学生就很容易遗漏解题中一个重要而且有效的阶段。如果强化解题反思，学生就会有意识地搞清楚相关大问题情境的本质、所解数学问题的本质、所用数学方法的本质。学生通过解题反思，不仅能够"回顾完整的解答""重新斟酌、审查结果及导致结果的途径"，而且能够通过解题深化数学知识理解，强化数学方法意识，并不断提高数学能力。解题反思不仅是一种从有问题到无问题、从无解法到有解法的思维活动，也是从无解法到无差错，基于已有解法进行解法优化、结果拓展的思维运动。

在大问题教学中，学生不仅可以从解题中的因果关系出发，进一步梳理已经实施或者尚未实施的解题思路，判断相关思路的可行性，弄清楚相关思路的缘由和依据，而且可以从数学思维的难点、关键点入手，进一步明晰相关解题思路、方法的本质内容与关键功能。可以认为，解题反思是对解题活动的反向性、类推性思考，是对解题过程深层次的再思考和认知，它不仅指向解题者的解题实践行为，激活解题活动经验，而且优化解题思维与方法路径，并因此有利于解题者获得更真实的元认知能力和更自觉的主体意识，养成更健康的解题情感、习惯、态度和解题观。① 学生通过解题反思可以修正自己在数学问题分析与求解中的思维模式，改善自己在大问题教学活动中的思考方式、互动方式，培养、提升自己的高阶数学思维，让数学学习活动真正由表层走向深层。

① 潘小明.解题反思：改善数学实践的内省机制[J].中学数学月刊，2015(5)：9-11.

参考文献

[1] 埃里克森，兰宁. 以概念为本的课程与教学：培养核心素养的绝佳实践[M]. 鲁效孔，译. 上海：华东师范大学出版社，2018.

[2] 布兰思福特，布朗，科金，等. 人是如何学习的：大脑、心理、经验及学校[M]. 程可拉，孙亚玲，王旭卿，译. 扩展版. 上海：华东师范大学出版社，2013.

[3] 蔡潇，刘徽. 课程标准中的大概念：以澳大利亚课程标准为例[J]. 上海教育，2020，(17)：68-71.

[4] 陈刚，皮连生. 从科学取向教学论看学生的"核心素养"及其体系构建[J]. 湖南师范大学教育科学学报，2016，15(5)：20-27.

[5] 陈丽缘. 上海市小学语文教师对单元教学的态度调查研究：以上海市C区为例[D]. 上海：上海师范大学，2020.

[6] 陈明选，周亮. 数智化时代的深度学习：从浅层记忆走向深度理解[J]. 华东师范大学学报(教育科学版)，2023，41(8)：53-62.

[7] 陈薇. 教师专业实践的表征：教材理解的层次与解读策略[J]. 南京晓庄学院学报，2020，36(3)：17-20.

[8] 陈志辉，孙虎，周芳芳. 上海七年级学生"平行"概念表征与转译的调查研究：基于数学核心素养的视角[J]. 数学教育学报，2019，28(1)：37-42.

[9] 程良宏. 从知识教学到文化实践：深度教学走向深入的视域演进[J]. 课程·教材·教法，2019，39(7)：40-46.

[10] 程晓堂，赵思奇. 英语学科核心素养的实质内涵[J]. 课程·教材·教法，2016，36(5)：79-86.

[11] 崔允漷. 学科核心素养呼唤大单元教学设计[J]. 上海教育科研，2019(4)：1.

[12] 单中惠，朱镜人. 20世纪外国教育经典导读[M]. 济南：山东教育出版

社,2018.

[13] 笛卡尔.探求真理的指导原则[M].管震湖,译.北京:商务印书馆,1991.

[14] 顿继安.对象拓展型新运算:概念、意义与教学思路[J].数学通报,2018,57(11):26-30,34.

[15] 富兰,兰沃希.极富空间:新教育学如何实现深度学习[M].于佳琪,黄雪锋,译.重庆:西南师范大学出版社,2016.

[16] 郭玉英,姚建欣,张静.整合与发展:科学课程中概念体系的建构及其学习进阶[J].课程·教材·教法,2013,33(2):44-49.

[17] 哈伦.科学教育的原则和大概念[M].韦珏,译.北京:科学普及出版社,2011.

[18] 哈伦.以大概念理念进行科学教育[M].韦钰,译.北京:科学普及出版社,2016.

[19] 胡军.什么是知识[J].求是学刊,1999,26(3):5-12.

[20] 胡扬洋.论"杨振宁式提问"对学生作业发展的启示:兼释"大问题""小问题""大概念"的相关教育意义[J].教学研究,2022,45(5):64-71.

[21] 黄爱华,林炜.基于"问题本位学习"理论的"大问题"教学[J].课程·教材·教法,2017,37(7):38-42.

[22] 黄加卫.学生"问题空间"转换的展示平台:解题记录[J].数学通报,2006,45(8):53-56.

[23] 江志勇.单元整体教学中的有效整合探微[J].小学教学参考(语文版),2010(7):17-18.

[24] 柯月婷.大概念取向的美国加州数学课程研究[D].广州:广州大学,2022.

[25] 雷浩,李雪.素养本位的大单元教学设计与实施[J].全球教育展望,2022,51(5):49-59.

[26] 李春雷,于凤来.数学理解水平的划分[J].数学教育学报,2022,31(4):68-73.

[27] 李刚,郭艳煌.加拿大 BC 省科学课程设计的解读与思考:兼论学科大概念的进一步探索[J].首都师范大学学报(社会科学版),2023(2):93-102.

[28] 李刚.围绕大概念的 STEM 整合课程建构与应用研究[J].天津师范

大学学报(基础教育版),2022,23(2):64-69.
[29] 李健.例谈单元教学设计下的变式教学探索[J].数学通报,2020,59(12):45-48.
[30] 李杰民.数学学科大概念及其教学研究[D].广州:广州大学,2021.
[31] 李凯,范敏,佟柠.素养本位的大概念教学:价值追求与行动路径[J].基础教育,2022,19(3):35-43.
[32] 李倩,谭霞,吴欣歆,等.教育评价变革背景下语文学科核心素养测评框架研究[J].课程·教材·教法,2021,41(2):95-102.
[33] 李芹,李俊扬.我国数学单元教学研究的文献综述:基于2011—2021年研究文献的统计分析[J].内江师范学院学报,2022,37(4):7-11,22.
[34] 李清,王菡.元认知策略、解题策略对不同层次学生数学问题解决影响的实证研究[J].教育理论与实践,2017,37(35):41-43.
[35] 李松林,杨爽.国外深度学习研究评析[J].比较教育研究,2020,42(9):83-89.
[36] 李松林.以大概念为核心的整合性教学[J].课程·教材·教法,2020,40(10):56-61.
[37] 李学书.指向核心素养培育的大概念:课程意蕴及其价值[J].教育研究与实验,2020(4):68-75.
[38] 李一茗,黎坚.复杂问题解决能力的概念、影响因素及培养策略[J].北京师范大学学报(社会科学版),2020(5):36-48.
[39] 连莲.国外问题式学习教学模式述评[J].福建师范大学学报(哲学社会科学版),2013(4):126-133.
[40] 廖运章,张铭慧.大概念取向的新加坡2020中学数学大纲述论[J].教育导刊,2022(4):85-96.
[41] 林健宇.运用单元教学策略发展生物学核心素养的实践研究[D].上海:华东师范大学,2022.
[42] 林炜,尹弘飚.多元学习理论中的"鸡兔同笼"问题解决教学[J].广东第二师范学院学报,2021,41(5):72-82.
[43] 刘徽,徐玲玲,蔡小瑛,等.概念地图:以大概念促进深度学习[J].教育发展研究,2021,41(24):53-63.
[44] 刘徽."大概念"视角下的单元整体教学构型:兼论素养导向的课堂变

革[J]. 教育研究,2020,41(6):64-77.
[45] 刘徽. 真实性问题情境的设计研究[J]. 全球教育展望,2021,50(11):26-44.
[46] 刘儒德. 论问题解决过程的模式[J]. 北京师范大学学报(社会科学版),1996(1):22-29.
[47] 刘月婷. 克伯屈设计教学法之研究[D]. 上海:上海师范大学,2012.
[48] 刘振南. 知识建模视域的单元教学设计[J]. 中学政治教学参考,2022(2):15-17.
[49] 柳夕浪. 素养为纲:学校课程从粗放到精致的转型[J]. 中小学管理,2016(10):4-7.
[50] 罗日叶. 整合教学法:教学中的能力和学业获得的整合[M]. 汪凌,译. 上海:华东师范大学出版社,2010.
[51] 吕立杰. 大概念课程设计的内涵与实施[J]. 教育研究,2020,41(10):53-61.
[52] 吕世虎,吴振英,杨婷,等. 单元教学设计及其对促进数学教师专业发展的作用[J]. 数学教育学报,2016,25(5)16-21.
[53] 吕映. 大单元教学实现学习进阶的三个要点[J]. 语文建设,2023(10):15-20.
[54] 马云鹏. 基于结构化主题的单元整体教学:以小学数学学科为例[J]. 教育研究,2023,44(2):68-78.
[55] 玛诺普,张梦琦,刘宝存. 21 世纪课程的重新概念化与定位:全球性的范式转变[J]. 比较教育研究,2019,41(11):3-12,19.
[56] 米山国藏. 数学的精神、思想和方法[M]. 毛正中,吴素华,译. 上海:华东师范大学出版社,2019.
[57] 莫兰. 复杂性理论与教育问题[M]. 陈一壮,译. 北京:北京大学出版社,2004.
[58] 潘小明. 解题反思:改善数学实践的内省机制[J]. 中学数学月刊,2015(5):9-11.
[59] 潘小明. 数学课堂核心素养目标的检视与完善[J]. 现代教育,2022(22):56-60.
[60] 潘小明. 数学课堂教学中大概念、大问题的运用研究[J]. 中小学教师培训,2023(3):49-54.

[61] 潘小明.义务教育数学核心素养教学论[M].南京:南京出版社,2019.
[62] 任伟芳,偶伟国,龚辉,等."工具性理解""关系性理解"和"创新性理解"[J].数学教育学报,2014,23(4):69-73.
[63] 邵朝友,崔允漷.指向核心素养的教学方案设计:大观念的视角[J].全球教育展望,2017,46(6):11-19.
[64] 沈雅云.基于深度学习的网络课程学习活动设计研究[D].南昌:南昌大学,2018.
[65] 石树伟.传统与现代之中间道路:数学学科单元教学落地的应然选择[J].上海教育科研,2023(6):84-88.
[66] 宋耀武,崔佳.心理学发展与教学设计的演变[J].教育研究,2018,39(7):95-101.
[67] 孙保华.找准时机,渗透模型意识[J].教育视界,2023(14):22-25.
[68] 孙铭珠,贾晨昱,尹志华.体育与健康核心素养背景下的大概念要义阐释、提取路径与内容框架[J].首都体育学院学报,2023,35(1):21-31.
[69] 孙智昌.学习科学视阈的深度学习[J].课程·教材·教法,2018,38(1):20-26.
[70] 覃可霖.单元教学漫谈[J].广西师范学院学报(哲学社会科学版),1995(1):81-85.
[71] 唐斌,聂湘玉.影响小学生数学问题解决能力发展的原因及对策研究[J].基础教育课程,2020(2):47-53.
[72] 唐恒钧,张维忠,陈碧芬.基于深度理解的问题链教学[J].教育发展研究,2020,40(4):53-57.
[73] 田明月.基于大概念的小学数学分数单元教学研究[D].金华:浙江师范大学,2022.
[74] 涂荣豹,王光明,宁连华.新编数学教学论[M].上海:华东师范大学出版社,2006.
[75] 王海青,曹广福.问题驱动数学教学的基本原则与思想及其实施步骤[J].数学教育学报,2022,31(1)24-27.
[76] 王宽明."问题解决"教学模式的比较研究[J].基础教育,2016,13(1):33-40.
[77] 王磊,陈建明,杨博谛,等.回顾与启示:近四十年中国基础教育数学单元教学研究[J].数学教育学报,2023,32(4):21-27.

[78] 王琳.基于学科育人的儿童数学结构化教学探索[J].中国教育学刊,2021(6):106.
[79] 王强,李松林.大概念教学设计的三个框架[J].教育科学研究,2022(9):55-60.
[80] 王喜斌.学科“大概念”的内涵、意义及获取途径[J].教学与管理,2018(24):86-88.
[81] 威金斯,麦克泰格.设计优质的课程单元:重理解的设计法指南[M].赖丽珍,译.新北:心理出版社,2015.
[82] 威金斯,麦克泰格.追求理解的教学设计[M].闫寒冰,宋雪莲,赖平,译.上海:华东师范大学出版社,2017.
[83] 韦钰.以大概念的理念进行科学教育[J].人民教育,2016(1):41-45.
[84] 吴文婕.基于深度学习理论的“圆锥曲线与方程”单元教学实践研究[D].南昌:江西师范大学,2021.
[85] 吴燕明.追求概念理解的逆向教学设计与思考:以“多面体的概念”为例[J].上海中学数学,2021(1):21-24.
[86] 胥兴春,刘电芝.问题表征方式与数学问题解决的研究[J].心理科学进展,2002,10(3):264-269.
[87] 徐碧波.布鲁姆的掌握学习理论[J].湖北大学学报(哲学社会科学版),1992,19(3):66-71.
[88] 徐洁.迈向“核心素养”:新中国成立70年基础教育课程改革的逻辑旨归[J].教育科学研究,2020(1):12-17.
[89] 徐兆洋,魏佳.基于真实任务的数学问题解决[J].教育科学研究,2009(4):55-57.
[90] 杨利瑛.小学数学“大问题”的特征与设计(提问)原则[J].广西教育,2015(1):25-26.
[91] 杨明全,赵瑶.从分化到融合:跨学科主题学习的三重维度[J].教育科学研究,2023(5):5-12.
[92] 杨小丽.初中数学教师单元教学设计的“现状”“问题”及“对策”[J].数学教育学报,2023,32(2):24-29.
[93] 杨玉琴.核心素养视域下的单元教学设计:内涵解析及基本框架[J].化学教学,2020(5):3-8.
[94] 于文华.数学问题解决中模式识别的影响因素研究[D].南京:南京师

范大学,2012.
[95] 余文森.论核心素养导向的三大教学观[J].当代教育与文化,2019,11(2)62-66.
[96] 余文森.论学科核心素养形成的机制[J].课程·教材·教法,2018,38(1):4-11.
[97] 余文森.以核心素养为导向:建立与义务教育新课标相适应的新型教学[J].中国教育学刊,2022(5):17-22.
[98] 喻平.数学单元结构教学的四种模式[J].数学通报,2020,59(5):1-8.
[99] 袁维新,吴庆麟.问题解决:涵义、过程与教学模式[J].心理科学,2010,33(1):151-154.
[100] 占小红,刘欣欣,杨笑.基于学科大概念的单元教学设计模式与类型化研究[J].上海教育科研,2022(9):75-81.
[101] 张丹,于国文."观念统领"的单元教学:促进学生的理解与迁移[J].课程·教材·教法,2020,40(5):112-118.
[102] 张恩德,龙宝新.论核心素养的课堂教学落实[J].教育学术月刊,2020(10):71-77.
[103] 张焕庭.西方资产阶级教育论著选[M].北京:人民教育出版社,1979.
[104] 张娟娟,陈旭远,范会敏,等.深度教学的课堂话语特征:基于"架构-发展-评价"结构的审视[J].基础教育,2021,18(6)84-95.
[105] 张良,杨艳辉.核心素养的发展需要怎样的学习方式:迈克尔·富兰的深度学习理论与启示[J].比较教育研究,2019,41(10):29-36.
[106] 张桃梅.布鲁姆"掌握学习"理论述评[J].西北师大学报(社会科学版),1990,27(2):73-76.
[107] 张文宇,张守波.海峡两岸小学数学教材分数内容例题的比较研究[J].数学教育学报,2015,24(3)68-72.
[108] 章建跃.核心素养导向的高中数学教材变革(续4):《普通高中教科书·数学(人教A版)》的研究与编写[J].中学数学教学参考,2019(28):7-11.
[109] 郑葳,刘月霞.深度学习:基于核心素养的教学改进[J].教育研究,2018,39(11):56-60.
[110] 钟启泉.单元设计:理据、目标、课题[J].基础教育课程,2017(21):

86-87.
[111] 钟启泉.单元设计:撬动课堂转型的一个支点[J].教育发展研究,2015,33(24):1-5.
[112] 钟启泉.单元学习活动的设计[J].基础教育课程,2017(23):84-85.
[113] 钟志贤.如何发展学习者高阶思维能力?[J].远程教育杂志,2005,23(4):78.
[114] 周永伟."自我效能感"培养的探讨[J].中学数学,2023(16):46-47.
[115] 朱立峰.实践"掌握学习法"的教学模式与存在的问题[J].西南民族大学学报(人文社会科学版),1995,16(增刊3):80-83.
[116] ALBANESE M A, MITCHELL S. Problem-based learning: a review of literature on its outcomes and implementation issues[J]. Academic medicine,1993,68(1):52-81.
[117] ASKEW M. Big Ideas in primary mathematics:issues and directions [J]. Perspectives in education,2013,31(3):5-18.
[118] BARROWS H S. Problem-based learning in medicine and beyond:a brief overview[J]. New directions for teaching and learning,1996 (68):3-12.
[119] BARROWS H S. The essentials of problem-based learning[J]. Journal of dental education,1998,62(9):630-633.
[120] BRENNER M E,MAYER R E,MOSELEY B,et al. Learning by understanding: the role of multiple representations in learning algebra[J]. American educational research journal,1997,34(4): 663-689.
[121] CAI J, LESTER F K. Solution representations and pedagogical representations in Chinese and U. S. classrooms[J]. The journal of mathematical behavior,2005,24(3-4):221-237.
[122] CHALMERS C,CARTER M ,COOPER T,et al. Implementing "big ideas" to advance the teaching and learning of science, technology, engineering, and mathematics (STEM) [J]. International journal of science and mathematics education,2017,15 (1):25-43.
[123] CONKLIN T A. Making it personal: the importance of student

experience in creating autonomy-supportive classrooms for millennial learners[J]. Journal of management education, 2013, 37 (4): 499-538.

[124] DELISLE R . How to use problem-based learning in the classroom [M]. Alexandria, VA: Association Supervision and Curriculum Development, 1997.

[125] DEWEY J. Experience and education[M]. New York: Macmillan, 1938.

[126] DEWEY J. The later works of John Dewey, volume 4, 1925-1953: the quest for certainty [M]. Carbondale: Southern Illinois University Press, 1984.

[127] DUNCAN R G, CAVERA V L. DCIs, SEPs, and CCs, oh my! Understanding the three dimensions of the NGSS [J]. Science scope, 2015, 39(2): 50.

[128] EKHAML L. The use of PBL in a library course via online distance learning[J]. Journal of educational media & library sciences, 2001, 38(3): 241-249.

[129] ERICKSON H L. Concept-based curriculum and instruction: teaching beyond the facts[M]. Thousand Oaks, California: Corwin Press, 2002.

[130] FULLAN M, LANGWORTHY M. A rich seam: how new pedagogies find deep learning[EB/OL]. London: Pearson, 2014. [2022-01-12]. http://www. michaelfullan. ca/wp-content/uploads/2014/01/3897. Rich_Seam_web. pdf.

[131] FULMER G W. Estimating critical values for strength of alignment among curriculum, assessments, and instruction [J]. Journal of educational and behavioral statistics, 2011, 36(3): 381-402.

[132] GROUWS D A. Handbook of research on mathematics teaching and learning[M]. New York: Macmillan, 1992.

[133] HERMAN J L, WEBB N M, ZUNIGA S A. Measurement issues in the alignment of standards and assessments [J]. Applied measurement in education, 2007, 20(1): 101-126.

[134] HOLYOAK K J. The pragmatics of analogical transfer [J].

Psychology of learning and motivation,1985,19:59-87.
[135] JOHNSON D W,JOHNSON R T. Learning together and alone: cooperative,competitive,and individualistic learning[M]. 2nd ed. Englewood Cliffs,New Jersey:Prentice Hall,1987.
[136] JOSEPH B W Y,TOH T L. Big Ideas in mathematics[M]. [S. l.]: World Scientific Publishing Co. Pte. Ltd. ,2019.
[137] KANT I, YOUNG J M. Lectures on logic [M]. Cambridge: Cambridge University Press,1992.
[138] KILPATRICK W H. Foundations of method: informal talks on teaching[M]. New York:The Macmillan Company,1925.
[139] KLINE M,SCOTT D E. Book and film reviews: a better way to teach mathematics: why Johnny can′t add: the failure of the new math[J]. The physics teacher,1973,11(9):564-565.
[140] LIPOWSKY F,RAKOCZY K,PAULI C,et al. Quality of geometry instruction and its short-term impact on students′ understanding of the Pythagorean Theorem[J]. Learning and instruction,2009,19(6):527-537.
[141] MAYER R E. Different problem-solving strategies for algebra word and equation problems[J]. Journal of experimental psychology: learning,memory,and cognition,1982,8(5):448-462.
[142] MITCHELL I,KEAST S,PANIZZON D,et al. Using'big ideas' to enhance teaching and student learning[J]. Teachers and teaching, 2017,23(5):596-610.
[143] National Council of Teachers of Mathematics. Principles and standards for school mathematics[M]. Reston,VA:NCTM,2000.
[144] National Council of Teachers of Mathematics. Principles to actions: ensuring mathematical success for all[M]. Reston, VA: National Council of Teachers of Mathematics,2014.
[145] OECD. PISA 2012 assessment and analytical framework: mathematics,reading,science,problem solving and financial literacy [M]. Paris:OECD Publishing, 2013.
[146] PÓLYA G. How to solve it:a new aspect of mathematical method

[M]. Princeton, New Jersey: Princeton University Press, 1945.
[147] SCHOENFELD A H. Beyond the purely cognitive: belief systems, social cognitions, and metacognitions as driving forces in intellectual performance[J]. Cognitive science, 1983, 7(4): 329-363.
[148] SKEMP R R. Relational understanding and instrumental understanding[J]. Mathematics teaching, 1976, 77(3): 20-26.
[149] SKEMP R R. The psychology of learning mathematics[M]. Baltimore: Penguin Books, 1971.
[150] SMITH Ⅲ J P, GIROD M. John Dewey & psychologizing the subject-matter: big ideas, ambitious teaching, and teacher education [J]. Teaching and teacher education, 2003, 19(3): 295-307.
[151] SMITH K J. The nature of mathematics[M]. 13th ed. Boston, Mass.: Cengage Learning, 2017.
[152] TAN O S. Problem-based learning innovation: using problems to power learning in the 21st century[M]. Boston: Cengage Learning, 2003.
[153] VAN MANEN M. Linking ways of knowing with ways of being practical[J]. Curriculum inquiry, 1977, 6(3): 205-228.